Alexandre, Marie, Françoise de Paule de Dompierre Seigneur d'Hornoy Fontaine et autres lieux. Conseiller du Roy En sa Cour de Parlement de Paris.

3+ 10-1

ANNALES
DE
L'EMPIRE
TOME II.

DOUTES

SUR

QUELQUES POINTS

DE

L'HISTOIRE DE L'EMPIRE.

I.

Tradidit mundum disputationi eorum. Dieu abandonna la terre à leurs querelles. N'est-ce pas là l'origine de toutes les dominations & de toutes les loix? Quel était le droit de Pepin sur la France? Quel était celui de Charlemagne sur les Saxons & sur la Lonbardie? Celui du plus fort.

On demande si Pepin donna l'éxarchat de Ravenne aux papes? qu'importe aujourdh'hui qu'ils tiennent ces terres, de Pepin ou d'un autre, ou de leur habileté ou de la conjoncture des temps? quel droit avaient des ultramontains d'aller prendre & donner des couronnes dans l'Italie? Il est très-vraisemblable que la donation de Pepin est une fable, comme la donation de Constantin.

Le pape Etienne III. mande à Charlemagne dans une de ſes lettres que le roi lonbard Didier, qu'il avait auparavant appellé un *abominable & un lépreux*, lui a reſtitué les juſtices de St. Pierre, & qu'il eſt un très-excellent prince. Or les juſtices de St. Pierre ne ſont point l'éxarchat de Ravenne. Et comment cet infidèle lépreux ou cet excellent prince aurait-il donné cette belle province quand il n'y avait point d'armée en Italie qui le forçât à reſtituer au pape ce que ſes peres avaient ravi aux empereurs ?

La donation de Charlemagne n'eſt guères moins ſuſpecte, puis que ni Andelme, ni Aimoin, ni même Eginhard ſecretaire de ce monarque n'en parlent pas. Eginhard fait un détail très circonſtancié des legs pieux que laiſſa Charlemagne par ſon teſtament à toutes les églifes de ſon roïaume. *On ſait*, dit-il, *qu'il y a vingt & une villes métropolitaines dans les états de l'empereur.* Il met Rome la premiere, & Ravenne la ſeconde. N'eſt-il pas certain par cet énoncé, que Rome & Ravenne n'appartenaient point aux papes.

2.

Quel fut préciſément le pouvoir de Charlemagne dans Rome ? c'eſt ſur quoi on a tant écrit, qu'on l'ignore. Y laiſſa-t-il un gouverneur ? impoſait-il des tributs ? gouvernait-il Rome comme l'impératrice reine de Hongrie gouverne Milan & Bruxelles ? c'eſt de quoi il ne reſte aucun veſtige.

3.

Je regarde Rome depuis le tems de l'empereur Léon l'Isaurien comme une ville libre protégée par les francs, ensuite par les germains, qui se gouverna tant qu'elle put en république, plutot sous le patronage que sous la puissance des empereurs, dans laquelle le souverain pontife eût toujours le premier crédit, & qui enfin a été entièrement soumise aux papes.

4.

Les prêtres ne se mariaient pas dans ce temps-là. Je le veux croire. Tous les canons leur déffendent le mariage. On craignit que les gros bénéfices ne devinssent héréditaires. Et les curés, (sur tout, les curés de campagne) qui consument leurs jours dans des travaux pénibles furent privés de cette consolation.

L'état y perdit de bons citoiens, on ne voit guères de meilleure éducation que celle des enfans des pasteurs en Angleterre, en Allemagne, en Suéde, en Dannemarck, en Hollande. Des vuës supérieures ont astraint l'église romaine à des loix plus austéres. Mais d'où vient qu'il est dit que le chantre de St. Jean de Latran & son fils étaient dans Rome à la tête d'un parti du temps du pape Etienne III ? d'où vient que le pape Formose était fils d'un prêtre ? d'où vient qu'Etienne VI. Jean XV. étaient fils d'un prêtre ? Rien ne nous apprend que leurs peres avaient quitté ou perdu leurs femmes avant d'entrer dans les ordres.

5.

On regarde le dixiéme fiécle comme un temps affreux, on l'appelle le fiécle de fer. En quoi donc était-il plus horrible que le fiécle du grand fchifme d'Occident & que celui d'Alexandre VI?

Théodora & Marozie gouvernèrent Rome; on inftalla des papes de 12. ans, de 18. ans. Marozie donna le st. fiége au jeune Jean XI. qu'elle avait eu de fon adultère avec le pape Sergius III. Mais je ne vois pas pourquoi tant d'hiftoriens fe font déchainés contre cet infortuné Jean XI. il fut l'inftrument de l'ambition de fa mere, & la victime de fon frere. Il vécut & il mourut en prifon. Il me parait bien plus à plaindre que condamnable.

6.

Il eft bien peu important que ce foit ce Jean XI. fils de Marozie où fon petit*fils Jean XII. qui le premier ait changé de nom à fon avénement au pontificat mais j'oferai difculper un peu la mémoire de ce Jean XII. contre ceux qui l'ont tant diffamée pour s'être oppofé à Oton le grand. Il n'a certainement entrepris que ce qu'ont tenté tous les pontifes de Rome quand ils l'ont pû, de fouftraire Rome à une puiffance étrangère. Je

pa-

* NB. *à l'article de ce pape page* 108. *Tome I. ligne* 22. *on a oublié ce mot* petit *lifez* un petit fils de Marozie.

paraitrai hardi en difant qu'il avait plus de droits fur Rome que l'empereur Oton. Ce duc de Saxe n'était point du fang de Charlemagne. Jean XII. était patrice. S'il avait pû chaffer à la fois les Berenger & Oton, on lui eût érigé des ftatuës dans fa patrie. On l'accufe d'avoir eû des maîtreffes; étrange crime pour un jeune prince! la plûpart des autres chefs d'accufation intentés contre lui devant l'empereur & le peuple romain font dignes de la fuperftitieufe ignorance de ces temps-là. On lui fait fon procès pour avoir bû à la fanté du diable. Cette accufation reffemble à celles dont Gregoire IX. & Innocent IV. chargèrent Fréderic II.

7.

Doit-on compter parmi les empereurs ceux qui regnèrent depuis Arnoud bâtard de la maifon de Charlemagne? jufqu'à Oton I. ils ne furent que rois de germanie: il femble que les hiftoriens ne les aient mis au catalogue des empereurs que pour avoir une fuite complette.

8.

Louis IV. furnommé *l'enfant* était-il bâtard comme fon pere? on convient que fes freres n'étaient pas légitimes. Hübner le met au même rang que fes freres, fans aucune diftinction. Il eft dit dans les Annales de Fulde que la femme d'Arnoud vécut mal avec fon mari, qu'elle fut accufée d'adultère. Il eft rapporté que dans l'af-

fem-

6.

semblée de Forkeim les seigneurs statuèrent qu'un de ces freres de Louis l'enfant serait roi s'il ne se trouvait point d'héritier né d'un mariage légitime. Ces mêmes seigneurs à la mort d'Arnoud produisirent Louis âgé de sept ans. Il faut donc le regarder comme légitime. Il faut donc dire dans les Vers Tecniques Louis *le fils* d'Arnoud, & non pas Louis *bâtard* d'Arnoud.

9.

L'histoire moderne & sur tout celle du moïen âge, est devenue une mer immense pleine d'écueils où les plus habiles se brisent. Le très-savant auteur de la méthode pour étudier l'histoire, répéte encor la fable de l'adultère & du suplice de Marie d'Arragon, & du miracle opéré par une comtesse de Modéne; tandis que cette fable est traitée d'absurde par Struvius, & qu'elle est si bien réfutée par Muratori. Est-il possible qu'on trouve encor dans ses tablettes cronologiques un archevêque de Mayence mangé par des rats ! Mais ce ne sont pas là aujourd'hui les plus dangereux écueils de l'histoire.

Les grecs & les romains écrivaient tout ce qu'ils voulaient. On n'a aucun document qui les justifie, aucun qui les réfute. On les croit sur leur parole. Mais il faut à présent s'appuier toujours sur des piéces originales. Il est plus difficile aujourd'hui d'écrire l'histoire d'une province que de compiler toute l'histoire ancienne.

10.

10.

C'eft dans le choix de ces monuments que confifte le plus grand travail. Il n'y a que trop de matériaux à éxaminer, à employer & à rejetter.

Combien de fois nous a-t-on répeté que le concile de Francfort fous Charlemagne avait mal interpreté l'adoration des images ordonnées par le fecond concile de Nicée. Cependant ce concile de Francfort coudamne au chapitre 2. non feulement l'adoration qui eft un terme équivoque, mais *fervitium*, le fervice le culte ce qui eft la chofe du monde la plus claire.

Que ce concile de Francfort ait été réformé depuis, qu'on ait introduit dans le nord de l'Empire de Charlemagne une difcipline différente, des ufages plus conformes à la piété éclairée, ce n'eft pas ce dont il s'agit. Il n'eft queftion que de faire voir ici que c'eft un point de fait une vérité conftante que le concile de Francfort rejetta le culte des images.

11.

Je trouve un diplome d'Oton III. de l'an 998. dans lequel il condamne *comme un menfonge la donation de Conftantin & celle de Charles le chauve,* fans daigner dire feulement un mot des donations de Pepin de Charlemagne & de Louis I. Que doit-on conclure?

12.

Je vois dans Goldaſt une conſtitution de Fréderic barberouſſe en faveur d'Aix-la-Chapelle, cette conſtitution rapporte tout au long une charte de Charlemagne. Charlemagne s'y exprime ainſi : *Vous ſavez que chaſſant un jour auprès de cette ville je trouvai les thermes & le palais que Granus frere de Néron & d'Agrippa avait autrefois bâtis.* Voilà dit-on pourquoi Aix eſt appellée *Aquis Grana*. Ce diplome de Charlemagne reſſemble au diſcours de Trimalcion dans Petrone ſur la guerre de Troye.

Le diplome eſt-il faux? ou doit-on ſeulement accuſer celui qui fit parler Charlemagne?

Combien d'anciennes piéces non moins fauſſes! combien de ſuſpectes! & qu'il eſt pardonnable de ſe tromper.

ANNALES DE L'EMPIRE.

TOME SECOND.

CHARLES IV.
TRENTE-TROISIEME EMPEREUR.

1348.

CHARLES de Luxembourg roi de Bohéme va d'abord de ville en ville se faire réconnaître empereur. Louis margrave de Brandebourg lui dispute la couronne.

L'ancien archevêque de Mayence l'excommunie, le comte Palatin Rupert, le duc de Saxe s'assemblent, & ne veulent ni l'un ni l'autre des prétendants. Ils cassent l'élection de Charles de Bohéme, & nomment Edouard III. roi d'Angleterre qui n'y songeait pas.

L'Empire n'était donc alors qu'un titre onereux, puisque l'ambitieux Edouard III. n'en voulut point. Il se garda bien d'interrompre ses conquêtes en France pour courir après un fantôme.

Au refus d'Edouard, les électeurs s'adressent au marquis de Misnie gendre du feu empereur. Il refuse encore. Mutius dit, qu'il aima mieux dix mille

mille marcs d'argent de la main de Charles IV. que la couronne impériale. C'était mettre l'Empire à bien bas prix, mais il est fort douteux que Charles IV. eut dix mille marcs à donner, lui qui dans le même tems fut arrêté à Worms par son boucher, & qui ne put le satisfaire qu'en empruntant de l'argent de l'évêque.

Les électeurs refusés de tous cotés, offrent enfin cet Empire, dont personne ne veut, à Gunther de Schwartzbourg, noble Thuringien. Celui-ci qui était guerrier, & qui avait peu de chose à perdre, accepta l'offre pour le soutenir à la pointe de l'épée.

1349.

Les quatre électeurs élisent Gunther de Schwartzbourg auprès de Francfort. Les doubles élections trop fréquentes avaient introduit à Francfort une coutume singuliére. Celui des compétiteurs qui se présentait le premier devant Francfort, attendait six semaines & trois jours; au bout desquels il était reçu, & reconnu, si son concurrent ne venait pas. Gunther attendit le tems prescrit, & fit enfin son entrée: on esperait beaucoup de lui. On prétend que son rival le fit empoisonner. Le poison de ces tems-là en Allemagne, était la table.

Gunther tombe en apopléxie, & devenu incapable du trône, il le vend pour une somme d'argent, que Charles ne lui païe point. La somme était dit-on de vingt-deux mille marcs. Il meurt au bout de trois mois à Francfort.

A l'égard de Louis de Baviére marggrave de Brandebourg, il céde ses droits pour rien, n'étant pas

pas assez fort pour les vendre; à Charles vainqueur sans combat de quatre concurrents, se fait couronner une seconde fois à Aix-la-Chapelle par l'archevêque de Cologne pour mettre ses droits hors de compromis.

Le marquis de Juliers à la cérémonie du couronnement dispute le droit de porter le sceptre au marquis de Brandebourg. Des ancêtres du marquis de Juliers avaient fait cette fonction. Mais ce prince n'était pas alors au rang des électeurs, ni par conséquent dans celui des grands officiers. Le marggrave de Brandebourg est conservé dans son droit.

1350.

Dans ce tems-là regnait en Europe le fléau d'une horrible peste, qui emporta presque par tout la cinquiéme partie des hommes, & qui est la plus mémorable depuis celle qui désola la terre du tems d'Hippocrate. Les peuples en Allemagne aussi furieux qu'ignorans, accusent les juifs d'avoir empoisonné les fontaines. On égorge & on brûle les juifs presque dans toutes les villes.

Ce qui est rare, c'est que Charles IV. protegea les juifs qui lui donnaient de l'argent, contre l'évêque, & les bourgeois de Strasbourg, contre l'abbé prince de Mourbac & d'autres seigneurs; il fut prêt de leur faire la guerre en faveur des juifs.

Secte des Flagellans renouvellée en Suabe. Ce sont des milliers d'hommes qui courent toute l'Allemagne en se fouettant avec des cordes armées de fer pour chasser la peste. Les anciens romains en pareil cas avaient institué des comedies. Ce remede est plus doux.

Un imposteur parait en Brandebourg qui se dit l'ancien Waldemar revenu enfin de la terre sainte, & qui prétend rentrer dans son état donné injustement pendant son absence par Louis de Bavière à son fils Louis.

Le duc de Mecklembourg soutient l'imposteur. L'empereur Charles IV. le favorise. On en vient à une petite guerre ; le faux Waldemar est abandonné, & s'éclipse.

1351.

Charles IV. veut aller en Italie où les papes & les empereurs étaient oubliés. Les Viscomti dominent toujours dans Milan. Jean Viscomti l'archevêque de cette ville devenait un conquérant. Il s'emparait de Boulogne ; il faisait la guerre aux florentins & aux pisans, & méprisait également l'empereur & le pape. C'est lui qui fit la lettre du diable au pape & aux cardinaux ; qui commence ainsi : *Votre mere la superbe vous saluë avec vos sœurs l'avarice & l'impudicité.*

Apparemment que le diable ménagea l'accommodement de Jean Viscomti avec le pape Clément, qui lui vendit l'investiture de Milan pour douze ans, moïennant douze mille florins d'or par an.

1352.

La maison d'Autriche avait toujours des droits sur une grande partie de la Suisse. Le duc Albert veut soumettre Zurich qui s'allie avec les autres cantons déja confédérés. L'empereur secourt la maison d'Autriche dans cette guerre, mais il la secourt en homme qui ne veut pas qu'elle réussisse. Il envoïe des troupes pour ne point combattre,

battre, ou du moins qui ne combattent pas. La ligue & la liberté des Suisses se fortifient.

Les villes impériales voulaient toutes établir le gouvernement populaire à l'exemple de Strasbourg. Nuremberg chasse les nobles, mais Charles IV. les rétablit. Il incorpora la Lusace à son roïaume de Bohême; elle en a été détachée depuis.

1353.

L'empereur Charles IV. dans le tems qu'il avait été le jeune prince de Bohême, avait gagné des batailles, & même contre le parti des papes en Italie. Dès qu'il est empereur il cherche des reliques, flatte les papes, & s'occupe des réglemens, & sur tout du soin d'affermir sa maison.

Il s'accommode avec les enfans de Louis de Bavière, & les réconcilie avec le pape.

Albert duc de Bavière se voïait excommunié parce que son pere l'avait été. Ainsi pour prévenir la piété des princes qui pouraient lui ravir son état en vertu de son excommunication, il demande très humblement pardon au nouveau pape Innocent VI. du mal que les papes ses prédécesseurs ont fait à l'empereur son pere; il signe un acte qui commence ainsi: *Moi Albert duc de Bavière, fils de Louis de Bavière, soit-disant autrefois empereur & réprouvé par la sainte église romaine, &c.*

Il ne parait pas que ce prince fut forcé à cet excès d'avilissement; il fallait donc dans ces tems là qu'il y eut bien peu d'honneur ou beaucoup de superstition.

1354.

Il est remarquable que Charles IV. passant par

Metz pour aller dans ses terres de Luxembourg n'est point reçu comme empereur, parce qu'il n'avait pas encore été sacré.

Henri VII. avait déja donné à Wenceslas seigneur de Luxembourg le titre de duc. Charles érige cette terre en duché, il érige Bar en marggraviat, ce qui fait voir que Bar relevait alors évidemment de l'Empire. Pont à-Mousson est aussi érigé en marquisat. Tout ce païs était donc reputé de l'Empire.

1355.

Charles IV. va en Italie se faire couronner, il y marche plutôt en pélerin qu'en empereur.

Le saint siége était toujours sédentaire à Avignon. Le pape Innocent VI. n'avait nul crédit dans Rome, l'empereur encor moins. L'Empire n'était plus qu'un nom, & le couronnement qu'une vaine cérémonie. Il fallait aller à Rome comme Charlemagne, & Oton le grand, ou n'y point aller.

Charles IV. & Innocent VI. n'aimaient que les cérémonies. Innocent VI. envoïe d'Avignon le détail de tout ce qu'on doit observer au couronnement de l'empereur. Il marque que le préfet de Rome doit porter le glaive devant lui, que ce n'est qu'un honneur & non pas une marque de jurisdiction. Le pape doit être sur son trône, entouré de ses cardinaux, & l'empereur doit commencer par lui baiser les pieds, puis il lui présente de l'or, & le baise au visage, &c. Pendant la messe l'empereur fait quelques fonctions dans le rang des diacres, on lui met la couronne impériale après la fin de la prémiére épitre. Après la messe, l'empereur

pereur fans couronne & fans manteau tient la bride du cheval du pape.

Aucunes de ces cérémonies n'avaient été pratiquées depuis que les papes demeuraient dans Avignon. L'empereur reconnut dabord par écrit l'autenticité de ces ufages. Mais le pape étant dans Avignon & ne pouvant fe faire baifer les pieds à Rome, ni fe faire tenir l'étrier par l'empereur, déclara que ce prince, ne baiferait point les pieds, ni ne conduirait la mule du cardinal qui repréfenterait fa fainteté.

Charles IV. alla donc donner ce fpectacle avec une grande fuite, mais fans armée, il n'ofa pas coucher dans Rome felon la promeffe qu'il en avait faite au faint pere. Anne fa femme, fille du comte Palatin fut couronnée auffi, & en effet ce vain appareil était bien plutôt une vanité de femme, qu'un triomphe d'empereur. Charles IV. n'aïant ni argent ni armée, & n'étant venu à Rome que pour fervir de diacre à un cardinal pendant la meffe, reçut des affronts dans toutes les villes d'Italie où il paffa.

Il y a une fameufe lettre de Pétrarque qui réproche à l'empereur fa faibleffe. Pétrarque était digne d'aprendre à Charles IV. à penfer noblement.

1356.

Charles IV. prend tout le contrepied de fes prédéceffeurs; ils avaient favorifé les Gibelins, qui étaient en effet la faction de l'Empire: pour lui il favorife les Guelfes & fait marcher quelques troupes de Bohéme contre eux, ce qui ne fit qu'augmenter les troubles de l'Italie.

De retour en Allemagne, il s'applique à y faire regner

regner l'ordre autant qu'il le peut, & à regler les rangs. Le nombre des électorats était fixé par l'ufage plutôt que par les loix depuis le tems de Henri VII. mais le nombre des électeurs ne l'était pas. Les ducs de Baviére fur tout prétendaient avoir droit de fuffrage auffi bien que les comtes Palatins aînés de leur maifon. Les cadets de Saxe fe croïaient électeurs auffi bien que leurs aînés.

Diéte de Nuremberg dans laquelle Charles IV. dépouille les ducs de Baviére du droit de fuffrage, & déclare que le comté Palatin eft le feul électeur de cette maifon.

Bulle d'or.

Les vingt-trois premiers articles de la bulle d'or font publiés à Nuremberg avec la plus grande folemnité. Cette conftitution de l'Empire, la feule que le public appelle bulle à caufe de la petite bulle ou boëte d'or dans laquelle le fceau eft enfermé, eft regardée comme une loi fondamentale.

Il ne peut s'établir par les hommes que des loix de convention. Celles qu'un long ufage confacre font appellées fondamentales. On a changé felon les tems beaucoup de chofes à cette bulle d'or.

Ce fut le jurisconfulte Bartole qui la compofa. Le genie du fiécle y parait par les vers latins qui en font l'exorde : *Omnipotens æterne Deus fpes unica mundi*. Et par l'apoftrophe aux fept péchés mortels, & par la néceffité d'avoir fept électeurs à caufe des fept dons du faint Efprit, & du chandelier à fept branches.

L'empereur y parle d'abord en maître abfolu, fans confulter perfonne.

Nous

Nous déclarons & ordonnons par le présent édict qui durera éternellement, de notre certaine science, pleine puissance & authorité impériale.

On n'y établit point les sept électeurs, on les suppose établis.

Il n'est question dans les deux premiers chapitres que de la forme & de la sureté du voïage des sept électeurs qui doivent ne point sortir de Francfort *avant d'avoir donné au monde ou au peuple chrétien un chef temporel, à sçavoir un roi des romains futur empereur.*

On suppose ensuite No. 8. article 2. que cette coutume a été toujours inviolablement observée, *& d'autant que tout ce qui est cy-dessus écrit a été observé inviolablement.* Charles IV. & Bartole oubliaient qu'on avait élu les empereurs très souvent d'une autre maniere, à commencer par Charlemagne & à finir par Charles IV. lui-même.

Un des articles les plus importants est que le droit d'élire est indivisible, & qu'il passe de mâle en mâle au fils ainé. Il fallait donc statuer que les terres électorales laïques ne seraient plus divisées, qu'elles appartiendraient uniquement à l'ainé. C'est ce qu'on oublia dans les 23. fameux articles publiés à Nuremberg avec tant d'appareil, & que l'empereur fit lire aïant un sceptre dans une main, & le globe de l'univers dans l'autre. Très peu de cas sont prévus dans cette bulle; nulle méthode n'y est observée, & on n'y traite point du gouvernement général de l'empire.

Une chose très importante c'est qu'il y est dit à l'article sept No. 7. que si une des principautés électorales vient à vaquer au profit de l'empire, (il entend sans doute les principautés séculières) l'empereur en pourra difpofer comme d'une chofe dévoluë à lui légitimement, & à l'empire. Ces mots confus marquent que l'empereur pourrait prendre pour lui un électorat, dont la maifon régnante ferait éteinte ou condamnée. Il eft encor à remarquer combien la Bohême eft favorifée dans cette bulle; l'empereur était roi de Bohême. C'eft le feul païs où les caufes des procès ne doivent pas reffortir à la chambre impériale. Ce droit de *non appellando* a été étendu depuis à beaucoup de princes, & les a rendus plus puiffants.

Le lecteur peut confulter la bulle d'or pour le refte.

On met la dernière main à la bulle d'or dans Metz aux fêtes de noël, on y ajoute fept chapitres. On y répare l'inadvertence qu'on avait euë d'oublier la fucceffion indivifible des terres électorales. Ce qui eft de plus clair & de plus expliqué dans les derniers articles, c'eft ce qui regarde la pompe & la vanité; on voit que Charles IV. fe complaît à fe faire fervir par les électeurs, dans les cours plénières.

La table de l'empereur plus haute de trois pieds que celle de l'impératrice, & celle de l'impératrice plus haute de trois pieds que celle des électeurs, un gros tas d'avoine devant la falle à manger, un duc de Saxe venant prendre à cheval un picotin d'avoine dans ce tas; enfin tout cet appareil ne reffemblait pas à la majeftueufe fimplicité des premiers céfars de Rome.

Un autheur moderne dit qu'on n'a point dérogé au dernier article de la bulle d'or, parce que tous les princes parlent français. C'eft précifément

ment en cela qu'on y a dérogé; car il est ordonné par le dernier article, que les électeurs apprendront le latin & l'esclavon aussi bien que l'italien. Or peu d'électeurs aujourd'hui se piquent de parler esclavon.

La bulle fut enfin publiée à Metz toute entiere, il y eut une de ces cours pléniéres; tous les électeurs y servirent l'empereur & l'impératrice à table; chacun y fit sa fonction. Ce n'était pas en ces cas des princes qui devenaient grands officiers. C'étaient originairement des officiers, qui avec le tems étaient devenus grands princes.

1357.

On voit aisément par l'exclusion donnée dans la bulle d'or, au duc de Baviére & d'Autriche, que Charles IV. n'était pas l'ami de ces deux maisons. Le premier fruit de ce réglement pacifique fut une petite guerre. Les ducs de Baviére & d'Autriche levent des troupes. Ils assiégent dans Danustauffen un commissaire de l'empereur. L'empereur y arrive, il rompt la ligue de l'Autriche & de la Baviére, mais en rendant Danustauffen à l'électeur de Baviére, au lieu du droit de suffrage qu'il demandait.

Il y a une grande querelle dans l'Empire au sujet des phalburgers, c'est-a-dire des faux bourgeois. Querelle dans laquelle il est fort vraisemblable que les autheurs se sont mépris. La bulle d'or ordonne que les bourgeois qui appartiennent à un prince, ne se fassent pas recevoir bourgeois des villes impériales pour se souftraire à leurs princes, à moins de résider dans ces villes. Rien de plus juste, rien même de plus facile à exécuter.

ter. Car aſſurément un prince empêchera bien un citoïen de ſa ville de lui déſobéïr ſous prétexte qu'il eſt reçu bourgeois à Bâle ou à Conſtance.

Pourquoi donc y eut-il tant de troubles à Strasbourg pour ces faux bourgeois ? pourquoi fut-on en armes ? Strasbourg pouvait-elle par éxemple ſoutenir un ſujet de Vienne à qui elle aurait donné des lettres de bourgeoiſie, & qui s'en ferait prévalu à Vienne ? non ſans doute. Il s'agiſſait donc de quelque choſe de plus important & de plus ſacré. Des ſeigneurs voulaient ravir à leurs ſujets le premier droit qu'ont les hommes, de choiſir leur domicile. Ils craignaient qu'on ne les quittât pour aller dans les villes libres. Voilà pourquoi l'empereur ordonne que les Strasbourgeois ne donneront plus le droit de citoïen à des étrangers, & que les Strasbourgeois veulent conſerver ce droit, qui peuple une ville & qui l'enrichit.

1358.

Charles IV. avec l'apparence de la grandeur, autrefois guerrier à préſent légiſlateur, maître d'un beau païs & riche, a pourtant peu de crédit dans l'empire. C'eſt qu'on ne voulait pas qu'il en eût. Quand il s'agit d'incorporer la Luſace à la Bohéme, Albert d'Autriche qui a des droits ſur la Luſace, fait tout d'un coup la guerre à l'empereur, dont perſonne ne prend le parti ; & l'empereur ne peut ſe tirer d'affaire que par un ſtratagème qu'on accuſe de baſſeſſe. On prétend qu'il trompa le duc d'Autriche par des eſpions, & qu'il païa enſuite ces eſpions en fauſſe monoie, ce conte a l'air d'une fable ; mais cette fable eſt fondée ſur ſon caractère.

Il vendait des priviléges à toutes les villes, il vendait au comte de Savoye le titre de vicaire de l'empire à Genêve; il confirmait la liberté de la ville de Florence à prix d'argent. Il en tirait de Venife pour la fouveraineté de Verone, de Padouë & de Vicence; mais ceux qui le païerent le plus chèrement furent les Vifcomtis, pour avoir la puiffance héréditaire dans Milan fous le titre de gouverneur; on prétend qu'il vendait ainfi en détail l'empire qu'il avait acheté en gros.

1359.

Les princes de l'empire excités par les univerfités d'Allemagne, réprefentent à Charles IV. que parmi les bulles de Clement VI. il y en a de déshonorantes pour lui & pour le corps germanique; entre autres, celle où il eft dit, que les empereurs font les vaffaux du pape, & lui prêtent ferment de fidélité. Charles qui avait affez vécu pour fçavoir que toutes ces formules ne méritent d'attention que quand elles font foutenues par les armes, fe plaint au pape pour ne pas fâcher le corps germanique, mais modérément pour ne pas fâcher le pape. Innocent VI. lui répond que cette propofition eft devenuë une loi fondamentale de l'églife enfeignée dans toutes les écoles de théologie; & pour appuïer fa réponfe, il envoïe d'Avignon en Allemagne un évêque de Cavaillon demander pour l'entretien du faint pere le dixiéme de tous les revenus eccléfiaftiques.

Le prélat de Cavaillon s'en retourna en Avignon après avoir reçu de fortes plaintes au lieu d'argent. Le clergé Allemand éclata contre le pape, & c'eft une des premières fémences de la révolution dans l'églife qu'on voit aujourd'hui.

Refcrit

Refcrit de Charles IV. en faveur des eccléfiaftiques pour les protéger contre les princes, qui veulent les empêcher de recevoir des biens, & de contracter avec les laïcs.

1360.

Charles IV. en faifant des réglements en Allemagne, abandonnait l'Italie. Les Vifcomtis étaient toujours maîtres de Milan. Barnabo veut conferver Boulogne que fon oncle archevêque guerrier & politique avait achetée pour douze années.

Un légat efpagnol nommé d'Albornos entre dans cette ville au nom du pape qui eft toujours à Avignon, & donne Boulogne au pape.

Barnabo Vifcomti affiége Boulogne. Comment peut-on imprimer encor aujourd'hui, que le faint pere par un accommodement promit de païer cent mille livres d'or annuellement pendant cinq années pour être maître de Boulogne ? Les hiftoriens qui répétent ces éxagérations favent bien peu ce que c'eft que cinq cent mille livres pefant d'or.

1361.

Le fiége de Boulogne eft levé fans qu'il en coûte rien au pape. Un marquis de Malatefta qui s'eft jetté avec quelques troupes dans la ville, fait une fortie, bat Barnabo, & le renvoie chez lui. L'empereur ne fe mêle de cette affaire que par un refcrit inutile en faveur du pape.

Des guerres s'étant élevées entre le Dannemarck d'un côté, & le duc de Mecklembourg & les villes anféatiques de l'autre, tout finit à l'ordinaire par un traité. Plufieurs villes anféatiques traitent de couronne à couronne avec le Dannemarck

marck dans la ville de Lubec. C'eſt un beau monument de la liberté fondée ſur une induſtrie reſpectable. Lubec, Roſtoc, Stralſund, Hambourg, Weiſmar, Brême & quelques autres villes font une paix perpétuelle avec le *roi de Dannemarck des Vandales & des Gots , les princes, négocians, & bourgeois de ſon païs :* ce ſont les termes du traité ; termes qui prouvent que le Dannemarck était libre, & que les villes anſéatiques l'étaient davantage.

L'impératrice Anne étant accouchée de Wenceslas, l'empereur envoïe le poids de l'enfant en or à une chapelle de la vierge dans Aix, uſage qui commençait à s'établir, & qui a été pouſſé à l'excès pour notre dame de Lorette.

L'évêque de Strasbourg achete plus cher le titre de landgrave de la Baſſe-Alſace. Les landgraves de l'Alſace de la maiſon d'Oettingue s'y oppoſent, & l'évêque les apppaiſe avec le même moïen dont il a eu ſon landgraviat, avec de l'argent.

1362.

Grande diviſion entre les maiſons de Baviére & d'Autriche. Une femme en eſt la cauſe. Marguerite de Carinthie veuve du duc de Baviére Henri le vieux fils de Louis l'empereur, ennemie de la maiſon où elle était entrée, donne tous les droits ſur le Tirol & ſes dépendances, à Rodolphe duc d'Autriche.

Étienne duc de Baviére s'allie avec pluſieurs princes. L'Autrichien n'a dans ſon parti que l'archevêque de Saltzbourg. On fait une trêve de trois ans ; & l'inimitié ſecrette en eſt plus durable.

1363.

Charles IV. auſſi ſédentaire qu'il avait été actif dans ſa jeuneſſe, reſte toujours dans Prague. L'Italie eſt abſolument abandonnée, chaque ſeigneur y achete un titre de vicaire de l'empire.

Barnabo Viſcomti en veut toujours à Boulogne, & eſt maître de beaucoup de villes dans la Romagne.

Le pape, (c'était alors Urbain V.) obtient aiſément de vains ordres de l'empereur aux vicaires d'Italie. On a écrit que Barnabo rendit encor ſes places de la Romagne, pour cinq-cent-mille florins d'or au pape, mais Urbain dans Avignon aurait-il aiſément trouvé cette ſomme?

1364.

On écrit encor que Charles voulut faire paſſer le Danube à Prague. Cela eſt encor plus incroïable que les cinq-cent mille florins du pape. Pour tirer ſeulement un canal du Danube à la Moldaü dans la Bohéme, il eût fallu conduire l'eau ſur des montagnes, & dépendre encor de la maiſon de Baviére maîtreſſe du cours du Danube. Le projet de Charlemagne de joindre le Danube & le Rhin dans un païs plat, était bien plus praticable.

1365.

Un fléau formé en France au milieu des guerres funeſtes d'Edouard III. & de Philippe de Valois, ſe répand dans l'Allemagne. Ce ſont des brigands qui ont déſerté de ces armées indiſciplinées où on les païait mal, qui joints à d'autres brigands, vont en Lorraine & en Alſace, & par tout où ils trouvent les chemins ouverts; on les appelle *malandrins,*

drins, tard venus, grandes compagnies. L'empereur est obligé de marcher contre eux sur le Rhin avec les troupes de l'Empire. On les chasse, ils vont désoler la Flandre & la Hollande, comme des sauterelles qui ravagent les champs de contrées en contrées.

Charles IV. va trouver le pape Urbain V. à Avignon, il s'agissait d'une croisade, non plus pour aller prendre Jerusalem, mais pour empécher les turcs, qui avaient déja pris Andrinople, d'accabler la chrétienté.

Un roi de Chipre qui voïait le danger de plus près, sollicite dans Avignon cette croisade. On en avait fait plusieurs dans le tems que les musulmans n'étaient point à craindre en Syrie, & maintenant que la chrétienté est envahie, on n'en fait plus.

Le pape après avoir proposé la croisade par bienséance, fait un traité sérieux avec l'empereur, pour rendre au saint siége son patrimoine usurpé. Il accorde à l'empereur des décimes sur le clergé d'Allemagne; Charles IV. pouvait s'en servir pour aller reprendre en Italie les propres domaines de l'empereur, & non pour servir le pape.

1366.

Les *grandes compagnies* reviennent encor sur le Rhin, & delà vont tout dévaster jusqu'à Avignon. C'est une des causes qui enfin engagent Urbain V. à se refugier à Rome, après que les papes ont été refugiés soixante & deux ans sur les bords du Rhône.

Les Viscomtis plus dangereux que les *grandes compagnies* tenaient toutes les issuës des Alpes; ils
s'étaient

s'étaient emparés du Piémont, ils ménaçaient la Provence. Urbain n'ayant que des paroles de l'empereur pour fecours, s'embarque fur une galére de la coupable & malheureufe Jeanne reine de Naples.

1367.

L'empereur s'excufe de fecourir le pape, pour être fpectateur de la guerre que la maifon d'Autriche & la maifon de Baviére fe font dans le Tirol. Et le pape Urbain V. après avoir fait quelques ligues inutiles avec l'Autriche & la Hongrie, fait voir enfin un pape aux romains le 16. d'octobre. Il n'y eft reçu qu'en prémier évêque de la chrétienté & non en fouverain.

1368.

La ville de Fribourg en Brifgau qui avait voulu être libre, retombe au pouvoir de la maifon d'Autriche par la ceffion d'un comte Egon, qui en était *l'avoué*, c'eft-à-dire le défenfeur : & qui fe défifta de cette protection pour douze mille florins.

Le rétabliffement des papes à Rome n'empêchait pas les Vifcomtis de dominer dans la Lonbardie, & on était prêt de voir renaître un roïaume plus puiffant & plus étendu que celui des anciens lonbards.

L'empereur va enfin en Italie au fecours du pape, où p'utôt à celui de l'Empire. Il avait une armée formidable dans laquelle il y avait de l'artillerie.

Cette affreufe invention commençait à s'établir, elle était encor inconnuë aux turcs, & fi on s'en était

était fervi contre eux, on les eut aifément chaffés de l'Europe ; Les chrétiens ne s'en fervaient encor que contre les chrétiens.

Le pape attirait à la fois en Italie d'un côté le duc d'Autriche, de l'autre l'empereur, chacun avec une puiffante armée ; c'était de quoi exterminer à la fois la liberté d'Italie, & celle même du pape. C'eft la fatalité de ce beau & malheureux païs, que les papes y ont toujours appellé les étrangers, qu'ils auraient voulu éloigner.

L'empereur faccage Verone, le duc d'Autriche Vicence. Les Vifcomtis fe hâtent de demander la paix, pour attendre un meilleur tems ; la guerre finit en donnant de l'argent à Charles, qui va fe faire facrer à Rome felon les cérémonies ufitées.

1369.

Diéte à Francfort. Edit févere qui défend aux villes & aux feigneurs de fe faire la guerre. A peine l'édit eft-il émané, que l'évéque de Hildesheim & Magnus duc de Brunfwick, aïant chacun plufieurs feigneurs dans leur parti, fe font une guerre fanglante.

Cela ne pouvait guères être autrement dans un païs où le peu de bonnes loix qu'on avait, étaient fans force. Et cette continuelle anarchie fervait d'excufe à l'inactivité de l'empereur. Il fallait ou hazarder tout pour être le maître, ou refter tranquile, & il prenait ce dernier parti,

Urbain V. aïant fait venir les autrichiens & les bohémiens en Italie qui s'en étaient retournés chargés de dépouilles, y appellent les hongrois contre les Vifcomtis ; il n'y manquait que des turcs.

L'empereur

L'empereur pour prévenir ce coup fatal reconcilie les Viscomtis avec le faint fiége.

1370.

Waldemar roi de Dannemarck chassé de Copenhague par le roi de Suède & par le comte de Holstein, se refugie en Pomeranie. Il demande des fecours à l'empereur, qui lui donne des lettres de recommendation. Il s'adresse au pape Gregoire XI, le pape lui envoie des exhortations & le menace de l'excommunier, lui écrivant d'ailleurs comme à fon vaffal; on prétend que Waldemar lui répondit: *Je tiens la vie de Dieu, la couronne de mes fujets, mon bien de mes ancêtres, la foi feule de vos prédécesseurs, si vous voulez vous en prévaloir je vous la renvoie par la présente.* Cette lettre est furement apocrife.

Le roi Waldemar rentre dans fes états fans le fecours de perfonne, par la défunion de fes ennemis.

1371.

L'Allemagne dans ces tems encor agrestes polit pourtant là Pologne. Casimir roi de Pologne qu'on a furnommé le *grand*, commence à faire bâtir quelques villes à la manière allemande, & introduit quelques loix du droit Saxon dans fon païs qui manquait de loix.

Guerre particuliére entre Wenceslas duc de Luxembourg & de Brabant frere de l'empereur, & les ducs de Juliers & de Gueldres; tous les feigneurs des Païs-bas y prennent parti.

Rien ne caractérife plus la fatale anarchie de ces tems de brigandage. Le fujet de cette guerre
était

était une troupe de voleurs de grand chemin, protegés par le duc de Juliers : & malheureusement un tel exemple n'était pas rare alors.

Wenceslas vicaire de l'Empire, veut punir le duc de Juliers, mais il est défait & pris dans une bataille.

Le vainqueur craignant le ressentiment de l'empereur, court à Prague accompagné de plusieurs princes & sur tout de son prisonnier ; *voilà votre frere que je vous rends*, dit-il à l'empereur, *pardonnez-moi tous deux*.

On voit beaucoup d'évenements de ce tems-là mêlés ainsi de brigandage & de chevalerie.

1372.

Les édits contre ces guerres aïant été inutiles, une nouvelle diéte à Nuremberg, ordonne que les seigneurs & les villes, ne pouront dorénavant s'égorger que soixante jours après l'offense reçuë. Cette loi s'appellait *la soixantaine de l'Empire*, & elle fut éxecutée toutes les fois qu'il fallait plus de soixante jours pour aller assiéger son ennemi.

1373.

Les affaires de Naples & de Sicile n'ont plus depuis longtems aucune liaison avec celles de l'Empire. L'ile de Sicile était toujours possédée par la maison d'Arragon, & Naples par la reine Jeanne ; tout était fief alors. La maison d'Arragon, depuis les vêpres siciliennes, s'était soumise par des traités à relever du roïaume de Naples, qui relevait du saint siége.

Le but de la maison d'Arragon, en faisant un

vain

vain hommage à la couronne de Naples, avait été d'être indépendante de la cour romaine, & elle y avait réuſſi quand les papes étaient à Avignon.

Gregoire XI. ordonne que les rois de Sicile faſſent déſormais hommage au roi de Naples & au pape à la fois. Il renouvelle l'ancienne loi, ou plûtôt l'ancienne proteſtation, que jamais un roi de Sicile ou de Naples ne poura être empereur; & il ajoute que ces roïaumes ſeront incompatibles avec la Toſcane & la Lonbardie.

Charles abandonne toutes ces affaires de l'Italie, uniquement occupé de s'enrichir en Allemagne, & d'y établir ſa maiſon. Il achete l'électorat de Brandebourg d'Oton de Baviére qui le poſſedait, pour ſe l'aproprier à lui & à ſa famille. Ce cas n'avait pas été ſpécifié dans la *Bulle d'or*. Il donne d'abord cet électorat à ſon fils aîné Wenceslas, puis au cadet Sigismond.

1374.

Le ſaint ſiége était toujours à Avignon. Urbain V. y était mort après s'être montré à Rome un moment. Grégoire XI. ſe réſout enfin de rétablir le pontificat dans ſon lieu natal.

Les ſeigneurs & les villes qui ſe ſont emparés des biens de la comteſſe Mathilde, ſe liguent contre le pape dès qu'il veut revenir en Italie. La plûpart des villes mettaient alors ſur leurs étendarts, & ſur les portes ce beau mot *Libertas*, que l'on voit encor à Lucques.

1375.

Les Florentins commençaient à jouer dans l'Italie le rôle que les athéniens avaient eu en Grece.
Tous

Tous les beaux arts inconnus ailleurs, renaissaient à Florence. Les factions Guelphes & Gibelines en troublant la Toscane, avaient animé les esprits & les courages ; la liberté les avait élevés. Ce peuple était le plus consideré de l'Italie, le moins superstitieux, & celui qui voulait le moins obéïr aux papes & aux empereurs. Le pape Gregoire les excommunie. Il était bien étrange que ces excommunications, auxquelles on était tant accoutumé, fissent encor quelque impression.

1376.

Charles fait élire roi des romains son fils Wenceslas à Rens sur le Rhin, au même lieu où lui-même avait été élû.

Tous les électeurs s'y trouvèrent en personne. Son second fils Sigismond y assistait quoiqu'enfant, comme électeur de Brandebourg. Le pere avait depuis peu transferé ce titre de Wenceslas à Sigismond. Pour lui, il avait sa voix de Bohéme. Il restait cinq électeurs à gagner. On dit qu'il leur promit à chacun cent-mille florins d'or: Plusieurs historiens l'assurent. Il n'est guères vraisemblable qu'on donne à chacun la même somme, ni que cinq princes aïent la bassesse de la recevoir, ni qu'ils aïent l'indiscrétion de le dire, ni qu'un empereur se vante d'avoir corrompu les suffrages.

Loin de donner de l'argent à l'électeur Palatin, il lui vendait dans ce tems-là Guittenbourg, Falkenbourg, & d'autres domaines. Il vendait à vil prix à la vérité, des droits régaliens aux électeurs de Cologne & de Mayence. Il gagnait ainsi de l'argent, & dépouillait l'Empire en l'assurant à son fils.

Charles

1377.

Charles IV. âgé de 64. ans entreprend de faire le voïage de Paris, & on ajoute que c'était pour avoir la confolation de voir le roi de France Charles V. qu'il aimait tendrement ; & la raifon de cette tendreffe pour un roi qu'il n'avait jamais vû, était qu'il avait époufé autrefois une de fes tantes. Une autre raifon qu'on allégue du voïage, eft qu'il avait la goutte, & qu'il avait promis à *Mr. St. Maur*, faint d'auprès de Paris, de faire un pélerinage à cheval chez lui pour fa guérifon. La raifon veritable était le dégoût, l'inquiétude, & la coutume établie alors, que les princes fe vifitaffent. Il va donc de Prague à Paris avec fon fils Wenceslas roi des romains. Il ne vit guères depuis les frontiéres jufqu'à Paris, un plus beau païs que le fien. Paris ne méritait pas fa curiofité. L'ancien palais de faint Louis qui fubfifte encor, & le château du louvre qui ne fubfifte plus, ne valaient pas la peine du voïage. On ne fe tirait de la barbarie qu'en Tofcane, & encor n'y avait on pas réformé l'architecture.

S'il y eut quelque chofe de férieux dans ce voïage, ce fut la charge de vicaire de l'Empire dans l'ancien roïaume d'Arles, qu'il donna au Dauphin. Ce fut longtems une grande queftion entre les publiciftes, fi le Dauphiné devait toujours relever de l'Empire; mais depuis longtems ce n'en eft plus une entre les fouverains. Il eft vrai que le dernier Dauphin Humbert en donnant le Dauphiné au fecond fils de Philippe de Valois, ne le donna qu'aux mêmes droits qu'il le poffédait. Il eft vrai encor qu'on a prétendu que Charles IV. lui-même avait renoncé à tous fes droits, mais ils

ne

ne furent pas moins revendiqués par ses successeurs. Maximilien I. réclama toujours la mouvance du Dauphiné ; mais il fallait que ce droit fût devenu bien caduc, puisque Charles-quint en forçant François I. son prisonnier à lui céder la Bourgogne par le traité de Madrid, ne fit aucune mention de l'hommage du Dauphiné à l'empire. Toute la suite de cette histoire fait voir combien le tems change les droits.

1378.

Un gentilhomme français Enguerant de Couci profite du voïage de l'empereur en France pour lui demander une étrange permission ; celle de faire la guerre à la maison d'Autriche : il était arrière petit-fils de l'empereur Albert d'Autriche par sa mere fille de Leopold. Il demandait tous les biens de Leopold, comme n'étant point des fiefs masculins. L'empereur lui donne toute permission. Il ne s'attendait pas qu'un gentilhomme Picard pût avoir une armée. Couci en eut pourtant une & très-considérable, fournie par ses parents, & par ses amis, par l'esprit de chevalerie, par une partie de son bien qu'il vendit, & par l'espoir du butin, qui enrôle toujours beaucoup de monde dans des entreprises extraordinaires. Il marche vers les domaines d'Alsace & de Suisse, qui apartiennent à la maison d'Autriche ; il n'y avait pas là de quoi païer ses troupes ; quelques contributions de Strasbourg ne suffisent pas pour lui faire tenir long-tems la campagne. Son armée se dissipe bientôt, & le projet s'évanouit. Mais il n'arriva à ce gentilhomme, que ce qui arrivait alors à tous les grands princes, qui levaient des armées à la hâte.

Commencement du grand Schisme d'Occident.

Gregoire XI. après avoir vû enfin Rome en 1377. après y avoir reporté le siége pontifical qui avait été dans Avignon soixante & douze ans, était mort le 27. mars au commencement de 1378.

Le cardinaux Italiens prévalent enfin, & on choisit un pape Italien : c'est Prigano Napolitain, qui prend le nom d'Urbain, homme impétueux & farouche. Prigano Urbain dans son premier consistoire déclare qu'il fera justice du roi de France Charles V. & d'Edouard III. roi d'Angleterre qui troublent l'Europe. Le cardinal de la Grange le menaçant de la main, lui répond *qu'il en a menti*. Ces trois mots plongent la chrétienté dans une guerre de plus de trente années.

La plûpart des cardinaux choqués de l'humeur violente & intolérable du pape, se retirent à Naples, déclarent l'élection de Prigano Urbain, forcée & nulle, & choisissent Amedée, fils du comte de Genéve, qui prend le nom de Clement, & va établir son siége anti-romain dans Avignon. L'Europe se partage. L'empereur, la Flandre son alliée, la Hongrie appartenante à l'empereur, reconnaissent Urbain.

La France, l'Ecosse, la Savoye sont pour Clement. On juge aisément par le parti que prend chaque puissance, quels étaient les intérêts politiques. Le nom d'un pape n'est-là qu'un mot de ralliement.

La reine Jeanne de Naples est dans l'obédience de Clement, parce qu'alors elle était protegée par la France, & que cette reine infortunée appellait

pellait Louis d'Anjou frere du roi Charles cinq à son secours.

Venceslas duc de Luxembourg mourant sans enfans, laisse tous ses fiefs à son frere, & après lui à Venceslas roi des Romains.

L'empereur Charles IV. meurt bientôt après, laissant la Bohéme à Venceslas avec l'empire, le Brandebourg à Sigismond son second fils, la Lusace & deux duchés dans la Silésie à Jean son troisiéme.

Il résulte que malgré sa bulle d'or, il fit encor plus de bien à sa famille qu'à l'Allemagne.

VENCESLAS,
Trente-quatrieme Empereur.
1379. 1380. 1381.

Le regne de Charles IV. dont on se plaignit tant, & qu'on accuse encor, est un siécle d'or en comparaison des tems de Venceslas son fils.

Il commence par dissiper les tresors de son pere dans des débauches à Francfort, & à Aix-la-Chapelle, sans se mettre en peine de la Bohéme son patrimonie, ravagée par la contagion.

Tous les seigneurs Bohémiens se révoltent contre lui au bout d'un an, & il se voit réduit tout d'un coup à n'oser attendre aucun secours de l'empire, & à faire venir contre ses sujets de Bohéme, ces restes de brigands qu'on appellait *grandes compagnies*, qui couraient alors l'Europe, cherchant des princes qui les emploïassent. Ils ravagèrent la Bohéme pour leur solde. Dans le même

même tems le schisme des deux papes divise l'Europe. Ce funeste schisme coûte d'abord la vie à l'infortunée Jeanne de Naples.

On se faisait encor alors un point de religion, comme de politique, de prendre parti pour un pape, quand il y en avait deux. Il eût été plus sage de n'en reconnaître aucun. Jeanne reine de Naples s'était déclarée malheureusement pour Clement, lorsqu'Urbain pouvait lui nuire. Elle était accusée d'avoir assassiné son premier mari André de Hongrie, & vivait alors tranquille avec Othon de Brunsvick son dernier époux.

Urbain, puissant encor en Italie, suscite contre elle Charles de Durazzo, sous prétexte de venger ce premier mari.

Charles de Durazzo arrive de Hongrie pour servir la colere du pape, qui lui promet la couronne. Ce qu'il y a de plus affreux, c'est que ce Charles de Durazzo était adopté par la reine Jeanne déja avancée en âge. Il était déclaré son héritier; il aima mieux ôter la couronne & la vie à celle qui lui avait servi de mere, que d'attendre la couronne de la nature & du tems.

Othon de Brunsvick qui combat pour sa femme est fait prisonnier avec elle. Charles de Durazzo la fait étrangler. Naples, depuis Charles d'Anjou était devenu le théatre des attentats contre les têtes couronnées.

1383. 1384. 1385. 1386.

Le trône impérial est alors le théatre de l'horreur & du mépris. Ce ne sont que des séditions en Bohéme contre Venceslas. Toute la maison de Baviére se réunit pour lui déclarer la guerre.

C'eft un crime par les loix, mais il n'y a plus de loix.

L'empereur ne peut conjurer cet orage, qu'en rendant au comte Palatin de Bavière, les villes du haut Palatinat, dont Charles IV. s'était faifi quand cet électeur avait été malheureux.

Il céde d'autres villes au duc de Bavière, comme Mulberg & Bernau. Toutes les villes du Rhin, de Suabe & de Franconie fe liguent entre elles. Les princes voifins de la France, en reçoivent des penfions. Il ne reftait plus à Venceslas que le titre d'empereur.

1387.

Tandis qu'un empereur fe déshonore, une femme rend fon nom immortel. Marguerite de Waldemar, reine de Dannemarck & de Norvège, devient reine de Suede par des victoires & des fuffrages. Cette grande révolution n'a de rapport avec l'Allemagne que parce que les princes de Mecklenbourg, les comtes de Holftein, les villes de Hambourg & de Lubec s'oppoferent inutilement à cette héroïne.

L'alliance des cantons Suiffes fe fortifie alors, & toujours par la guerre. Le canton de Berne était depuis quelques années entré dans l'union. Le duc Leopold d'Autriche veut encor dompter ces peuples. Il les attaque, & perd la bataille & la vie.

1388.

Les ligues des villes de Franconie, de Suabe & du Rhin pouvaient former un peuple libre, comme celui des Suiffes, fur tout fous un regne

B iij   anarchique

anarchique, tel que celui de Venceslas ; mais trop de seigneurs, trop d'intérêts particuliers, & la nature de leur païs ouvert de tous côtés, ne leur permirent pas, comme aux Suisses, de se séparer de l'empire.

1389.

Sigismond frere de Venceslas acquiert de la gloire en Hongrie. Il n'y était que l'époux de la reine, que les Hongrois appellaient le *roi Marie*, titre qu'ils ont renouvellé depuis peu pour Marie Therese, fille de Charles VI. Marie était jeune & les états n'avaient point voulu que son mari gouvernât : ils avaient mieux aimé donner la régence à Elisabeth de Bosnie mere de leur roi Marie : de sorte que Sigismond ne se trouvait que l'époux d'une princesse en tutelle, à laquelle on donnait le titre de roi.

Les états de Hongrie sont mécontents de la régence, & on ne songe pas seulement à se servir de Sigismond. On offre la couronne à ce Charles de Durazzo accoutumé à faire étrangler des reines. Charles de Durazzo arrive & est couronné.

La régente & sa fille dissimulent, prennent leur tems, & le font assassiner à leurs yeux. Le ban ou Palatin de Croatie se constitue juge des deux reines. Fait noïer la mere & enfermer la fille. C'est alors que Sigismond se montre digne de regner, il léve des troupes dans son électorat de Brandebourg & dans les états de son frere. Il défait les Hongrois.

Le ban de Croatie vient lui ramener la reine sa femme, à laquelle il avait fait promettre de le continuer dans son gouvernement. Sigismond
couronné

couronné roi de Hongrie, ne crut pas devoir tenir la parole de sa femme, & fit écarteler le ban de Croatie dans la ville de cinq églises.

1390.

Pendant ces horreurs le grand schisme de l'église augmente ; il pouvait être éteint après la mort d'Urbain en reconnaissant Clement ; mais on élit à Rome un Pierre Tomasselli que l'Allemagne ne reconnait que parce que Clement est reconnu en France. Il exige des annates, c'est-à-dire la première année du revenu des bénéfices ; l'allemagne paie & murmure.

Il semble qu'on voulût se dédommager sur les juifs de l'argent qu'on paiait aux papes. Presque tout le commerce intérieur se faisait toujours par eux, malgré les villes anséatiques. On les croit si riches en Bohéme qu'on les y brûle & qu'on les égorge. On en fait autant dans plusieurs villes, & sur tout dans Spire.

Venceslas qui rendait rarement des édits, en fait un pour annuller tout ce que l'on doit aux juifs. Il crut par là ramener à lui la noblesse & les peuples.

1391. jusqu'à 1397.

La ville de Strasbourg est si puissante, qu'elle soûtient la guerre contre l'électeur Palatin & contre son évêque au sujet de quelques fiefs. On la met au ban de l'empire ; elle en est quitte pour 30000. florins au profit de l'empereur.

Trois freres, tous trois ducs de Baviére, font un pacte de famille, par lequel un prince Bavarois ne poura désormais vendre ou aliéner un fief qu'à son plus proche parent; & pour le vendre à un étranger il faudra le consentement de toute la maison: voilà une loi qu'on aurait pû inférer dans la bulle d'or pour toutes les grandes maisons d'Allemagne.

Chaque ville, chaque prince pourvoit comme il peut à ses affaires.

Venceslas renfermé dans Prague ne commet que des actions de barbarie & de démence. Il y avait des tems où son esprit était entiérement aliené. C'est un effet que les excès du vin & même des alimens font sur beaucoup plus d'hommes qu'on ne pense.

Charles VI. roi de France dans ce tems-là même était attaqué d'une maladie à peu près semblable. Elle lui ôtait souvent l'usage de la raison. Des anti-papes divisaient l'église & l'Europe. Par qui le monde a t'il été gouverné!

Venceslas dans un de ses accès de fureur avait jetté dans la Moldau & noïé le moine Jean Népomucène, parce qu'il n'avait pas voulu lui révéler la confession de la reine sa femme. On dit qu'il marchait quelquefois dans les ruës accompagné du bourreau, & qu'il faisait exécuter sur le champ ceux qui lui déplaisaient. C'était une bête féroce qu'il fallait enchaîner. Aussi les magistrats de Prague se saisissent de lui comme d'un malfaiteur ordinaire, & le mettent dans un cachot.

On lui permet des bains pour lui rendre la santé & la raison.

Il s'échappe avec une servante dont il fait sa maîtresse. Il s'enferme dans Beraun. C'était une occasion pour Sigismond son frere roi de Hongrie de venir se faire reconnaître roi de Bohéme, il
ne

ne la manque pas ; mais il ne peut se faire déclarer que régent. Il fait enfermer son frere dans le château de Prague ; de là il l'envoie à Vienne en Autriche chez le duc Albert, & retourne en Hongrie s'oppofer aux Turcs qui commençaient à étendre leurs conquêtes de ce côté.

Venceslas s'échappe encor de sa nouvelle prison, il retourne à Prague. Et ce qui est rare, il y trouve des partisans.

Ce qui est encor plus rare, c'est que l'Allemagne ne se mêle en aucune façon des affaires de son empereur, ni quand il est à Prague & à Vienne dans un cachot, ni quand il revient regner chez lui en Bohéme.

1398.

Qui croirait que ce même Venceslas, au milieu des scandales & des viciffitudes d'une telle vie, propofe au roi de France Charles VI. de l'aller trouver à Reims en Champagne pour étouffer les fcandales du fchifme ?

Les deux monarques se rendent en effet à Reims. On remarque que dans un festin que donnait le roi de France à l'empereur, & au roi de Navarre, un patriarche d'Alexandrie qui se trouva là s'affit le premier à table. On remarque encor qu'un matin, qu'on alla chez Venceslas pour conférer avec lui des affaires de l'églife, on le trouva yvre.

Les univerfités alors avaient quelque crédit, parce qu'elles étaient nouvelles, & qu'il n'y avait plus d'autorité dans l'églife. Celle de Paris avait propofé la premiere, que les prétendants au Pontificat se démiffent, & qu'on élût un nouveau pape.

B v

pape. Il s'agissait donc que le roi de France obtint la demission de son pape Clement, & que Venceslas engageât aussi le sien à en faire autant.

Aucun des prétendants ne voulut abdiquer. C'étaient les successeurs d'Urbain & de Clement. Le premier était ce Tomasselli, qui élu après la mort d'Urbain avait pris le nom de Boniface; l'autre Pedro de Luna, Pierre de la Lune, Arragonois qui s'appellait Benoît.

Ce Benoît siégeait dans Avignon. La cour de France tint la parole donnée à l'empereur; on alla proposer à Benoît d'abdiquer. Et sur son refus on le tint prisonnier cinq ans entiers dans son propre château d'Avignon.

Ainsi l'église de France en ne reconnaissant point de pape pendant ces cinq années montrait que l'église pouvait subsister sans pape.

Pour Venceslas, on disait qu'il aurait pû boire avec son pape, mais non négocier avec lui.

1399.

Il trouve pourtant une épouse (Sophie de Bavière) après avoir fait mourir la premiere à force de mauvais traitements. On ne voit point qu'après ce mariage il retombe dans ses fureurs, il ne s'occupe plus qu'à amasser de l'argent comme Charles IV. son pere. Il vend tout. Il vend enfin à Galéas Viscomti tous les droits de l'empire sur la Lombardie, qu'il déclare selon quelques auteurs indépendante absolument de l'empire, pour cent-cinquante-mille écus d'or. Aucune loi ne défendait aux empereurs de telles aliénations. S'il y en avait eu, Viscomti n'aurait point hazardé une somme si considérable.

Les

ROBERT.

Les miniſtres de Venceslas qui pillaient la Bohême voulurent faire quelques exactions dans la Miſnie. On s'en plaignit aux électeurs. Alors ces princes qui n'avaient rien dit quand Venceslas était furieux, s'aſſemblent pour le dépoſer.

1400.

Après quelques aſſemblées d'électeurs, de princes, de députés des villes, une diéte ſolemnelle ſe tient à Lanſtein près de Mayence. Les trois électeurs eccléſiaſtiques avec le Palatin dépoſent juridiquement l'empereur en préſence de pluſieurs princes, qui aſſiſtent ſeulement comme témoins. Les électeurs aïant ſeuls le droit d'élire, en tiraient la concluſion néceſſaire qu'ils avaient ſeuls le droit de déſtituer. Ils revoquèrent enſuite les aliénations que l'empereur avait faites à prix d'argent. Mais Galéas Viſcomti n'en dominait pas moins depuis le Piémont juſqu'aux portes de Veniſe.

L'acte de la dépoſition de Venceslas eſt du 20. Août au matin. Les électeurs quelques jours après choiſiſſent pour empereur Fréderic duc de Brunſwick, qui eſt aſſaſſiné par un comte de Valdeck, dans le tems qu'il ſe prépare à ſon couronnement.

ROBERT,
Comte Palatin du Rhin,
TRENTE-CINQUIEME EMPEREUR.

1400.

Robert comte Palatin du Rhin eſt élu à Rens par les quatre mêmes électeurs. Son élection ne peut

B vj   être

être du 22. Août, comme on le dit, puisque Venceslas avait été dépofé le 20 ; & qu'il avait fallu plus de deux jours pour choifir le duc de Brunfvick, préparer fon couronnement, & l'affaffiner.

Robert va fe préfenter en armes devant Francfort fuivant l'ufage ; & y entre en triomphe au bout de fix femaines & trois jours ; c'eft le dernier exemple de cette coûtume.

1401.

Quelques princes, & quelques villes d'Allemagne tiennent encor pour Venceslas, comme quelques Romains regrettèrent Neron. Les magiftrats de la ville libre d'Aix-la-Chapelle ferment les portes à Robert quand il veut s'y faire couronner. Il l'eft à Cologne par l'archevêque.

Pour gagner les Allemands, il veut rendre à l'empire le Milanais que Venceslas en avait détaché. Il fait une alliance avec les villes de Suiffe & de Suabe, comme s'il n'était qu'un prince de l'empire, & léve des troupes contre les Vifcomti. La circonftance était favorable. Venife & Florence s'armaient contre la puiffance redoutable du nouveau duc de Lombardie.

Etant dans le Tirol, il envoïe un défi à Galéas, *à vous Jean Galéas comte de Vérone*, lequel lui répond, *à vous Robert de Bavière, nous duc de Milan par la grace de Dieu, & de Venceslas, &c.* puis il lui promet de le battre. Il lui tient parole au débouché des gorges des montagnes.

Quelques princes qui avaient accompagné l'empereur, s'en retournent avec le peu de foldats qui leur reftent ; & Robert fe retire enfin prefque feul.

Jean

1402. 1403.

Jean Galéas reste maître de toute la Lombardie, & protecteur de presque toutes les autres villes, malgré elles.

Il meurt, laissant entre autres enfans une fille mariée au duc d'Orléans, source de tant de guerres malheureuses.

A sa mort l'un des papes, Boniface, qui n'est ni affermi dans Rome, ni reconnu dans la moitié de l'Europe, profite heureusement de la haine que les conquêtes de Jean Galéas avaient inspirée, & se saisit par des intrigues, de Boulogne, de Perouse, de Ferrare, de quelques villes de cet ancien héritage de la comtesse Mathilde que le saint siège réclame toujours.

Venceslas éveillé de son sommeil létargique, veut enfin défendre sa couronne impériale contre Robert. Les deux concurrents acceptent la médiation du roi de France, & les électeurs le prient de venir juger à Cologne Venceslas & Robert, qui seraient présents, & s'en raporteraient à lui.

Les électeurs demandaient vraisemblablement le jugement du roi de France, parce qu'il n'était pas en état de le donner. Les accès de sa maladie le mettaient hors d'état de gouverner ses propres états, pouvait-il venir décider entre deux empereurs ?

Venceslas déposé, comptait alors sur son frere Sigismond roi de Hongrie. Sigismond par un sort bizarre est déposé lui-même, & mis en prison dans son propre roïaume.

Les Hongrois choisissent Ladislas roi de Naples pour leur roi ; & Boniface qui ne sait pas encor

s'il

s'il eft pape, prétend que c'eft lui qui donne la couronne de Hongrie à Ladislas : mais à peine Ladislas eft-il fur les frontières de Hongrie que Naples fe révolte. Il y retourne pour éteindre la rebellion.

Qu'on fe faffe ici un tableau de l'Europe. On verra deux papes qui la partagent; deux empereurs qui déchirent l'Allemagne; la difcorde en Italie après la mort de Vifcomti ; les Venitiens s'emparant d'une partie de la Lombardie, Genes d'une autre partie, Pife affujetie par Florence; en France des troubles affreux fous un roi en démence ; en Angleterre des guerres civiles ; les Maures tenant encore les plus belles provinces de l'Efpagne ; les Turcs avançant vers la gréce, & l'empire de Conftantinople touchant à fa fin.

1404.

Robert acquiert du moins quelques petits terreins qui arrondiffent fon Palatinat. L'évêque de Strasbourg lui vend Offenbourg, Celle & d'autres feigneuries. C'eft prefque tout ce que lui vaut fon empire.

Le duc d'Orléans frere de Charles VI. achete le duché de Luxembourg de Joffe marquis de Moravie, à qui Wenceslas l'a vendu. Sigismond avait vendu auffi le droit d'hommage. Par-là le duché de Luxembourg, & le duché du Milanais font regardés par leurs nouveaux poffeffeurs, comme détachés de l'empire.

1405.

Le nouveau duc de Luxembourg & le duc de Lorraine fe font la guerre fans que l'empire y
prenne

prenne part. Si les choses eussent continué encor quelques années sur ce pied, il n'y avait plus d'empire, ni de corps germanique.

1406.

Le marquis de Bade, & le comte de Virtemberg font impunément une ligue avec Strasbourg & les villes de Suabe contre l'autorité impériale. Le traité porte que *si l'Empereur ose toucher à un de leurs privilèges, tous ensemble lui feront la guerre.*

Les Suisses se fortifient toujours. Les seuls Bâlois ravagent les terres de la maison d'Autriche dans le Sondgau & dans l'Alsace.

1407. 1408.

Pendant que l'autorité impériale s'affaiblit, le schisme de l'église continue. A peine un des anti-papes est mort, que son parti en fait un autre. Ces scandales eussent fait secouer le joug de Rome à tous les peuples, si on eût été plus éclairé & plus animé, & si les princes n'avaient pas toujours eu en tête d'avoir un pape dans leur parti, pour avoir de quoi opposer les armes de la religion à leurs ennemis. C'est-là le nœud de tant de ligues qu'on a vues entre Rome & les rois, de tant de contradictions, de tant d'excommunications demandées en secret par les uns, & bravées par les autres.

Déja l'église pouvait craindre la science, l'esprit, & les beaux arts ; ils avaient passé de la cour du roi de Naples Robert, à Florence, où ils établissaient leur empire. L'émulation des universités naissantes commençait à débrouiller quelques cahos. La moitié de l'Italie était ennemie des papes.

Cepen-

Cependant les Italiens plus inſtruits alors que les autres nations, n'établirent jamais de ſecte contre l'égliſe. Ils faiſaient ſouvent la guerre à la cour romaine, non à l'égliſe romaine. Les Albigeois & les Vaudois avaient commencé vers les frontières de la France. Viclef s'éleva en Angleterre. Jean Hus docteur de la nouvelle univerſité de Prague, & confeſſeur de la reine de Bohéme femme de Venceslas, aïant lû les manuſcrits de Viclef, prêchait à Prague les opinions de ces Anglais. Rome ne s'était pas attenduë que les premiers coups que lui porterait l'érudition, viendraient d'un païs, qu'elle appella ſi long-tems barbare. La doctrine de Jean Hus conſiſtait principalement à donner à l'égliſe les droits que le ſaint ſiége prétendait pour lui ſeul.

Le tems était favorable. Il y avait déja depuis la naiſſance du ſchiſme une ſucceſſion d'anti-papes des deux côtés, & il était aſſez difficile de ſavoir de quel côté était le ſaint eſprit.

Le trône de l'égliſe étant ainſi partagé en deux, chaque moitié en eſt rompuë, & ſanglante. Il arrive la même choſe à trente chaires épiſcopales. Un évêque approuvé par un pape, conteſte à main armée ſa cathédrale à un autre évêque confirmé par un autre pape.

A Liége par exemple il y a deux évêques, qui ſe font une guerre ſanglante. Jean de Baviére élû par une partie du chapitre ſe bat contre un autre élû ; & comme les papes oppoſés ne pouvaient donner que des bulles, l'évêque Jean de Baviére appelle à ſon ſecours Jean duc de Bourgogne avec une armée. Enfin pour ſavoir à qui

demeu-

demeurera la cathédrale de Liége, la ville eſt ſaccagée, & preſque réduite en cendres.

Tant de maux, auſquels on ne remédie pour l'ordinaire que quand ils ſont extrêmes, avaient enfin produit un concile à Piſe, où quelques cardinaux retirés appellaient le reſte de l'égliſe. Ce concile eſt depuis transferé à Conſtance.

1409.

S'il y avait une maniere légale & canonique de finir le ſchiſme qui déchirait l'Europe chrétienne, c'était l'autorité du concile de Piſe.

Deux anti-papes ſucceſſeurs d'anti-papes prêtent leur nom à cette guerre civile & ſacrée. L'un eſt ce fier Eſpagnol Pierre Luna, l'autre Corrario Venitien.

Le concile de Piſe les déclare tous deux indignes du trône pontifical. Vingt-quatre cardinaux avec l'approbation du concile, éliſent Philargi né en Candie, le 17. Juin 1409. Philargi pape légitime meurt au bout de dix mois. Tous les cardinaux qui ſe trouvaient alors à Rome, nomment d'un commun conſentement Baltazar Coſſa, qui prend le nom de Jean XXIII. Il avait été nourri à la fois dans l'égliſe & dans les armes, s'étant fait Corſaire dès qu'il fut diacre. Il s'était ſignalé dans des courſes ſur les côtes de Naples en faveur d'Urbain. Il acheta depuis chèrement un chapeau de cardinal, & une maîtreſſe nommée Catherine qu'il enleva à ſon mari. Il avait à la tête d'une petite armée, repris Boulogne ſur les Viſcomti. C'était un ſoldat ſans mœurs, mais enfin c'était un pape canoniquement élû.

Le ſchiſme paraiſſait donc fini par les loix de l'égliſe;

l'église; mais la politique des princes le faisait durer; si on appelle politique cet esprit de jalousie, d'intrigue, de rapine, de crainte, & d'espérance qui brouille tout dans le monde.

Une diéte était assemblée à Francfort en 1409. L'empereur Robert y présidait, les ambassadeurs des rois de France, d'Angleterre, de Pologne y assistaient. Mais qu'arrive-t-il? L'empereur soutenait une faction d'anti-papes, la France une autre. L'empereur & l'empire croïaient que c'était à eux d'assembler les conciles. La diéte de Francfort traitait le concile de Pise assemblé sans les ordres de l'Empire, de conciliabule; & on demandait un concile œcuménique. Il était donc arrivé que le concile de Pise en croïant tout terminer, avait laissé trois papes à l'Europe au lieu de deux.

Le pape canonique était Jean XXIII. nommé solemnellement à Rome. Les deux autres étaient Corrario & Pierre Luna: Corrario errant de ville en ville; Pierre Luna enfermé dans Avignon par l'ordre de la cour de France, qui sans le reconnaitre, conservait toujours ce fantôme pour l'opposer aux autres dans le besoin.

1410.

Tandis que tant de papes agitent l'Europe, il y a une guerre sanglante entre les chevaliers Teutons maîtres de la Prusse, & la Pologne pour quelques bateaux de bled. Ces chevaliers institués d'abord pour servir des Allemans dans les hôpitaux, étaient devenus une milice, comme celle des Mammelucs.

Les chevaliers sont battus, & perdent Thorn, Elbing & plusieurs villes qui restent à la Pologne.
L'empe-

L'empereur Robert meurt le 10. May à Openheim. Venceslas se dit toujours empereur sans en faire aucune fonction.

JOSSE,
Trente-sixieme Empereur.
1410.

Venceslas n'était plus empereur qu'à Prague pour ses domestiques. Sigismond son frere roi de Hongrie demande l'empire. Josse marggrave de Brandebourg & de Moravie son cousin, le demande aussi.

Non seulement Josse dispute l'empire à son cousin, mais il lui dispute aussi le Brandebourg.

L'électeur Palatin Louis, fils aîné du dernier empereur Robert, l'archevêque de Tréves, & les ambassadeurs de Sigismond, dont on compte la voix en vertu du marggraviat de Brandebourg, nomment Sigismond empereur à Francfort.

Mayence, Cologne, l'ambassadeur de Saxe, & un député de Brandebourg pour Josse, nomment ce Josse dans la même ville.

Venceslas proteste dans Prague contre ces deux élections. L'Allemagne a trois empereurs, comme l'église a trois papes sans en avoir un.

SIGISMOND,
Roi de Bohême & de Hongrie, Marggrave de Brandebourg,

TRENTE-SEPTIEME EMPEREUR.

1411.

La mort de Josse trois mois après son élection délivre l'Allemagne d'une guerre civile qu'il n'eût pû soûtenir par lui-même, mais qu'on eût faite en son nom.

Sigismond reste empereur de nom & d'effet. Tous les électeurs confirment son élection le 21. Juillet.

Les villes n'avaient alors d'évêques que par le sort des armes. Car dans les brigues pour les élections Jean XXIII. approuvant un évêque, & Corrario un autre, la guerre civile s'ensuivait; & c'est ce qui arriva à Cologne comme à Liége. L'archevêque Theodoric de la maison de Mœurs ne prit possession de son siége qu'après une bataille sanglante où il avait vaincu son compétiteur de la maison de Berg.

Les chevaliers Teutoniques reprennent les armes contre la Pologne. Ils étaient si redoutables que Sigismond se ligue secrettement avec la Pologne contre eux. La Pologne venait de céder la Prusse aux chevaliers, & le grand maître devenait insensiblement un souverain considérable.

1412.

Sigismond parait s'embarrasser peu du grand schisme d'Occident. Il se voiait roi de Hongrie,
marg-

marggrave de Brandebourg, & empereur. Il voulait affurer tout à fa poftérité. Les Vénitiens qui s'agrandiffaient, avaient acquis une partie de la Dalmatie dans le tems des Croifades ; il les défait dans le Frioul, & joint cette partie à la Hongrie.

D'un autre côté Ladiſlas, ou Lancelot, ce roi de Hongrie chaffé par lui, fe rend maître de Rome & de tout le païs jufqu'à Florence. Le pape Jean XXIII. l'avait appellé d'abord, à l'exemple de fes prédéceffeurs, pour le défendre, & il s'était donné un maître dangereux, de crainte d'en trouver un dans Sigismond. C'eft cette démarche forcée de Jean XXIII. qui lui coûta bientôt le trône pontifical.

1413.

Jean transferait les reftes du concile de Pife, à Rome, pour extirper le fchifme, & confirmer fon élection. Il devait être le plus fort à Rome. L'empereur fait convoquer le concile à Conftance pour perdre le pape. On voit peu de papes Italiens pris pour dupes. Celui-ci le fut à la fois par Sigismond, & par le roi de Naples Ladislas ou Lancelot. Ce prince maître de Rome était devenu fon ennemi, & l'empereur l'était encor davantage. L'empereur écrit aux deux anti-papes à Pierre Luna alors en Arragon, & à Corrario réfugié à Rimini ; mais ces deux papes fugitifs proteftent contre fon concile de Conftance.

Lancelot meurt. Le pape délivré d'un de fes maîtres, ne devait pas fe mettre entre les mains de l'autre. Il va à Conftance efperant la protection de Fréderic duc d'Autriche, héritier de la haine de la maifon d'Autriche contre la maifon

de

de Luxembourg. Ce prince à son tour protégé par le pape, accepte de lui le titre *in partibus* de général des troupes de l'église, & même avec une pension de six-mille florins d'or, aussi vaine que le généralat. Le pape s'unit encor avec le marquis de Bade, & quelques autres princes. Il entre enfin en pompe dans Constance le 28. Octobre accompagné de neuf cardinaux.

Cependant Sigismond est couronné à Aix-la-Chapelle, & tous les électeurs font au festin roïal les fonctions de leurs dignités.

1414.

Sigismond arrive à Constance le jour de noël, le duc de Saxe portant l'épée de l'empire nuë devant lui, le burggrave de Nuremberg, qu'il avait fait administrateur de Brandebourg, portant le sceptre. Le globe d'or était porté par le comte de Cillei son beau-pere. Ce n'est pas une fonction électorale. Le pape l'attendait dans la cathédrale. L'empereur y fait la fonction de diacre à la messe; Il y lit l'évangile ; mais point de pieds baisés, point d'étrier tenu, point de mule menée par la bride. Le pape lui présente une épée. Il y avait trois trônes dans l'église, un pour l'empereur, un pour le pape, un pour l'impératrice, l'empereur était au milieu.

1415.

Jean XXIII. promet de céder le pontificat en cas que les anti-papes en fassent autant, & dans *tous les cas où sa déposition sera utile au bien de l'église.* Cette dernière clause le perdait. Ou il était forcé à cette déclaration, ou le métier de pirate ne l'avait pas rendu un pape habile. Sigismond baise
les

les pieds de Jean, dès que Jean eut lû cette formule qui lui ôtait le pontificat.

Sigismond eft aifément le maître du concile en l'entourant de foldats. Il y paraiffait dans toute fa gloire. On y voïait les electeurs de Saxe, du Palatinat, de Mayence, l'adminiftrateur de Brandebourg, les ducs de Baviére, d'Autriche, de Siléfie, cent vingt-huit comtes, deux cens barons qui étaient alors quelque chofe, vingt-fept ambaffadeurs y repréfentérent leurs fouverains. On y difputait de luxe, de magnificence. Qu'on en juge par le nombre de cinquante orféyres qui vinrent s'établir à Conftance. On y compta cinq cens joueurs d'inftruments. Et ce que les ufages de ce tems-là rendent très-croïable; il y eut fept cens dix-huit courtifannes fous la protection du magiftrat de la ville.

Le pape s'enfuit déguifé en poftillon fur les terres de Jean d'Autriche, comte du Tirol. Ce prince eft obligé de livrer le pape & de demander pardon à genoux à l'empereur.

Tandis que le pape eft prifonnier dans un château de ce duc d'Autriche fon protecteur, on inftruit fon procès. On l'accufe de tous les crimes, on le dépofe le 29. Mai, & par la fentence le concile fe réferve le droit de le punir.

Le 6. Juillet de la même année 1415. Jean Hus confeffeur de la reine de Bohême, docteur en théologie, eft brûlé vif par fentence des peres du concile, malgré le fauf conduit très-formel que Sigismond lui avait donné. Cet empereur le remet aux mains de l'électeur Palatin, qui le conduifit au bucher dans lequel il loua Dieu jufqu'à ce que la flamme étouffât fa voix.

Voici

Voici les propositions principales pour lesquelles on le condamna à ce supplice horrible. " Qu'il n'y a qu'une église Catholique qui renferme dans son sein tous les prédéstinés ; que les seigneurs temporels doivent obliger les prêtres à observer la loi. Qu'un mauvais pape n'est pas vicaire de Jesus-Christ."

" *Croïez-vous l'univerfel à parte rei*, lui dit un cardinal ? *je crois l'univerfel à parte mentis*, répondit Jean Hus : *Vous ne croïez donc pas la préfence réelle*, s'écria le cardinal. Il est manifeste qu'on voulait que Jean fut brûlé, & il le fut.

1416.

Sigismond après la condamnation du pape & de Jean Hus, occupé de la gloire d'extirper le schisme, obtient à Narbonne des rois de Castille, d'Arragon & de Navarre, leur renonciation à l'obédience de Pierre de la Lune, ou Luna.

Il va de là à Chambéri ériger la Savoye en duché, & en donne l'investiture à Amédée VIII.

Il va à Paris, se met à la place du roi dans le parlement, & y fait un chevalier. On dit que c'était trop, & que le parlement fut blâmé de l'avoir souffert. Pourquoi ? si le roi lui avait donné sa place, il devait trouver très-bon qu'il conférât un honneur qui n'est qu'un titre.

De Paris il va à Londres. Il trouve en abordant des seigneurs qui avancent vers lui dans l'eau l'épée à la main, pour lui faire honneur, & pour l'avertir de ne pas agir en maître. C'était un aveu des droits que pouvait donner dans l'opinion des peuples ce grand nom de césar.

Il disait qu'il était venu à Londres pour négocier la paix entre l'Angleterre & la France. C'était dans le tems le plus malheureux de la monarchie Françaife, lorfque le roi Anglais Henri V. voulait avoir la France par conquête & par héritage.

L'empereur au lieu de faire cette paix, s'unit avec l'Angleterre contre la France malheureufe. Il l'eft lui-même davantage en Hongrie. Les Turcs qui avaient renverfé l'empire des Califes & qui ménaçaient Conftantinople, aïant inondé la terre depuis l'Inde jufqu'à la Grece, dévaftaient la Hongrie & l'Autriche, mais ce n'était encor que des incurfions de brigands. On envoie des troupes contre eux quand ils fe retirent.

Tandis que Sigismond voïage, le concile après avoir brûlé Jean Hus, cherche une autre victime dans Jerôme de Prague. Hieronime ou Jerôme de Prague, difciple de Jean Hus, lui était très-fupérieur en efprit & en éloquence, il avait d'abord foufcrit à la condamnation de fon maître, mais il en eut honte. Il regarda fa rétractation comme fon feul crime & fubit la même mort le 1. Juin 1416. avec la même intrépidité. Le Poggio Florentin fecretaire de Jean XXIII. & l'un des reftaurateurs des lettres, préfent à l'interrogatoire de Jerôme & à fon fupplice, dit qu'il parla avec l'éloquence de Socrate, & qu'il brava les flammes comme Socrate but la ciguë.

Socrate en effet & ces deux Bohémiens avaient

C   été

été condamnés pour s'être attiré la haine des So-phistes de leur tems. Mais quelle différence entre les mœurs d'Athénes & celles des chrétiens du quinzième siécle! entre la mort douce de Socrate, & le supplice épouvantable du feu dans lequel des prêtres jettaient d'autres prêtres.

Les papes avaient prétendu juger les princes & les dépouiller quand ils l'avaient pû; le concile sans pape crut avoir les mêmes droits. Fréderic d'Autriche avait, vers le Tirol, pris des villes que l'évêque de Trente réclamait, & il retenait l'évêque prisonnier. Le concile lui ordonne de rendre l'évêque & les villes, sous peines d'être privé lui & ses enfans & ses petits enfans de tous leurs fiefs de l'église & de l'empire.

Ce Fréderic d'Autriche, souverain du Tirol s'enfuit de Constance. Son frere Ernest lui prend le Tirol, & l'empereur met Fréderic au ban de l'empire. Tout s'acommode sur la fin de l'année. Fréderic reprend son Tirol, & Ernest son frere s'en tient à la Styrie qui était son appanage. Mais les Suisses qui s'étaient saisis de quelques villes de ce duc d'Autriche, les gardent & fortifient leur ligue.

1417.

L'empereur retourne à Constance, il y donne avec la plus grande pompe, l'investiture de Mayence, de la Saxe, de la Poméranie, de plu-sieurs leurs principautés : Investiture qu'il faut prendre à chaque mutation d'empereur ou de vassal.

Il vend son électorat de Brandebourg à Fréderic de Hohenzollern, burggrave de Nuremberg pour la somme de quatre-cent-mille florins d'or, que le burggrave avait amassée, somme très-considérable en ce tems-là. Quelques auteurs disent seulement cent-mille, & sont plus croïables.

Sigismond se réserve par le contrat la faculté de racheter le Brandebourg pour la même somme, en cas qu'il ait des enfans.

Sentence de déposition prononcée dans le concile en présence de l'empereur contre le pape Pierre Luna, déclaré dans la sentence *parjure, perturbateur du repos public, hérétique, rejetté de Dieu & opiniâtre*. La qualité d'opiniâtre était la seule qu'il méritât bien.

L'empereur propose au concile de réformer l'église avant de créer un pape. Plusieurs prélats crient à l'hérétique, & on fait un pape sans réformer l'église.

Vingt-trois cardinaux & trente-trois prélats du concile députés des nations, s'assemblent dans un conclave. C'est le seul exemple que d'autres prélats que des cardinaux aïent eu droit de suffrage, depuis que le sacré collége s'était réservé à lui seul
C ij l'élection

l'élection des papes ; car Gregoire VII. fut élu par l'acclamation du peuple.

On élit le 11. Novembre Othon Colonne, qui change ce beau nom contre celui de Martin ; c'eſt de tous les papes celui dont la conſécration a été la plus auguſte. Il fut conduit à l'égliſe par l'empereur & l'électeur de Brandebourg qui tenaient les rênes de ſon cheval, ſuivis de cent princes, des ambaſſadeurs de tous les rois, & d'un concile entier.

1418.

Au milieu de ce vaſte appareil d'un concile, & parmi tant de ſoins apparents de rendre la paix à l'égliſe, & à l'empire ſa dignité, quelle fut la principale occupation de Sigismond ? celle d'amaſſer de l'argent.

Non content de vendre ſon électorat de Brandebourg, il s'était hâté pendant la tenuë du concile de vendre à ſon profit quelques villes qu'il avait confiſquées à Fréderic d'Autriche. L'acommodement fait, il fallait les reſtituer. Cet embarras & la diſette continuelle d'argent où il était, mêlait de l'aviliſſement à ſa gloire.

Le nouveau pape Martin V. déclare Sigismond roi des Romains en ſuppléant aux défauts de formalité, qui ſe trouvèrent dans ſon élection à Francfort.

Le

Le pape aïant promis de travailler à la réformation de l'églife, publie quelques conftitutions touchant les revenus de la chambre apoftolique & les habits des clercs.

Il accorde à l'empereur le dixiéme de tous les biens eccléfiaftiques d'Allemagne pendant un an, pour l'indemnifer des frais du concile, & l'Allemagne en murmura.

Troubles appaifés cette année dans la Hollande, le Brabant & le Hainaut. Tout ce qui en réfulte d'important pour l'hiftoire, c'eft que Sigismond reconnaît que la province de Hainaut ne relève pas de l'empire. Un autre empereur pouvait enfuite admettre le contraire. Le Hainaut avait autrefois comme on a vû, relevé quelque tems d'un évêque de Liége.

Comme le droit féodal n'eft point un droit naturel, que ce n'eft point la poffeffion d'une terre qu'on cultive, mais une prétention fur des terres cultivées par autrui, il a toujours été le fujet de mille difputes indécifes.

1419.

De plus grands troubles s'élevaient en Bohéme. Les cendres de Jean Hus & de Jerôme de Prague excitaient un incendie.

Les partifans de ces deux infortunés voulurent foûtenir leur doctrine & venger leur mort. Le célèbre Jean Ziska se mèt à la tête des Hussites, & tâche de profiter de la faiblesse de Venceslas, du fanatisme des Bohémiens, & de la haine qu'on commence à porter au clergé, pour se faire un parti puissant, & s'établir une domination.

Venceslas meurt en Bohême presque ignoré. Sigismond a donc à la fois l'empire, la Hongrie, la Bohême, la suzeraineté de la Silésie ; & s'il n'avait pas vendu son électorat de Brandebourg, il pouvait fonder la plus puissante maison d'Allemagne.

1420.

C'est contre ce puissant empereur que Jean Ziska se soûtient, & lui fait la guerre dans ses propres états patrimoniaux. Les moines étaient le plus souvent les victimes de cette guerre ; ils païaient de leur sang la cruauté des peres de Constance.

Jean Ziska fait soûlever toute la Bohême. Pendant ce tems il y a de grands troubles en Dannemarck au sujet du duché de Schleswig. Le roi Erick s'empare de ce duché ; mais la guerre des Hussites est bien plus importante & regarde de plus près l'empire.

Sigismond assiége Prague, Jean Ziska le met en déroute & lui fait lever le siége ; un prêtre marchait avec lui à la tête des Hussites un calice
à la

à la main pour marquer qu'ils voulaient communier sous les deux espèces.

Un mois après, Jean Ziska bat encor l'empereur. Cette guerre dura seize années. Si l'empereur n'avait pas violé son sauf-conduit, tant de malheurs ne seraient pas arrivés.

1421.

Il y avait long-tems qu'on ne faisait plus de croisades que contre les chrétiens. Martin V. en fait prêcher une en Allemagne contre les Hussites, au lieu de leur accorder la communion avec du vin.

Un évêque de Trèves marche à la tête d'une armée de croisés contre Jean Ziska, qui n'aïant pas avec lui plus de douze-cens hommes, taille les croisés en piéces.

L'empereur marche encor vers Prague & est encor battu.

1422.

Coribut prince de Lithuanie vient se joindre à Ziska dans l'espérance d'être roi de Bohéme. Ziska qui méritait de l'être, menace d'abandonner Prague.

Le mot *Ziska* signifiait *borgne* en langue esclavonne, & on appellait ainsi ce guerrier, comme *Horatius* avait été nommé *Cocles*. Il méritait alors celui *d'aveugle* aïant perdu les deux yeux ; & ce Jean *l'aveugle* était bien un autre homme, que l'autre Jean *l'aveugle* pere de Sigismond. Il croïait malgré la perte de ses yeux pouvoir regner, puisqu'il pouvait combattre, & être chef de parti.

1423.

L'empereur chassé de la Bohéme par les vengeurs de Jean Hus, a recours à sa ressource ordinaire, celle de vendre des provinces. Il vend la Moravie à Albert duc d'Autriche ; c'était vendre ce que les Hussites possedaient alors.

Procope, surnommé le *rasé*, parce qu'il était prêtre, grand capitaine, devenu l'œil & le bras de Jean Ziska, défend la Moravie contre les Autrichiens.

1424.

Non seulement Ziska l'aveugle se soûtient malgré l'empereur, mais encor malgré Coribut son défenseur, devenu son rival. Il défait Coribut après avoir vaincu l'empereur.

Sigismond pouvait au moins profiter de cette guerre civile entre ses ennemis ; mais dans ce tems-là même, il est occupé à des nôces. Il assiste avec pompe dans Presbourg au mariage d'un roi de Pologne, tandis que Ziska chasse son rival Coribut & entre dans Prague en triomphe.

Ziska

Ziska meurt d'une maladie contagieuse au milieu de son armée. Rien n'est plus connu que la disposition qu'on prétend qu'il fit de son corps en mourant. *Je veux qu'on me laisse en plein champ, dit-il, j'aime mieux être mangé des oiseaux que des vers, qu'on fasse un tambour de ma peau, on fera fuir nos ennemis au son de ce tambour.*

Son parti ne meurt pas. Ce n'était pas Ziska, mais le fanatisme qui l'avait formé. Procope le *rasé* succéde à son gouvernement & à sa réputation.

1425. 1426.

La Bohême est divisée en plusieurs factions, mais toutes réunies contre l'empereur, qui ne peut se resaisir des ruines de sa patrie. Coribut revient, & est déclaré roi. Procope fait la guerre à la fois à cet usurpateur & à Sigismond. Enfin l'empire fournit une armée de près de cent mille hommes à l'empereur, & cette armée est entièrement défaite. On dit que les soldats de Procope, qu'on appellait les *Taborites*, se servirent dans cette grande bataille de haches à deux tranchants, & que cette nouveauté leur donna la victoire.

1427.

Pendant que l'empereur Sigismond est chassé de la Bohême, & que les étincelles sorties des cen-

dres

dres de Jean Hus embrasent ce païs & la Moravie & l'Autriche, les guerres entre le roi de Dannemarck & le Holstein continuent. Lubec, Hambourg, Vismar, Stralsund sont déclarées contre lui. Quelle était donc l'autorité de l'empereur Sigismond ? il prenait le parti du Dannemarck ; il écrivait à ces villes pour leur faire mettre bas les armes, & elles ne l'écoutaient pas.

Il semble avoir perdu son crédit comme empereur, ainsi qu'en qualité de roi de Bohéme.

Il fait marcher encor une armée dans son païs, & cette armée est encor battuë par Procope. Coribut qui se disait roi de Bohéme, est mis dans un couvent par son propre parti, & l'empereur n'a plus de parti en Bohéme.

1428.

On voit que Sigismond était très-mal secouru de l'empire, & qu'il ne pouvait armer les Hongrois. Il était chargé de titres & de malheurs. Il ouvre enfin dans Presbourg des conférences pour la paix avec ses sujets. Le parti nommé des *Orphelins*, qui était le plus puissant à Prague, ne veut aucun acommodement, & répond : *Qu'un peuple libre n'a pas besoin de roi.*

1429. 1430.

Procope le rasé, à la tête de son régiment de
freres

freres (semblable à celui que Cromwel forma depuis) suivi de ses Orphelins, de ses Taborites, de ses prêtres, qui portaient un calice, & qui conduisaient les Calistins, continue à battre par tout les impériaux. La Misnie, la Lusace, la Silésie, la Moravie, l'Autriche, le Brandebourg sont ravagés. Une grande révolution était à craindre. Procope se sert de retranchements de bagages avec succès contre la cavalerie Allemande. Ces retranchements s'appellent des *Tabors*. Il marche avec ces Tabors, il pénétre aux confins de la Franconie.

Les princes de l'empire ne peuvent s'opposer à ces irruptions; ils étaient en guerre les uns contre les autres. — Que faisait donc l'empereur? il n'avait sû que tenir un concile & laisser brûler deux prêtres.

Amurath II. dévaste la Hongrie pendant ces troubles. L'empereur veut intéresser pour lui le duc de Lithuanie & le créer roi, il ne peut en venir à bout: les Polonais l'en empêchent.

1431.

Il demande encor la paix aux Hussites, il ne peut l'obtenir, & ses troupes sont encor battuës deux fois. L'électeur de Brandebourg & le cardinal Julien légat du pape sont défaits la seconde fois à Risemberg d'une maniere si complette, que Procope parut être le maître de l'empire intimidé.

Enfin les Hongrois qu'Amurath II. laisse respirer, marchent contre le vainqueur, & sauvent l'Allemagne qu'ils avaient autrefois dévastée.

Les Hussites repoussés dans un endroit, sont formidables dans tous les autres. Le cardinal Julien ne pouvant faire la guerre, veut un concile, & propose d'y admettre des prêtres Hussites.

Le concile s'ouvre à Bâle le 23. May.

1432.

Les peres donnent aux Hussites des saufs-conduits pour deux cens personnes.

Ce concile de Bâle tenu sous Eugene IV. n'était qu'une prolongation de plusieurs autres indiqués par le pape Martin V. tantôt à Pavie tantôt à Sienne. Les peres commencent par déclarer que le pape n'a ni le droit de dissoudre leur assemblée, ni même celui de la transferer, & qu'il leur doit être soûmis sous peine de punition. Les conciles se regardaient comme les états généraux de l'Europe, juges des papes & des rois. On avait détrôné Jean XXIII. à Constance; on voulait à Bâle faire rendre compte à Eugene IV.

Eugene qui se croïait au dessus du concile, le dissoud, mais en vain. Il s'y voit cité pour y
compa-

comparaître, plutôt que pour y préfider ; & Sigismond prend ce tems pour s'aller faire inutilement couronner en Lombardie, & enfuite à Rome.

Il trouve l'Italie puiffante & divifée. Philippe Vifcomti règnait fur le Milanais, & fur Génes malheureufe rivale de Venife, qui avait perdu fa liberté, & qui ne cherchait plus que des maîtres. Le duc de Milan & les Vénitiens fe difputaient Vérone & quelques frontières. Les Florentins prenaient le parti de Venife. Luques, Sienne étaient pour le duc de Milan. Sigismond eft trop heureux d'être protégé par ce duc pour aller recevoir à Rome la vaine couronne d'empereur. Il prend enfuite le parti du concile contre le pape, comme il avait fait à Conftance. Les peres déclarent fa fainteté contumace, & lui donnent foixante jours pour fe reconnaître, après quoi on le dépofera.

Les peres de Bâle voulaient imiter ceux de Conftance. Mais les exemples trompent. Eugene était puiffant à Rome, & les tems n'étaient pas les mêmes.

1433.

Les députés de Bohéme font admis au concile. Jean Hus & Jerôme avaient été brûlés à Conftance, fes fectateurs font refpectés à Bâle : ils y obtiennent que leurs voix feront comptées. Les prêtres Huffites qui s'y rendent, n'y marchent qu'à la fuite de ce Procope le *rafé*, qui vient avec trois-cens gentilshommes armés, & les peres difaient, *voilà le vainqueur de l'églife & de l'empire.* Le concile leur accorde la permiffion de boire en communiant, & on difpute fur le refte. L'empereur arrive à Bâle, il y voit tranquillement fon vainqueur, & s'occupe du procès qu'on fait au pape.

Tandis qu'on argumente à Bâle, les Huffites de Bohéme joints aux Polonais attaquent les chevaliers Teutons, & chaque parti croit faire une guerre fainte. Tous les ravages recommencent; les Huffites fe font la guerre entre eux.

Procope quitte le concile qu'il intimidait, pour aller fe battre en Bohéme contre la faction oppofée. Il eft tué dans un combat près de Prague.

La faction victorieufe fait ce que l'empereur n'aurait ofé faire, elle condamne au feu un grand nombre de prifonniers. Ces hérétiques armés fi long-tems pour venger la cendre de leur apôtre, fe livrent aux flammes les uns les autres.

1434.

Si les princes de l'empire laiffaient leur chef dans l'impuiffance de fe venger, ils ne négligeaient
pas

pas toujours le bien public. Louis de Bavière duc d'Ingolstadt aïant tyrannifé fes vaffaux, abhorré de fes voifins, & n'étant pas affez puiffant pour fe défendre, eft mis au ban de l'empire, & il obtient fa grace en donnant de l'argent à Sigismond.

L'empereur était alors fi pauvre, qu'il accordait les plus grandes chofes pour les plus petites fommes.

Le dernier de la branche électorale de Saxe, de l'ancienne maifon d'Afcanie, meurt fans enfans. Plufieurs parents demandent la Saxe. Et il n'en coûte que cent mille florins au marquis de Mifnie Fréderic le *belliqueux* pour l'obtenir. C'eft de ce marquis de Mifnie Landgrave de Thuringe, que defcend la maifon de Saxe fi étendue de nos jours.

1435.

L'empereur retiré en Hongrie négocie avec fes fujets de Bohéme. Les états lui fixent des conditions aufquelles il poura être reconnu, & entre autres ils demandent qu'il n'altère plus la monnoïe. Cette claufe fait fa honte, mais honte commune avec trop de princes de ces tems-là. Les peuples ne fe font foumis à des fouverains ni pour être tyrannifés, ni pour être volés.

Enfin l'empereur aïant accepté les conditions, les Bohémiens fe foûmettent à lui & à l'églife.

Voilà

Voilà un vrai contrat paſſé entre le roi & ſon peuple.

1436. 1437.

Sigismond rentre dans Prague & y reçoit un nouvel hommage, comme tenant nouvellement la couronne du choix de la nation. Après avoir appaiſé le reſte des troubles, il fait reconnaître en Bohéme le duc Albert d'Autriche ſon gendre pour héritier du roïaume. C'eſt le dernier évenement de ſa vie, qui finit en Décembre 1437.

ALBERT II. d'Autriche.
TRENTE-HUITIEME EMPEREUR.

1438.

Il parut alors que la maiſon d'Autriche pouvait être déja la plus puiſſante de l'Europe. Albert II. gendre de Sigismond ſe vit roi de Bohéme & de Hongrie, duc d'Autriche, ſouverain de beaucoup d'autres païs & empereur. Il n'était roi de Hongrie & de Bohéme que par élection : mais quand le pere & l'aïeul ont été élûs, le petit-fils ſe fait aiſément un droit héréditaire.

Le parti des Huſſites qu'on nommait les *Calixtins*, élit pour roi, Caſimir frere du roi de Pologne ; il faut combattre. L'armée de l'empereur

com-

commandée par Albert l'Achille, alors burggrave de Nuremberg & depuis électeur de Brandebourg, assure par des victoires la couronne de Bohéme à Albert II. d'Autriche.

Dans une grande diéte à Nuremberg on réforme l'ancien tribunal des Auftrégues, reméde inventé comme on a vû pour prévenir l'effusion de sang dans les querelles des seigneurs. L'offensé doit nommer trois princes pour arbitres, ils doivent être approuvés par les états de l'empire & juger dans l'année.

On divise l'Allemagne en quatre parties, nommées *cercles*. Baviére, Rhin, Suabe & Vestphalie. Les terres électorales ne font pas comprises dans ces quatre cercles, chaque électeur croïant de sa dignité de gouverner son état sans l'assujétir à ce réglement. Chaque cercle a un directeur & un duc ou général, & chaque membre du cercle est taxé à un contingent en hommes ou en argent pour la sureté publique.

On abolit dans cette diéte une ancienne loi qui subsistait encor en quelques endroits de la Vestphalie, loi qui n'en mérite pas le nom, puisque c'était l'opposé de toutes les loix. Elle s'appellait le *jugement secret*, & consistait à condamner un homme à mort, sans qu'il en sût rien.

Cette maniere de juger, qui n'est qu'une maniere

niere d'aſſaſſiner, a été pratiquée dans pluſieurs états & ſur tout à Veniſe, lorſqu'un danger preſſant, ou qu'un intérêt d'état ſupérieur aux loix pouvait ſervir d'excuſe à cette barbarie. Une tradition ſans preuve faiſait croire que Charlemagne pour contenir les Saxons vaincus & peu ſoumis, avait établi ce tribunal de ſang. Quelques juges dans la Veſtphalie ſe prévalaient encor de cette coûtume cruelle. Tous les ſucceſſeurs de Charlemagne durent rougir de laiſſer à Albert d'Autriche l'honneur de la détruire.

1439.

D'un côté le concile de Bâle continue à troubler l'Occident : de l'autre les Turcs & les Tartares qui ſe diſputent l'Orient, portent leurs dévaſtations aux frontières de la Hongrie.

L'empereur Grec Jean Paléologue, auquel il ne reſtait guères plus que Conſtantinople, croit en vain pouvoir obtenir du ſecours des chrétiens. Il s'humilie juſqu'à venir dans Rome ſoûmettre l'égliſe Gréque au pape.

Ce fut dans le concile de Ferrare, oppoſé par Eugene IV. au concile de Bâle, que Jean Paléologue & ſon patriarche furent d'abord reçus. L'empereur Grec & ſon clergé dans leur ſoumiſſion réelle gardèrent en apparence la majeſté de leur empire,

empire, & la dignité de leur églife. Aucun de ces fugitifs ne baifa les pieds du pape ; ils avaient en horreur cette cérémonie, reçue par les empereurs d'Occident, qui fe difaient fouverains du pape. Cependant on avait dans les premiers fiécles baifé les pieds des évêques Grecs.

Paléologue & fes prélats fuivent le pape, de Ferrare à Florence. Il y eft folemnellement décidé & convenu par les repréfentants des églifes Latine & Gréque, *que le St. Efprit procède du Pere & du Fils par la production d'infpiration ; que le Pere communique tout au fils, excepté la paternité ; & que le fils a de toute éternité la vertu productive, par laquelle le St. Efprit procède du Fils comme du Pere.*

Le grand point intéreffant & glorieux pour Rome, était l'aveu de fa primatie. Le pape fut folemnellement reconnu le 6. Juillet pour le chef de l'églife univerfelle.

Cette union des Grecs & des Latins fut à la vérité défavouée bientôt après par toute l'églife Gréque. Mais la victoire du pape Eugene n'en était pas moins glorieufe.

Dans le même tems qu'il rend ce fervice aux Latins, & qu'il finit autant qu'il eft en lui, le fchifme de l'Orient & de l'Occident, le concile de Bâle le dépofe du pontificat, le déclare *rebelle, fimoniaque, fchifmatique, hérétique & parjure.*

Si

Si on considere le concile par ce décret, on n'y voit qu'une troupe de factieux; si on le regarde par les régles de la discipline qu'il donna, on y verra des hommes très-sages : c'est que la passion n'avait point de part à ces réglements, & qu'elle agissait seule dans la déposition d'Eugene. Le corps le plus auguste quand la faction l'entraîne, fait toujours plus de fautes qu'un seul homme.

On ne doit pas oublier que Paléologue de retour à Constantinople fut si odieux à son église pour l'avoir soumise à Rome, que son propre fils lui refusa la sépulture.

Cependant les Turcs avancent jusqu'à Semendria en Hongrie. Au milieu de ces allarmes Albert d'Autriche dont on attendait beaucoup, meurt le 27. Octobre, laissant l'empire affaibli, comme il l'avait trouvé, & l'Europe malheureuse.

FREDERIC d'Autriche
Troisiéme du nom,
TRENTE-NEUVIEME EMPEREUR.
1440.

On s'assemble à Francfort selon la coûtume pour le choix d'un roi des Romains. Les états de Bohéme qui étaient sans souverain, jouissent avec les autres
électeurs

électeurs du droit de suffrage ; privilége qui n'a jamais été donné qu'à la Bohéme.

Louis landgrave de Hesse refuse la couronne impériale. On en voit plusieurs exemples dans l'histoire. L'empire passait depuis longtems pour une épouse sans dot, qui avait besoin d'un mari très-riche.

Fréderic d'Autriche duc de Styrie fils d'Ernest qui était bien moins puissant que le landgrave de Hesse, n'est pas si difficile.

Dans la même année Albert duc de Baviére refuse la couronne de Bohéme, qu'on lui offre. Mais ce nouveau refus vient d'un motif qui doit servir d'éxemple aux princes. La veuve de l'empereur roi de Bohéme & de Hongrie, duc d'Autriche, venait d'accoucher d'un posthume nommé Ladislas. Albert de Baviére crut qu'on devait avoir égard au sang de ce pupille. Il regarda la Bohéme comme l'héritage de cet enfant. Il ne voulut pas le dépouiller. L'intérêt ne gouverne pas toujours les souverains. Il y a aussi de l'honneur parmi eux ; & ils devraient songer que cet honneur quand il est assuré, vaut mieux qu'une province incertaine.

A l'éxemple du Bavarois, l'empereur Fréderic III. refuse aussi la couronne de Bohéme. Voilà ce que fait l'éxemple de la vertu. Fréderic III. ne

veut

veut pas être moins généreux, que le duc de Bavière. Il se charge de la tutelle de l'enfant Ladislas, qui devait par le droit de naissance posséder la basse Autriche où est Vienne, & qui était appellé au trône de la Bohême & de la Hongrie par le choix des peuples, qui respectaient en lui le sang dont il sortait.

Concile de Frisingue dans lequel on prive de la sépulture tous ceux qui seront morts en combattant dans un tournoi, ou qui ne se seront point confessés dans l'année. Ces décrets grossiers & ridicules n'ont jamais de force.

1441.

Grande diète à Mayence. L'anti-pape Amédée de Savoye (Felix) créé par le concile de Bâle, envoïe un légat *a Latere* à cette diète; on lui fait quitter sa croix & la pourpre qu'Amédée lui a donnée. Cet Amédée était un homme bizarre, qui aïant renoncé à son duché de Savoye pour la vie molle d'Hermite, quittait sa retraite de Ripaille pour être pape. Les peres du concile de Bâle l'avaient élu quoiqu'il fut séculier. Ils avaient en cela violé tous les usages, aussi ces peres n'étaient regardés à Rome que comme des séditieux. La diète de Mayence tient la balance entre les deux papes.

L'ordre

L'ordre Teutonique gouverne si durement la Prusse, que les peuples se donnent à la Pologne.

L'empereur éleve à sa cour le jeune Ladislas roi de Bohéme, & le roïaume est administré au nom de ce jeune prince, mais au milieu des contradictions & des troubles. Tous les électeurs, & beaucoup de princes viennent assister au couronnement de l'empereur à Aix-la-Chapelle. Chacun avait à sa suite une petite armée. Ils mettaient alors leur gloire à paraître avec éclat dans ces jours de cérémonie ; aujourd'hui ils la mettent à n'y plus paraître.

Grand exemple de la liberté des peuples du Nord. Erick roi de Dannemarck & de Suède désigne son neveu successeur de son roïaume. Les états s'y opposent, en disant que par les loix fondamentales la couronne ne doit point être héréditaire. Leur loi fondamentale est bien différente aujourd'hui. Ils déposerent leur vieux roi Erick qui voulait être trop absolu, & ils appellèrent à la couronne, ou plutôt à la première magistrature du roïaume, Christophe de Bavière.

1443. 1444.

La politique, les loix, les usages n'avaient rien alors de ce qu'ils ont de nos jours. On voit dans ces années, la France unie avec la maison d'Autriche

triche contre les Suisses. Le Dauphin, depuis Louis XI. marche contre les Suisses, dont la France devait défendre la liberté. Les auteurs parlent d'une grande victoire que le Dauphin remporta près de Bâle ; mais s'il avait gagné une si grande bataille, comment pût-il n'obtenir qu'à peine la permission d'entrer dans Bâle avec ses domestiques ? Ce qui est certain, c'est que les Suisses ne perdirent point la liberté pour laquelle ils combattaient, & que cette liberté se fortifia de jour en jour malgré leurs dissentions.

Ce n'était pas contre les Suisses qu'il fallait marcher alors; c'était contre les Turcs. Amurath second après avoir abdiqué l'empire, l'avait repris à la priere des Janissaires. Ce Turc qu'on peut compter parmi les philosophes, était compté parmi les héros. Il poussait ses conquêtes en Hongrie. Le roi de Pologne Uladislas, le second des Jagellons, venait d'être élû par les Hongrois au mépris du jeune Ladislas d'Autriche élevé toujours chez l'empereur. Il venait de conclure avec Amurath la paix la plus solemnelle que jamais les chrétiens eussent faite avec les Musulmans.

Amurath & Uladislas la jurèrent tous deux solemnellement, l'un sur l'Alcoran, & l'autre sur l'évangile.

Le cardinal Julien Cesarini légat du pape en Allemagne

Allemagne, homme fameux par ses poursuites contre les partisans de Jean Hus, par le concile de Bâle auquel il avait d'abord présidé, par la croisade qu'il prêchait contre les Turcs, fut alors, par un zéle trop aveugle, la cause de l'opprobre & du malheur des chrétiens.

A peine la paix était jurée, que ce cardinal veut qu'on la rompe. Il se flattait d'avoir engagé les Vénitiens & les Génois à rassembler une flotte formidable, & que les Grecs réveillés allaient faire un dernier effort. Le prétexte manquait pour violer le serment. Amurath avait observé toutes les conditions avec une exactitude qui ne laissait nul subterfuge aux infracteurs. Ce légat n'eut d'autre ressource que de persuader à Uladislas, aux chefs Hongrois, & aux Polonais qu'on pouvait violer ses sermens. Il harangua, il écrivit, il assura que la paix jurée sur l'évangile était nulle, parce qu'elle avait été faite malgré l'inclination du pape. En effet le pape, qui était alors Eugene IV. écrivit à Uladislas, *qu'il lui ordonnait de rompre une paix, qu'il n'avait pû faire à l'insçû du saint siége.* On a déja vû que la maxime s'était introduite, *de ne pas garder la foi aux hérétiques.* On en concluait qu'il ne fallait pas la garder aux Mahométans.

Enfin Julien prévalut. Tous les chefs se laisserent

ferent entraîner au torrent, & fur tout Jean Corvin Huniade, ce fameux général des armées Hongroifes qui combatit fi fouvent Amurath, & Mahomet fecond. Uladislas féduit par de fauffes efpérances, & par une morale encor plus fauffe, furprit les terres du Sultan. Il le rencontra bientôt vers le Pont-Euxin, dans ce païs qu'on nomme aujourd'hui la Bulgarie, & qui était autrefois la Mœfie. La bataille fe donna près de la ville de Varnes.

Amurath portait dans fon fein le traité de paix qu'on venait de conclure. Il le tira au milieu de la mêlée, dans un moment où fes troupes pliaient, & pria Dieu, qui punit les parjures, de venger cet outrage fait aux loix des nations. Voilà ce qui donna lieu à la fable, que la paix avait été jurée fur l'Euchariftie, que l'hoftie avait été remife aux mains d'Amurath, & que ce fut à cette hoftie qu'il s'adreffa dans la bataille. Le parjure reçut cette fois le châtiment qu'il méritait. Les chrétiens furent vaincus après une longue réfiftance. Le roi Uladislas fut percé de coups. Sa tête coupée par un Janiffaire fut portée en triomphe de rang en rang dans l'armée Turque, & ce fpectacle acheva la déroute.

Quelques-uns difent que le cardinal Julien qui avait affifté à la bataille, voulant dans fa fuite paffer

fer une riviere, y fut abîmé par le poids de l'or qu'il portait; d'autres difent que les Hongrois mêmes le tuerent. Il eft certain qu'il périt dans cette journée.

1445.

L'Allemagne devait s'oppofer au progrès des Ottomans. Mais alors même Fréderic III. qui avait appellé les Français à fon fecours contre les Suiffes, voïant que ces défenfeurs inondent l'Alface & le Païs Meffin, veut chaffer ces alliés dangereux.

Charles VII. réclamait le droit de protection dans la ville de Toul, quoique cette ville fût impériale. Il éxige au même titre des préfents de Metz & de Verdun. Ce droit de protection fur ces villes dans leurs befoins, eft l'origine de la fouveraineté qu'enfin les rois de France en ont obtenue.

On fait fur ces Frontières une courte guerre aux Français, au lieu d'en faire aux Turcs une longue, vive, & bien conduite.

La guerre eccléfiaftique entre le concile de Bâle & le Pape Eugene IV, dure toujours. Eugene s'avife de dépofer les archevêques de Cologne & de Trêves, parce qu'ils étaient partifans du concile de Bâle. Il n'avait nul droit de les dépofer comme archevêques, encor moins comme électeurs. Mais que fait-il ? il nomme à Cologne

un

un neveu du duc de Bourgogne, il nomme à Tréves un frere naturel de ce prince ; car jamais pape ne put être puissant ni faire de mal, qu'en armant un prince contre un autre.

1446.

Les autres électeurs, les princes, prennent le parti des deux évêques vainement déposés. Le pape l'avait prévu ; il propose un tempérament, rétablit les deux évêques, il flatte les Allemands. Et enfin l'Allemagne qui se tenait neutre entre l'anti-pape & lui, reconnaît Eugene pour seul pape légitime. Alors le concile de Bâle tombe dans le mépris, & bientôt après il se dissoud insensiblement de lui-même.

1447.

Concordat Germanique. Ce concile avait du moins établi des réglemens utiles, que le corps germanique adopta dès-lors, & qu'il soûtient encor aujourd'hui. Les élections dans les églises cathédrales & abbatiales sont rétablies.

Le pape ne nomme aux petits bénéfices que pendant six mois de l'année.

On ne païe rien à la chambre apostolique pour les petits bénéfices ; plusieurs autres loix pareilles sont confirmées par le pape Nicolas V, qui par là rend hommage à ce concile de Bâle, regardé à Rome comme un conciliabule.

1448.

Le Sultan Amurath II défait encor les Hongrois commandés par le fameux Huniade, & l'Allemagne à ces funeftes nouvelles, ne s'arme point encore.

1449.

L'Allemagne n'eft occupée que de petites guerres. Albert *l'Achille* électeur de Brandebourg en a une autre contre la ville de Nuremberg qu'il voulait fubjuguer, prefque toutes les villes impériales prennent la défenfe de Nuremberg, & l'empereur refte fpectateur tranquille de ces querelles. Il ne veut point donner le jeune Ladislas à la Bohême qui le redemande, & laiffe foupçonner qu'il veut garder le bien de fon pupille.

Ce jeune Ladislas devait être à la fois roi de Bohême, duc d'une partie de l'Autriche, de la Moravie, & de la Siléfie. Ces biens auraient pû tenter enfin la vertu.

Amédée de Savoie cède enfin fon Pontificat, & redevient hermite à Ripaille.

1450. 1451. 1452.

La Bohême, la Hongrie, la haute Autriche demandent à la fois le jeune Ladislas pour fouverain.

Un gentilhomme nommé Eifinger fait foulever l'Autriche en faveur de Ladislas. Fréderic s'excufe cuſe toujours ſur ce que Ladislas n'eſt point majeur. Il envoie Fréderic d'Autriche ſon frere contre les ſéditieux, & prend ce tems là pour ſe faire couronner en Italie.

Alphonſe d'Arragon régnait alors à Naples, & prenait les intérêts de l'empereur, parce qu'il craignait les Vénitiens trop puiſſants. Ils étaient maîtres de Ravenne, de Bergame, de Breſcia, de Crême. Milan était au fils d'un paiſan, devenu l'homme le plus conſidérable de l'Italie ; c'était François Sforza ſucceſſeur des Viſcomti. Florence était liguée avec le pape contre Sforze, le ſaint ſiége avait recouvré Boulogne. Tous les autres états apartenaient à divers ſeigneurs qui s'en étaient rendus maîtres. Les choſes demeurent en cet état pendant le voïage de Fréderic III en Italie. Ce voïage fut un des plus inutiles & des plus humiliants qu'aucun empereur eût fait encor. Il fut attaqué par des voleurs ſur le chemin de Rome. On lui prit une partie de ſon bagage, il y courut riſque de la vie. Quelle maniere de venir être couronné ceſar & chef du monde chrétien ?

Il ſe fait à Rome une innovation unique juſqu'à ce jour. Fréderic III n'oſait aller à Milan propoſer qu'on lui donnât la couronne de Lombardie. Nicolas V la lui donne lui-même à Rome. Et cela ſeul pouvait ſervir de titre aux papes pour créer

des

des rois Lombards, comme ils créaient des rois de Naples.

Le pape confirme à Fréderic III cette tutelle du jeune Ladislas roi de Bohéme, de Hongrie, duc d'Autriche ; tutelle qu'on voulait lui enlever, & excommunie ceux qui la lui difputent.

Cette bulle eft tout ce que l'empereur remporte de Rome, & avec cette bulle il eft affiégé à Neuftadt en Autriche par ceux qu'il appelle rebelles, c'eft-à-dire par ceux qui lui redemandent fon pupille.

Enfin il rend le jeune Ladislas à fes peuples. On l'a beaucoup loué d'avoir été un tuteur fidéle, quoiqu'il n'eût rendu ce dépôt que forcé par les armes. Lui aurait-on fait une vertu de ne pas attenter à fa vie ?

1453.

Cette année eft la mémorable époque de la prife de Conftantinople par Mahomet II. Certes c'était alors qu'il eût fallu des croifades. Mais il n'eft pas étonnant que les puiffances chrétiennes qui dans ces anciennes croifades même avaient ravi Conftantinople à fes maîtres légitimes, la laiffaffent prendre enfin par les Ottomans. Les Vénitiens s'étaient dès long-tems emparés d'une partie de la Grece. Les Turcs avaient tout le refte. Il ne reftait de l'ancien empire que la feule ville capitale assiégée par plus de deux cens mille hommes, & dans cette ville on disputait encor sur la Religion. On agitait s'il était permis de prier en latin, si la lumiere du Tabor était créée ou éternelle, si l'on pouvait se servir de pain azyme.

Le dernier empereur Constantin avait auprès de lui le cardinal Isidore, dont la seule préfence irritait & décourageait les Grecs. *Nous aimons mieux, disaient-ils, voir ici le turban, qu'un chapeau de cardinal.*

Tous les historiens, & même les plus modernes répétent les anciens contes que firent alors les moines. Mahomet selon eux n'est qu'un barbare, qui met tout Constantinople à feu & à sang, & qui amoureux d'une Irene sa captive, lui coupe la tête pour complaire à ses Janissaires. Tout cela est également faux. Mahomet II était mieux élevé, plus instruit, & savait plus de langues qu'aucun prince de la chrétienté. Il n'y eut qu'une partie de la ville prise d'assaut par les Janissaires. Le vainqueur accorda généreusement une capitulation à l'autre partie, & l'observa fidélement. Et quant au meurtre de sa maîtresse, il faut être bien ignorant des usages des Turcs pour croire que les soldats se mêlent de ce qui se passe dans le lit d'un Sultan.

On

On assemble une diéte à Ratisbonne pour tâcher de s'oppofer aux armées Ottomannes. Philippe duc de Bourgogne vient à cette diéte, & offre de marcher contre les Turcs, fi on le feconde. Fréderic ne fe trouva pas feulement à Ratisbonne. C'eft cette année 1453. que l'Autriche eft érigée en archiduché, le diplôme en fait foi.

1454.

Le cardinal Eneas Silvius, qui fut depuis le pape Pie II, légat alors en Allemagne, follicite tous les princes à défendre la chrétienté ; il s'adreffe aux chevaliers Teutoniques, & les fait fouvenir de leurs vœux ; mais ils ne font occupés qu'à combattre leurs fujets de la Poméranie & de la Pruffe, qui fecouent leur joug, & qui fe donnent à la Pologne.

1455.

Perfonne ne s'oppofe donc aux conquêtes de Mahomet II, & par une fatalité cruelle, prefque tous les princes de l'empire s'épuifaient alors dans de petites guerres les uns contre les autres.

La maifon de Brunfvick était aux mains pour des Salines ; la maifon Palatine pour le titre d'électeur qu'un adminiftrateur voulait prendre ; le duché de Luxembourg était envahi par le duc de Saxe, & défendu par le duc de Bourgogne au fujet de vingt-deux mille florins.

L'affaire du duché de Luxembourg devient plus sérieuse que les autres ; le jeune Ladislas roi de Hongrie & de Bohême réclame ce duché. Il ne paraît pas que l'empereur prenne part à aucune de ces querelles. Le duché de Luxembourg resta enfin à la maison de Bourgogne.

1456. 1457.

Ce Ladislas, qui pouvait être un très-grand prince, meurt haï & méprisé. Il s'était enfui à Vienne, quand les Turcs assiégeaient Belgrade. Il avait laissé au célèbre Huniade & au cordelier Jean Capistran, la gloire de faire lever le siége.

L'empereur prend pour lui Vienne & la Basse-Autriche ; le duc Albert son frere la haute, & Sigismond leur cousin la Carinthie.

1458.

Fréderic III veut en vain avoir la Hongrie ; elle se donne à Mathias fils du grand Huniade son défenseur. Il tente aussi de régner en Bohême, & les états élisent George Podibrade qui avait combattu pour eux.

1459.

Fréderic III n'oppose au fils de Huniade & au vaillant Podibrade que des artifices. Ces artifices font voir sa faiblesse : & cette faiblesse enhardit le duc de Baviére, le comte Palatin, l'électeur
de

de Mayence, plusieurs princes, & jusqu'à son propre frere, à lui déclarer la guerre en faveur du roi de Bohême.

Il est battu à Eins par Albert son frere ; il ne se tire d'affaire qu'en cédant quelques places de l'Autriche. Il était traité par toute l'Allemagne plutôt comme membre que comme chef de l'empire.

1460.

Le nouveau pape Eneas Silvius Pie II avait convoqué à Mantouë une assemblée de princes chrétiens pour former une croisade contre Mahomet II ; mais les malheurs de ces anciens armemens, lorsqu'ils avaient été faits sans raison, empêchèrent toujours qu'on n'en fit de nouveaux lorsqu'ils étaient raisonnables.

L'Allemagne est toujours désunie. Un duc d'une partie de la Baviére, dont Landshut est la capitale, songe plutôt par exemple à soûtenir d'anciens droits sur Donavert, qu'au bien général de l'europe. Et au contraire dans l'antousiasme des anciennes croisades on eût vendu Donavert pour aller à Jérusalem.

Ce duc de Baviére, Louis, ligué contre tous les princes de sa maison & avec Ulric comte de Virtemberg, a une armée de vingt mille hommes.

L'empereur soûtient les droits de Donavert, ville

dès long-tems impériale, contre les prétentions du duc. Il se sert du fameux Albert *l'Achille* électeur de Brandebourg, pour reprimer le duc de Baviére & sa ligue.

Autres troubles pour le comté de Holstein. Le roi de Dannemarck Christiern s'en empare par droit de succession aussi-bien que de Schlesvick, en donnant quelque argent aux autres héritiers, & fait hommage du Holstein à l'empereur.

1461. 1462. 1463.

Autres troubles beaucoup plus grands par la querelle de la Baviére qui déchire l'Allemagne; autres encor par la discorde qui règne entre l'empereur & son frere Albert duc de la Haute-Autriche. Il faut que l'empereur plie, & qu'il cède par acommodement le gouvernement de son propre païs de l'Autriche Viennoise ou Basse-Autriche. Mais sur le délai d'un païement de quatorze-mille ducats, la guerre recommence entre les deux freres. Ils en viennent à une bataille & l'empereur est battu.

Son ami Albert *l'Achille* de Brandebourg est aussi malgré son surnom, battu par le duc de Baviére. Tous ces troubles intestins anéantissent la majesté de l'empire, & rendent l'Allemagne très-malheureuse.

Autre

1464.

Autre avilissement encor. Il régnait toujours dans les nations un préjugé, que celui qui était possesseur d'un certain gage, d'un certain signe, avait de grands droits à un roïaume. Dans le malheureux empire Grec, un habit & des souliers d'écarlate suffisaient quelquefois pour faire un empereur. La couronne de fer de Monza donnait des droits sur la Lombardie ; la lance & l'épée de Charlemagne quand des rivaux se disputaient l'empire, attirait un grand parti à celui qui s'était saisi de ces vieilles armes. En Hongrie il fallait avoir une certaine couronne d'or. Cet ornement était dans le trésor de l'empereur Fréderic qui ne l'avait jamais voulu rendre, en rendant aux Hongrois Ladislas son pupille.

Mathias Huniade redemande sa couronne d'or à l'empereur & lui déclare la guerre.

Fréderic III rend enfin ce *palladium* de la Hongrie. On fait un traité qui ne ressemble à aucun traité. Mathias reconnaît Fréderic pour *pere*, & Fréderic appelle Mathias *son fils* ; & il est dit, que si ce prétendu fils meurt sans enfans & sans neveux, le prétendu pere sera roi de Hongrie. Enfin le fils donne au pere soixante mille écus.

1465. 1466.

C'était alors le tems des petitesses parmi les puissances

puissances chrétiennes. Il y avait toujours deux partis en Bohéme, les Catholiques, & les Hussites. Le roi George Podibrad au lieu d'imiter les Scanderberg & les Huniades, favorise les Hussites contre les Catholiques en Silésie. Et le pape Paul II autorise la révolte des Silésiens par une bulle. Ensuite il excommunie Podibrad, il le prive du roïaume. Ces indignes querelles privent la chrétienté d'un puissant secours. Mahomet II n'avait point de Muphti qui l'excommuniât.

1467.

Les Catholiques de Bohéme offrent la couronne de Bohéme à l'empereur ; mais dans une diéte à Nuremberg la plûpart des princes prennent le parti de Podibrad en présence du légat du pape. Et le duc Louis de Baviére-Landshut dit, qu'au lieu de donner la Bohéme à Fréderic, il faut donner à Podibrad la couronne de l'empire. La diéte ordonne qu'on entretiendra un corps de vingt-mille hommes pour défendre l'Allemagne contre les Turcs. L'Allemagne bien gouvernée eût pû leur en opposer trois cens mille.

Les chevaliers Teutoniques qui pouvaient imiter l'exemple de Scanderberg, ne font la guerre que pour la Prusse : & enfin par un traité solemnel ils se rendent feudataires de la Pologne. Le

traité

traité fut fait à Thorn l'année précédente, & exécuté en 1467.

1468.

Le pape donne la Bohême à Mathias Huniade ou Corvin, roi de Hongrie. C'est-à-dire que le pape dont le grand intérêt était d'oppofer une digue au progrès des Turcs, fur tout après la mort du grand Scanderberg, excite une guerre civile entre des chrétiens, & outrage l'empereur & l'empire, en ofant dépofer un roi électeur. Car le pape n'avait pas plus de droit de dépofer un roi de Bohême que ce prince n'en avait de donner le fiége de Rome.

Mathias Huniade perd du tems, des troupes & des négociations, pour s'emparer de la Bohême.

L'empereur fait avec moleffe le rôle de médiateur. Plufieurs princes d'Allemagne fe font la guerre; d'autres font des trêves. La ville de Conftance s'allie avec les cantons Suiffes.

Un abbé de St. Gal unit le Tockembourg à fa riche abbaïe, & il ne lui en coûte que quatorze mille florins. Les Liégeois ont une guerre malheureufe avec le duc de Bourgogne. Chaque prince eft en crainte de fes voifins, il n'y a plus de centre. L'empereur ne fait rien.

1469. 1470. 1471. 1472.

Mathias Huniade & Podibrad fe difputent toujours

jours la Bohéme. La mort fubite de Podibrad n'éteint point la guerre civile. Le parti Huffite élit Ladislas prince de Pologne. Les Catholiques tiennent pour Mathias Huniade.

La maifon d'Autriche qui devait être puiffante fous Fréderic III, perd long-tems beaucoup plus qu'elle ne gagne. Sigismond d'Autriche dernier prince de la branche du Tirol, vend au duc de Bourgogne, Charles le *téméraire*, le Brifgau, le Suntgau, le comté de Ferrete, qui lui apartenaient, pour quatre-vingt-mille écus d'or. Rien n'eft plus commun dans le quatorze & quinzième fiécles que des états vendus à vil prix. C'était démembrer l'empire, c'était augmenter la puiffance d'un prince de France, qui alors poffedait tous les Païs-Bas. On ne pouvait prévoir qu'un jour l'héritage de la maifon de Bourgogne reviendrait à la maifon d'Autriche. Les loix de l'empire défendent ces aliénations, il y faut au moins le confentement de l'empereur; & on néglige même de le demander.

Dans le même tems le duc Charles de Bourgogne achette environ pour le même prix, le duché de Gueldres & le comté de Zutphen.

Ce duc de Bourgogne était le plus puiffant de tous les princes qui n'étaient pas rois, & peu de rois étaient auffi puiffants que lui. Il fe trouvait

à la

à la fois vaſſal de l'empereur & du roi de France; mais très-redoutable à l'un & à l'autre.

1473. 1474.

Ce duc de Bourgogne auſſi entreprenant que l'empereur l'était peu, inquiéte tous ſes voiſins & preſque tous à la fois. On ne pouvait mieux mériter le nom de *téméraire*.

Il veut envahir le Palatinat. Il attaque la Lorraine & les Suiſſes. C'eſt alors que les rois de France traitent avec les Suiſſes pour la premiere fois. Il n'y avait encor que huit cantons d'unis. Schvitz, Uri, Untervald, Lucerne, Zürich, Glaris, Zug & Berne.

Louis XI leur donne vingt-mille francs par an, & quatre florins & demi par ſoldat tous les mois.

1475.

C'eſt toujours la deſtinée des Turcs, que les chrétiens ſe déchirent entre eux, comme pour faciliter les conquêtes de l'empire Ottoman. Mahomet maître de l'Epire, du Péloponéſe, du Négre-Pont, fait tout trembler. Louis XI ne ſonge qu'à ſapper la grandeur du duc de Bourgogne dont il eſt jaloux, les provinces d'Italie qu'à ſe maintenir les unes contre les autres, Mathias Huniade qu'à diſputer la Bohéme au roi de Pologne, & Frédéric III qu'à amaſſer quelque argent dont il puiſſe un jour faire uſage pour mieux établir ſa puiſſance.

Mathias

Mathias Huniade après une bataille gagnée se contente de la Silésie & de la Moravie; il laisse la Bohéme & la Lusace au roi de Pologne.

Charles le *téméraire* envahit la Lorraine, il se trouve par cette usurpation, maitre d'un des plus beaux états de l'Europe, depuis Lion jusqu'à la mer de Hollande.

1476.

Sa puissance ne le satisfait pas, il veut renouveller l'ancien roïaume de Bourgogne, & y enclaver les Suisses. Ces peuples se défendent contre lui, aussi-bien qu'ils ont fait contre les Autrichiens; ils le défont entiérement à la bataille de Grandson, ou de Morat. Leurs piques & leurs espadons triomphent de la grosse artillerie & de la brillante gendarmerie de Bourgogne. Les Suisses étaient alors les seuls dans l'Europe qui combatissent uniquement pour la liberté. Les princes, les républiques même, comme Venise, Florence, Génes n'avaient presque été en guerre que pour leur agrandissement. Jamais peuple ne défendit mieux cette liberté précieuse que les Suisses. Il ne leur a manqué que des historiens.

C'est à cette bataille de Morat que Charles le *téméraire* perdit ce beau diamant, qui passa depuis au duc de Florence. Un Suisse qui le trouva parmi les dépouilles, le vendit pour un écu.

1477.

Charles le *téméraire* périt enfin devant Nanci, trahi par le Napolitain Campo-Baſſo & tué en fuïant après la bataille par Bauſemont gentilhomme Lorrain.

Par ſa mort le duché de Bourgogne, l'Artois, le Charolois, Mâcon, Bar-ſur-ſeine, Lille, Douay, les villes ſur la Somme reviennent à Louis XI roi de France, comme des fiefs de la couronne ; mais la Flandre qu'on nomme impériale avec tous les Païs-Bas & la Franche-comté apartenaient à la jeune princeſſe Marie, fille du dernier duc.

Ce que fit certainement de mieux Fréderic III, fut de marier ſon fils Maximilien avec cette riche héritiére.

Maximilien épouſe Marie le 17. Août dans la ville de Gand, & Louis XI qui avait pû la donner en mariage à ſon fils, lui fait la guerre.

Ce droit féodal, qui n'eſt dans ſon principe que le droit du plus fort, & dans ſes conſéquences qu'une ſource éternelle de diſcordes, allumait cette guerre contre la princeſſe. Le Hénaut devait-il revenir à la France ? était-ce une province impériale ? la France avait-elle des droits ſur Cambrai, en avait-elle ſur l'Artois ; la Franche-comté, devait-elle être encor réputée province de l'empire ? était-elle de la ſucceſſion de Bourgogne, ou réverſible fible à la couronne de France? Maximilien aurait bien voulu tout l'héritage. Louis XI voulait tout ce qui était à fa bienféance. C'eft donc ce mariage qui eft la véritable origine de tant de guerres malheureufes entre les maifons de France & d'Autriche; c'eft parce qu'il n'y avait point de loi reconnuë, que tant de peuples ont été facrifiés.

Louis XI s'empare d'abord des deux Bourgognes; & vers les Païs-Bas, de tout ce qu'il peut prendre dans l'Artois & dans le Hénaut.

1478.

Un prince d'Orange, de la maifon de Châlons en Franche-comté, tâche de conferver cette province à Marie. Cette princeffe fe défend dans le Païs-Bas, fans que fon mari puiffe lui fournir des fecours d'Allemagne. Maximilien n'était encor que le mari indigent d'une héroïne fouveraine. Il preffe les princes Allemands d'embraffer fa caufe. Chacun fongeait à la fienne propre. Un landgrave de Heffe enlevait un électeur de Cologne & le rétenait en prifon. Les chevaliers Teutons prenaient Riga en Livonie. Mathias Huniade était prêt de s'acommoder avec Mahomet II.

1479.

Enfin Maximilien aidé des feuls Liégeois, fe met à la tête des armées de fa femme; on les appelle
les

les *armées Flamandes*, quoique la Flandre proprement dite, c'est-à-dire le païs depuis l'Ille jusqu'à Gand, fût en partie aux Français. La princesse Marie eut une armée plus forte que le roi de France.

Maximilien défait les Français à la journée de Guinegaste au mois d'Août. Cette bataille n'est pas de celles qui décident du sort de toute une guerre.

1480.

On négocie. Le pape Sixte IV envoie un légat en Flandres. On fait une trêve de deux années. Où est pendant tout ce tems l'empereur Fréderic III? Il ne fait rien pour son fils ni pendant la guerre, ni pendant les négociations; mais il lui avait donné Marie de Bourgogne, & c'était beaucoup.

1481.

Cependant les Turcs assiégent Rodes le fameux grand-maitre Daubusson à la tête de ses chevaliers, fait lever le siége au bout de trois mois.

Mais le bacha Acomat aborde dans le roïaume de Naples avec cent cinquante galères. Il prend Otrante d'assaut. Tout le roïaume est prêt d'être envahi. Rome tremble. L'indolence des princes chrétiens n'échappe à ce torrent que par la mort
imprévuë

imprévuë de Mahomet II. Et les Turcs abandonnent Otrante.

Accord bizarre de Jean roi de Dannemarck & de Suede avec son frere Fréderic duc de Holstein. Le roi & le duc doivent gouverner le Holstein fief de l'empire, & Schlesvick fief du Dannemarck en commun. Tous les accords ont été des sources de guerres, mais celui-ci sur tout.

Les cantons de Fribourg en Suisse & de Soleure se joignent aux huit autres. C'est un très-léger évenement par lui-même. Deux petites villes ne font rien dans l'histoire du monde; mais devenus membres d'un corps toujours libre, cette liberté les met au-dessus des plus grandes provinces qui servent.

1482.

Marie de Bourgogne meurt. Maximilien gouverne ses états au nom du jeune Philippe son fils. Les villes des Païs-Bas ont toutes des priviléges. Ces priviléges causent presque toujours des dissentions entre le peuple qui veut les soûtenir & le souverain qui veut les faire plier à ses volontés. Maximilien réduit la Zélande, Leide, Utrecht, Nimégue.

1483. 1484. 1485.

Presque toutes les villes se soûlevent l'une après l'autre, mais sans concert, & sont soumises l'une après

après l'autre. Il reste toujours un levain de mécontentement.

1486.

On était si loin de s'unir contre les Turcs, que Mathias Huniade roi de Hongrie au lieu de profiter de la mort de Mahomet II pour les attaquer, attaque l'empereur. Quelle est la cause de cette guerre du prétendu fils contre le prétendu pere ? il est difficile de la dire. Il veut s'emparer de l'Autriche. Quel droit y avait-il ? ses troupes battent les impériaux, il prend Vienne. Voilà son seul droit. L'empereur paraît insensible à la perte de la Basse-Autriche, il voïage pendant ce tems-là dans les Païs-Bas, & de là il va à Francfort faire élire par tous les électeurs son fils Maximilen, roi des Romains. On ne peut avoir moins de gloire personnelle, ni mieux préparer la grandeur de sa maison.

Maximilien est couronné à Aix-la-Chapelle le 9.ᵉ Avril par l'archevêque de Cologne ; le Pape Innocent VIII. y donne son consentement, que les Papes veulent toujours qu'on croïe nécessaire.

L'empereur qui a eu dans la diéte de Francfort le crédit de faire son fils, roi des Romains, n'a pas celui d'obtenir cinquante mille florins par mois pour recouvrer l'Autriche. C'est une de ces contradictions qu'on rencontre souvent dans l'histoire.

Ligue de Suabe pour prévenir les guerres particulières qui déchirent l'Allemagne, & qui l'affaiblissent. Ce fut d'abord un réglement de tous les Princes à la diéte de Francfort, une loi comminatoire qui met au ban de l'Empire tous ceux qui attaqueront leurs voisins. Ensuite tous les gentilshommes de Suabe s'associérent pour venger les torts. Ce fut une vraie chevalerie. Ils allaient par troupes démolir des châteaux de brigands, ils obligèrent même le duc George de Baviére à ne plus persécuter ses voisins. C'était la milice du bien public. Elle ne dura pas.

1487.

L'empereur fait avec Mathias Huniade un traité qu'un vaincu seul peut faire. Il lui laisse la basse Autriche jusqu'à ce qu'il païe au vainqueur tous les frais de la guerre, mais faisant toujours valoir son titre de pere, & se réservant le droit de succéder à son fils adoptif dans le roïaume de Hongrie.

1488.

Le roi des Romains Maximilien se trouve dans les Païs-Bas attaqué à la fois par les Français & par ses sujets. Les habitans de Bruges sur lesquels il voulait établir quelques impôts contre les loix du païs, s'avisent tout d'un coup de le mettre en prison, & l'y tiennent quatre mois; ils ne lui rendi-

rendirent sa liberté qu'à condition qu'il ferait sortir le peu de troupes Allemandes qu'il avait avec lui, & qu'il ferait la paix avec la France.

Comment se peut-il faire que le ministere du jeune Charles VIII roi de France, ne profitât pas d'une si heureuse conjoncture ! Ce ministere alors était faible.

1489.

Maximilien épouse secrettement en secondes nôces par procureur, la duchesse Anne de Bretagne. S'il l'eût épousée en effet, & qu'il en eût eu des enfans, la maison d'Autriche pressait la France par les deux bouts. Elle l'entourait à la fois par la Franche-Comté, l'Alsace, la Bretagne, & les Païs-Bas.

1490.

Mathias Corvin Huniade étant mort, il faut voir si l'empereur Fréderic son pere adoptif lui succédera en vertu des traités. Fréderic donne son droit à Maximilien son fils.

Mais Béatrix, veuve du dernier roi, fait jurer aux états qu'ils reconnaîtront celui qu'elle épousera ; elle se remarie aussitôt à Ladislas Jagellon, roi de Bohéme, & les Hongrois le couronnent.

Maximilien reprend du moins sa Basse-Autriche, & porte la guerre en Hongrie.

E On

1491.

On renouvelle entre Ladislas Jagellon & Maximilien, ce même traité que Fréderic III avait fait avec Mathias. Maximilien eſt reconnu héritier préſomptif de Ladislas Jagellon en Hongrie & en Bohème.

La deſtinée préparait ainſi de loin la Hongrie à obéïr à la maiſon d'Autriche.

L'empereur dans ce tems de proſpérité fait un acte de vigueur ; Il met au ban de l'empire Albert de Baviére duc de Munich ſon gendre. C'eſt une choſe étonnante que le nombre des princes de cette maiſon, auſquels on a fait ce traitement. De quoi s'agiſſait-il ? d'une donation du Tirol faite ſolemnellement à ce duc de Baviére par Sigismond d'Autriche, & cette donation ou vente ſecrette, était regardée comme la dot de ſa femme Cunegonde, propre fille de l'empereur Fréderic III.

L'empereur prétendait que le Tirol ne pouvait pas s'aliéner, tout l'empire était partagé ſur cette queſtion, preuve indubitable qu'il n'y avait point de loix claires, & c'eſt en effet ce qui manque le plus aux hommes.

Le ban de l'empire dans un tel cas n'eſt qu'une déclaration de guerre ; mais on s'acommoda bientôt. Le Tirol reſta à la maiſon d'Autriche : On donne quelques compenſations à la Baviére, & le duc

duc de Baviére rend Ratisbonne, dont il s'était emparé depuis peu.

Ratisbonne était une ville impériale. Le duc de Baviére fondé fur ces anciens droits, l'avait mife au rang de fes états; elle eft de nouveau déclarée ville impériale, il refta feulement aux ducs de Baviére la moitié des droits de péages.

1492.

Le roi des Romains, Maximilien, qui comptait établir paifiblement la grandeur de fa maifon en mariant fa fille Marguerite d'Autriche à Charles VIII roi de France, chez qui elle était élevée, & en époufant bientôt Anne de Bretagne, époufée déja en fon nom par procureur, apprend que fa femme eft mariée en effet à Charles VIII, le 6. Décembre 1491. & qu'on va lui renvoïer fa fille Marguerite. Les femmes ne font plus des fujets de guerre entre les princes; mais les provinces le font.

L'héritage de Marie de Bourgogne fomentait une difcorde éternelle, comme l'héritage de Mathilde avait fi long-tems troublé l'Italie.

Maximilien furprend Arras, il conclut enfuite une paix avantageufe, par laquelle le roi de France lui céde la Franche-Comté en pure fouveraineté, & l'Artois, le Charolois & Nogent à condition d'hommage.

Ce n'est pas à Maximilien proprement qu'on cède ces païs, c'est à Philippe son fils, comme représentant Marie de Bourgogne sa mere.

Il faut avouer que nul roi des Romains ne commença sa carriere plus glorieusement que Maximilien. La victoire de Guinégaste sur les Français, l'Autriche reconquise, Arras prise & l'Artois gagné d'un trait de plume, le couvraient de gloire.

1493.

Fréderic III meurt le 19. Août, âgé de 78. ans, il en regna 53, nul regne d'empereur ne fut plus long, mais ce ne fut pas le plus glorieux.

MAXIMILIEN,
Quarantieme Empereur.

Vers le tems de l'avénement de Maximilien à l'empire, l'Europe commençait à prendre une face nouvelle. Les Turcs y possédent déja un vaste terrein : Les Vénitiens qui leur opposent à peine une barriere, conservaient encor Chipre, Candie, une partie de la Grece, de la Dalmatie. Ils s'étendaient en Italie : & la ville de Venise seule valait mieux que tous ses domaines. L'or des nations coulait chez elle par tous les canaux du commerce.

Les papes étaient redevenus souverains de Rome,

nie, mais souverains très gênés dans cette capitale ; & la plûpart des terres qu'on leur avait autrefois données, & qui avaient toujours été contestées, étaient perdues pour eux.

La maison de Gonzague était en possession de Mantoue, ville de la Comtesse Mathilde ; & jamais le saint siége n'a possédé ce fief de l'empire. Parme & Plaisance qui ne leur avait pas appartenu davantage, était entre les mains des *Sforzes* ducs de Milan. La maison *d'Este* régnait à Ferrare & à Modène. Les *Bentivoglio* avaient Boulogne, les *Bailloni* Pérouse, les *Polentini* Ravenne, les *Manfredi* Faenza, les *Rimario* Immola & Forli : presque tout ce qu'on appelle la Romagne & le patrimonie de saint Pierre, était possédé par des seigneurs particuliers, dont la plûpart avaient obtenu aisément des diplomes de vicaires de l'empire.

Les Sforzes depuis cinquante ans n'avaient pas même daigné prendre ce titre. Florence en avait un plus beau, celui de *libre*, sous l'administration, non sous la puissance des Medicis.

L'état de Savoye encor très resserré, manquant d'argent & de commerce, était alors bien moins consideré que les Suisses.

Si des Alpes on jette la vuë sur la France, on la voit commencer à renaître. Ses membres long-tems

tems séparés, se réüniffent & font un corps puiſſant.

Le mariage d'Anne de Bretagne avec Charles VIII achéve de fortifier ce roïaume, accru sous Louis XI de la Bourgogne & de la Provence. Elle n'avait influé en rien dans l'Europe, depuis la décadence de la race de Charlemagne.

L'Eſpagne encor plus malheureuſe qu'elle pendant ſept cens années, reprenait en même tems une vie nouvelle. Iſabelle & Ferdinand venaient d'arracher aux Maures le roïaume de Grenade, & portaient leurs vuës ſur Naples & Sicile.

Le Portugal était occupé d'une entrepriſe, & d'une gloire inouie juſqu'alors. Il commençait à ouvrir une nouvelle route au commerce du monde, en apprenant aux hommes à pénétrer aux Indes par l'Océan. Voilà les ſources de tous les grands évenement qui ont depuis agité l'Europe entiere.

1494.

Les Turcs ſous Bajazet II, moins terribles que ſous Mahomet, ne laiſſent pas de l'être encore. Ils font des incurſions en Hongrie, & ſur les terres de la maiſon d'Autriche. Mais ce ne ſont que quelques vagues qui battent les rivages après une grande tempête. Maximilien va raſſurer la Croatie, & la Carniole.

Il épouse à Infpruck la niéce de Ludovic Sforze, ou Louis *le Maure* ufurpateur de Milan, empoifonneur de fon pupille, héritier naturel. Ce n'était pas d'ailleurs une maifon, où la nobleffe du fang pût illuftrer les crimes. L'argent feul fit le mariage. Maximilien prit à la fois Blanche de Sforze, & donna l'inveftiture du Milanais à Louis le *Maure*. L'Allemagne en fut indignée.

Dans le même tems ce Louis le *Maure* appelle auffi Charles VIII en Italie, & lui donne encor de l'argent. Un duc de Milan foudoyer à la fois un empereur, & un roi de France !

Il les trompe tous deux. Il croit qu'il poura partager avec Charles VIII la conquête de Naples, & il veut que pendant que Charles VIII fera en Italie, l'empereur tombe fur la France. Ce commencement du feiziéme fiécle eft fameux par les intrigues les plus profondes, par les perfidies les plus noires. C'était un tems de crife pour l'Europe, & fur tout pour l'Italie, où plufieurs petits princes voulaient regagner par le crime ce qui leur manquait en pouvoir.

1495.

Nouvelle chambre impériale établie à Francfort. Le comte de Hohenzollern aîné de la maifon de Brandebourg en eft le premier préfident. C'eft cette même chambre qui fut depuis transferée

ferée à Vorms, à Nuremberg, à Augsbourg, à Ratisbonne, à Spire, & enfin à Vetzlar, où elle a à juger des procès qui durent depuis sa fondation.

Virtemberg érigé en duché.

Grande dispute pour savoir si le duché de Lorraine est une fief de l'empire. Le duc René fait hommage & serment de fidélité comme duc de Lorraine & de Bar, en protestant qu'il ne relève que pour quelques fiefs. Qui doit avoir plus de poids, ou l'hommage, ou la protestation?

Pendant que Charles VIII, appellé en Italie par Louis le *Maure*, & par le pape Alexandre VI, traverse rapidement toute l'Italie en conquérant, & se rend maître du roïaume de Naples sur un bâtard de la maison d'Arragon, ce même Louis le *Maure*, ce même pape Alexandre VI, s'unissent avec Maximilien & les Vénitiens pour l'en chasser. Charles VIII devait s'y attendre : il paraissait trop redoutable, & ne l'était pas assez.

1496.

Maximilien va en Italie dès que Charles VIII en est chassé. Il y trouve ce qu'on y a toujours vû, la haine contre les Français & contre les Allemands, la défiance & la division entre les puissances. Mais ce qui est à remarquer, c'est qu'il y arrive le plus faible. Il n'a que mille chevaux,

&

& quatre ou cinq-mille Landskenets : il paraissait le pensionnaire de Louis le *Maure*. Il écrit au duc de Savoye, au marquis de Saluce, au duc de Modéne, feudataires de l'empire, de venir le trouver & d'assister à son couronnement à Pavie. Tous ces seigneurs le refusent; tous lui font sentir qu'il est venu trop mal accompagné ; & que l'Italie se croit indépendante.

Etait-ce la faute des empereurs, s'ils avaient en Italie si peu de crédit ? Il paraît que non. Les princes, les diétes d'Allemagne ne leur fournissaient presque point de subsides. Ils tiraient peu de chose de leurs domaines. Les Païs-Bas n'appartenaient pas à Maximilien, mais à son fils. Le voïage d'Italie était ruineux.

1497.

Le droit féodal cause toujours des troubles. Une diéte de Vorms aïant ordonné une taxe légere pour les besoins de l'empire, la Frise ne veut point païer cette taxe. Elle prétend toujours n'être point fief de l'empire. Maximilien y envoïe le duc de Saxe en qualité de gouverneur, pour réduire les Frisons, peuple pauvre & amoureux de sa liberté, reste des anciens Saxons (du moins en partie) qui avaient combattu Charlemagne. Ils se défendirent, mais non pas si heureusement que les Suisses.

1498.

Charles VIII venait de mourir ; & malgré les trèves, malgré les traités, Maximilien fait une irruption du côté de la Bourgogne ; irruption inutile, après laquelle on fait encor de nouvelles trèves. Maximilien perfiftait toujours à réclamer pour fon fils, Philippe le *beau*, toute la fucceffion de Marie de Bourgogne.

Louis XII rend plufieurs places à ce jeune prince, qui prête hommage-lige au chancelier de France dans Arras, pour le Charolois, l'Artois & la Flandre, & on convient de part & d'autre qu'on fe raportera pour le duché de Bourgogne à la décifion du parlement de Paris.

Maximilien négocie avec les Suiffes, qu'on regardait comme invincibles chez eux.

Les dix cantons alliés font une ligue avec les Grifons. Maximilien efpere les regagner par la douceur. Il leur écrit une lettre flatteufe. Les Suiffes dans leur affemblée de Zurich s'écrient *point de confiance en Maximilien*.

1499.

Les Autrichiens attaquent les Grifons. Les Suiffes défont les Autrichiens, & foûtiennent non feulement leur liberté, mais celle de leurs alliés. Les Autrichiens font encor défaits dans trois combats.

L'empereur

L'empereur fait enfin la paix avec les dix cantons comme avec un peuple libre.

1500.

La ville impériale de Bâle, Schaffhouse, Appenzell entrent dans l'union Suisse, laquelle est composée de treize cantons.

Conseil aulique projetté par Maximilien. C'est une image de l'ancien tribunal qui accompagnait autrefois les empereurs. Cette chambre est approuvée des états de l'empire dans la diéte d'Augsbourg. Il est libre d'y porter les causes, ainsi qu'à la chambre impériale : mais le conseil aulique aïant plus de pouvoir, fait mieux exécuter ses arrêts, & devient un des grands soutiens de la puissance impériale. Cette chambre ne prit sa forme qu'en 1512.

L'empire est divisé en dix cercles. Les terres électorales y sont comprises ainsi que tout le reste de l'empire. Et ce réglement n'eut encor force de loi que douze ans après à la diéte de Cologne.

Les directeurs de ces dix cercles sont d'abord nommés par l'empereur. Le cercle de Bourgogne qui comprenait toutes les terres, & même toutes les prétentions de Philippe d'Autriche, est dans les commencements un cercle effectif comme les neuf autres.

Naissance de Charles V dans la ville de Gand,

le 24. Février, jour de St. Mathias, ce qu'on a remarqué, parce que ce jour lui fut toujours depuis favorable. Il eut d'abord le nom de duc de Luxembourg.

Dans la même année la fortune de cet enfant se déclare. Don Michel infant d'Espagne meurt, & l'infante Jeanne mere du jeune prince devient l'héritiere présomptive de la monarchie.

C'est dans ce tems qu'on découvrait un nouveau monde, dont Charles-quint devait un jour recueillir les fruits.

1501.

Maximilien avait été vassal de la France pour une partie de la succession de Bourgogne. Louis XII demande d'être le sien pour le Milanais. Il venait de conquérir cette province sur Louis le *Maure*, oncle & feudataire de l'empereur, sans que Maximilien eût paru s'inquiéter de la destinée d'un païs si cher à tous ses prédécesseurs.

Louis XII avait aussi conquis & partagé le roïaume de Naples avec Ferdinand roi d'Arragon, sans que Maximilien s'en fût inquiété davantage.

Maximilien promet l'investiture de Milan à condition que madame Claude fille de Louis XII & d'Anne de Bretagne, épousera le jeune Charles de Luxembourg. Il veut déclarer le Milanais fief feminin: il n'y a certainement ni fief feminin, ni fief

fief masculin par leur nature. Tout cela dépend de l'usage insensiblement établi, qu'une fille hérite ou n'hérite pas.

Louis XII devait bien regarder en effet le Milanais comme un fief feminin, puisqu'il n'y avait prétendu que par le droit de son aïeule Valentine Viscomti.

Maximilien voulait qu'un jour le Milanais & la Bretagne dussent passer à son petit-fils : en ce cas Louis XII n'eût vaincu, & ne se fût marié que pour la maison d'Autriche

L'archiduc Philippe & sa femme Jeanne, fille de Ferdinand & d'Isabelle, vont se faire reconnaitre héritiers du roïaume d'Espagne. Philippe y prend le titre de prince des Asturies.

Maximilien ne voit que des grandeurs réelles pour sa postérité, & n'a guères que des titres pour lui-même ; car il n'a qu'une ombre de pouvoir en Italie, & la préséance en Allemagne. Ce n'est qu'à force de politique qu'il peut éxécuter ses moindres desseins.

1503.

Il tente de faire un électorat de l'Autriche, il n'en peut venir à bout.

Les électeurs conviennent de s'assembler tous les deux ans pour maintenir leurs priviléges.

L'extinction

L'extinction des grands fiefs en France réveillait en Allemagne l'attention des princes.

Les papes commençaient à former une puissance temporelle, & Maximilien les laissait agir.

Urbin, Camerino, & quelques autres territoires venaient d'être ravis à leurs nouveaux maîtres par un des bâtards du pape Alexandre VI. C'est ce fameux *Cesar Borgia* diacre, Archevêque, prince séculier ; il emploïa pour envahir sept ou huit petites villes, plus d'art que les Alexandres, les Gengis, & les Tamerlans n'en mirent à conquerir l'Asie. Son pere le pape & lui réussirent par l'empoisonnement & le meurtre ; & le bon roi Louis XII avait été long-tems lié avec ces deux hommes sanguinaires, parce qu'il avait besoin d'eux. Pour l'empereur il semblait alors perdre de vuë toute l'Italie.

La ville de Lubec déclare la guerre au Dannemarck. Il semblait que Lubec voulût alors être dans le Nord, ce que Venise était dans la mer Adriatique. Comme il y avait beaucoup de troubles en Suéde & en Dannemarck, Lubec ne fut pas écrasée.

1504.

Les querelles du Dannemarck & de la Suede n'appartiennent pas à l'histoire de l'empire ; mais il ne faut pas oublier, que les Suedois, aïant élû

un

un administrateur, & que le roi de Dannemarck Jean ne le trouvant pas bon, & aïant condamné les sénateurs de Suede comme rebelles & parjures, envoïa sa sentence à l'empereur pour la faire confirmer.

Ce roi Jean avait été élû roi de Dannemarck, de Suede, & de Norvége; & cependant il a besoin qu'un empereur, qui n'était pas puissant, approuve & confirme sa sentence. C'est que le roi Jean avec ses trois couronnes n'était pas puissant lui-même, & sur tout en Suede, dont il avait été chassé. Mais ces déférences, dont on voit de tems en tems des exemples, marquent le respect qu'on avait toujours pour l'empire. On s'adressait à lui quand on croïait en avoir besoin; comme on s'adressa souvent au saint siége pour fortifier des droits incertains. Maximilien ne manqua pas de faire valoir au moins par des rescripts l'autorité qu'on lui attribuait. Il manda aux états de Suede qu'ils eussent à obéïr, qu'autrement il procéderait contre eux selon les droits de l'empire.

Cette année vit naître une guerre civile entre la branche Palatine, & celle qui posséde la Baviére. La branche Palatine est condamnée d'abord dans une diéte à Augsbourg. Cependant on n'en fait pas moins la guerre: triste constitution d'un état, quand les loix sont sans force. La branche

Palatine

Palatine perd dans cette guerre plus d'un territoire.

On conclut à Blois un traité singulier entre les ambassadeurs de Maximilien, & de son fils Philippe d'une part, & le cardinal d'Amboise de l'autre, au nom de Louis XII.

Ce traité confirme l'alliance avec la maison d'Autriche; alliance par laquelle Louis XII devait à la vérité être investi du duché de Milan, mais par laquelle, si Louis XII rompait le mariage de madame Claude avec l'archiduc Charles de Luxembourg, le prince aurait en dédommagement le duché de Bourgogne, le Milanais & le comté d'Asti : comme aussi en cas que la rupture vint de la part de Maximilien, ou de Philippe prince d'Espagne, pere du jeune archiduc, la maison d'Autriche céderait non seulement ses prétentions sur le duché de Bourgogne, mais aussi l'Artois & le Charolois, & d'autres domaines. On a peine à croire qu'un tel traité fût sérieux. Si Louis XII mariait la princesse, il perdait la Bretagne, s'il rompait le mariage, il perdait la Bourgogne. On ne pouvait excuser de telles promesses, que par le dessein de ne les pas tenir. C'était sauver une imprudence par une honte.

1505.

La reine de Castille Isabelle meurt. Son testament

ment déshérite son gendre Philippe, pere de Charles de Luxembourg, & Charles ne doit règner qu'à l'âge de vingt ans ; c'était pour conserver à Ferdinand d'Arragon son mari le roïaume de Castille.

La mere de Charles de Luxembourg, Jeanne fille d'Isabelle héritiere de la Castille, fut, comme on sait, surnommée Jeanne la *folle*. Elle mérita dès lors ce titre. Un ambassadeur d'Arragon vint à Bruxelles, & l'engagea à signer le testament de sa mere.

1506.

Accord entre Ferdinand d'Arragon & Philippe. Celui-ci consent à règner en commun avec sa femme & Ferdinand ; on mettra le nom de Ferdinand le premier dans les actes publics, ensuite le nom de Jeanne, & puis celui de Philippe ; maniere sûre de brouiller bientôt trois personnes, aussi le furent-elles.

Les états de la France d'intelligence avec Louis XII & avec le cardinal d'Amboise, s'opposent au traité qui donnait madame Claude & la Bretagne à la maison d'Autriche. On fait épouser cette princesse à l'héritier présomptif de la couronne, le comte d'Angoulême, depuis François premier. Charles VIII avait eu la femme de Maximilien ; François premier eut celle de Charles-quint.

Pendant

Pendant qu'on fait tant de traités au deçà des Alpes, que Philippe & Jeanne vont en Espagne, que Maximilien se ménage par tout, & épie toujours l'héritage de la Hongrie, les papes poursuivent leur nouveau dessein, de se faire une grande souveraineté par la force des armes. Les excommunications étaient des armes trop usées. Le pape Alexandre VI avait commencé ; Jules II achéve : il prend Boulogne sur les Bentivoglio ; & c'est Louis XII ou plutôt le cardinal d'Amboise qui l'assiste dans cette entreprise. Il avait déja réuni au domaine du saint siége ce que Cesar Borgia avait pris pour lui. Alexandre VI n'avait en effet agi que pour son fils ; mais Jules II conquerait pour Rome.

Le roi titulaire d'Espagne, Philippe, meurt à Burgos. Il nomme en mourant Louis XII tuteur de son fils Charles. Ce testament n'est fondé que sur la haine qu'il avait pour Ferdinand son beaupere ; & malgré la rupture du mariage de madame Claude, il croïait Louis XII beaucoup plus honnête-homme, que son beau-pere Ferdinand le Catholique, monarque très religieux, mais très perfide, qui avait trompé tout le monde, sur tout ses parents, & particuliérement son gendre.

1507.

Chose étrange ; les Païs-Bas dans cette minorité

rité de Charles, ne veulent point reconnaître l'empereur Maximilien pour régent. Ils difent que Charles eft Français, parce qu'il eft né à Gand capitale de la Flandre, dont fon pere à fait hommage au roi de France. Sur ce prétexte les dix-fept provinces fe gouvernent elles-mêmes pendant dix-huit mois, fans que Maximilien puiffe empêcher cet affront. Il n'y avait point alors de païs plus libre fous des maîtres, que les Païs-Bas. Il s'en fallait beaucoup que l'Angleterre fût parvenuë à ce degré de liberté.

1508.

Une guerre contre la maifon de Gueldre, chaffée depuis long-tems de fes états, & qui en aïant recouvré une partie, combattait toujours pour l'autre, engage enfin les états à déferer la régence à Maximilien, & Marguerite d'Autriche fille chérie de Maximilien en eft déclarée gouvernante.

Maximilien veut enfin effaïer, fi en fe faifant couronner à Rome, il poura reprendre quelque crédit en Italie. L'entreprife était difficile. Les Vénitiens devenus plus puiffants que jamais, lui déclarent hautement qu'ils l'empêcheront de pénétrer en Italie, s'il y arrive avec une efcorte trop grande. Le gouverneur de Milan pour Louis XII, fe joint aux Vénitiens. Le pape Jules II
lui

lui fait dire, qu'il lui accorde le titre d'empereur, mais qu'il ne lui conseille pas d'aller à Rome.

Il s'avance jusqu'à Vérone malgré le Vénitiens, qui n'avaient pas assez tôt gardé les passages. Ils lui tiennent parole, & le forcent à rebrousser à Inspruck.

Le fameux Alviano général des Vénitiens défait entiérement la petite armée de l'empereur vers le Trentin. Les Vénitiens s'emparent de presque toute cette province ; & leur flotte prend Trieste, Capo d'Istria, & d'autres villes. L'Alviano rentre en triomphe dans Venise.

Maximilien alors pour toute ressource enjoint par une lettre circulaire à tous les états de l'empire de lui donner le titre *d'empereur Romain élû*, titre que ses successeurs ont toujours pris depuis à leur avénement. L'usage auparavant n'acordait le nom d'empereur qu'à ceux qui avaient été couronnés à Rome.

1509.

Il s'en fallait bien alors que l'empire existât dans l'Italie. Il n'y avait plus que deux grandes puissances avec beaucoup de petites. Louis XII d'un côté maître du Milanais & de Génes, & aïant une communication libre par la Provence, menaçait le roïaume de Naples imprudemment partagé auparavant avec Ferdinand d'Arragon, qui prit

prit tout pour lui avec la perfidie qu'on nomme politique. L'autre puissance nouvelle était Venise, rempart de la chrétienté contre les infidéles ; rempart à la vérité éboulé en cent endroits, mais resistant encor par les villes qui leur restaient en Grece, par les Isles de Candie, de Chipre, par la Dalmatie. D'ailleurs elle n'était pas toujours en guerre avec l'empire Ottoman ; & elle gagnait beaucoup plus avec les Turcs par son commerce, qu'elle n'avait perdu dans ses possessions.

Son domaine en terre ferme commençait à être quelque chose. Ils s'étaient emparés après la mort d'Alexandre VI, de Faenza, de Rimino, de Cesene, de quelques territoires du Ferrarois & du duché d'Urbin. Ils avaient Ravenne ; ils justifiaient la plûpart de ces acquisitions, parce qu'aïant aidé les maisons dépossédées par Alexandre VI, à reprendre leurs domaines, ils en avaient eu ces territoires pour récompense.

Les Vénitiens possédaient depuis long-tems Padouë, Vérone, Vicence, la marche Trévisane, le Frioul. Ils avaient vers le Milanais, Bresse & Bergame. François Sforze leur avait donné Crême : Louis XII leur avait cédé Crémone, & la Guiara d'Adda.

Tout cela ne composait pas dans l'Italie un état si formidable, que l'Europe dût y craindre les
Vénitiens

Vénitiens comme des conquérans. La vraïe puiſſance de Veniſe était dans le tréſor de St. Marc. Il y avait alors de quoi ſoudoyer l'empereur & le roi de France.

Au mois d'Avril 1509. Louis XII marche contre les Vénitiens ſes anciens alliés, à la téte d'une gendarmerie qui allait à quinze mille chevaux, douze mille hommes d'Infanterie Françaiſe, de huit mille Suiſſes. L'empereur avance contre eux du côté de l'Iſtrie, & du Frioul. Jules II, premier pape guerrier, entre à la tête de dix mille hommes dans les villes de la Romagne.

Ferdinand d'Arragon comme roi de Naples, ſe déclare auſſi contre les Vénitiens, parce qu'ils avaient quelques ports dans le roïaume de Naples, pour ſureté de l'argent qu'ils avaient prêté autrefois.

Le roi de Hongrie ſe déclarait auſſi, eſpérant avoir la Dalmatie. Le duc de Savoye mettait la main à cette entrepriſe, à cauſe de ſes prétentions ſur le roïaume de Chipre. Le duc de Ferrare vaſſal du ſaint ſiége en était auſſi. Enfin hors le grand Turc, tout le continent de l'Europe veut accabler à la fois les Vénitiens.

Le pape Jules II avait été le premier moteur de cette ſingulière ligue des forts contre les faibles, ſi connue par le nom *de Ligue de Cambray*. Et lui qui

MAXIMILIEN.

qui aurait voulu fermer pour jamais l'Italie aux étrangers, en inondait ce païs.

Louis XII a le malheur de battre les Vénitiens à la journée de la Guiara d'Adda d'une manière complette. Cela n'était pas bien difficile. Les armées mercenaires de Venife pouvaient bien tenir contre les autres *condottieri* d'Italie, mais non pas contre la gendarmerie Françaife.

Le malheur de Louis XII en battant les Vénitiens, était de travailler pour l'empereur. Maître de Génes & de Milan, il ne tenait qu'à lui de donner la main aux Vénitiens pour fermer à jamais l'entrée de l'Italie aux Allemands.

La crainte de la puiffance de Venife était mal fondée. Venife n'était que riche, & il fallait fermer les yeux pour ne pas voir que les nouvelles routes du commerce par le cap de Bonne-efpérance, & par les mers de l'Amérique, allaient tarir les fources de la puiffance Vénitienne.

Louis XII pour furcroit avait encor donné cent mille écus d'or à Maximilien, fans lefquels cet empereur n'aurait pû marcher de fon côté vers les Alpes.

Le 14. Juin 1509. l'empereur donne dans la ville de Trente l'inveftiture du Milanais, que le cardinal d'Amboife reçoit pour Louis XII. Non feulement l'empereur donne ce duché au roi,

mais

mais au défaut de ses héritiers, il le donne au comte d'Angoulême, *François premier*. C'était le prix de la ruine de Venise.

Maximilien pour ce parchemin avait reçu cent soixante mille écus d'or. Tout se vendait ainsi depuis près de trois siécles. Louis XII eût pû emploïer cet argent à s'établir en Italie : il s'en retourne en France après avoir réduit Venise presque à ses seules lacunes.

L'empereur avance alors du côté du Frioul, & retire tout le fruit de la victoire des François. Mais Venise pendant l'absence de Louis XII reprend courage ; son argent lui donne de nouvelles armées. Elle fait lever à l'empereur le siége de Padouë ; elle se racommode avec Jules II, le promoteur de la ligue, en lui cédant tout ce qu'il demande.

Le grand dessein de Jules II était *di cacciare i barbari d'Italia* ; de défaire une bonne fois l'Italie des François & des Allemands. Les papes autrefois avaient appellé ces nations pour s'apuyer tantôt de l'une, tantôt de l'autre. Jules voulait un nom immortel, en réparant les fautes de ses prédécesseurs, en s'affermissant par lui-même, en délivrant l'Italie. Maximilien aurait voulu aider Jules à chasser les François.

1510.

Jules II se sert d'abord des Suisses, qu'il anime

contre

contre Louis XII. Il excite le vieux Ferdinand roi d'Arragon, & de Naples. Il veut ménager la paix entre l'empereur & Venife ; & pendant ce tems-là il fonge à s'emparer de Ferrare, de Boulogne, de Ravenne, de Parme, de Plaifance.

Au milieu de tant d'intérêts divers, une grande diette fe tient à Augsbourg. On y agite fi Maximilien accordera la paix à Venife.

On y affure la liberté de la ville de Hambourg, longtems conteftée par la maifon de Dannemarck.

Maximilien & Louis XII. font encor unis; c'eft-à-dire, que Louis XII. aide l'empereur à pourfuivre les venitiens, & que l'empereur n'aide point du tout Louis -XII. à conferver les Milanais & Gênes, dont le pape le veut chaffer.

Jules II. acorde enfin au roi d'Arragon Ferdinand, l'inveftiture de Naples, qu'il avait promife à Louis XII. Ferdinand maître affermi dans Naples n'avait pas befoin de cette cérémonie : auffi ne lui en coûta-t-il que fept mille écus de redevance, au lieu de quarante-huit-mille qu'on païait auparavant au st. fiége.

1511.

Jules II. déclare la guerre au roi de France. Ce roi commençait donc à être bien peu puiffant en Italie.

Le pape guerrier veut conquerir Ferrare, qui apartient à Alphonfe d'Efte allié de la France. Il prend la Mirandole, & Concordia chemin faifant, & les rend à la maifon de la Mirandole, mais comme fiefs du st. fiége. Ce font de petites guerres ; mais Jules II. avait certainement plus de reffources dans l'efprit que fes prédeceffeurs, puifqu'il trouvait de quoi faire ces guerres; & toutes les victoires des français avaient bien peu fervi; puifqu'elles ne fervaient pas à mettre un frein aux entreprifes du pape.

Jules II. cede à l'empereur Modéne, dont il s'était emparé, & ne le cede que dans la crainte que les trouppes qui reftent au roi de France dans le Milanais, n'en faffent le fiége.

1512.

Enfin le pape réuffit à faire figner fécretement à Maximilien une ligue avec lui & le roi Ferdinand contre la France. Voilà quel fruit Louis XII. retire de fa ligue de Cambray, & de tant d'argent donné à l'empereur

Jules II. qui voulait *cacciare i barbari d'Italia*, y introduit donc à la fois, des arragonois, des fuiffes, des allemands.

Gafton de Foix neveu de Louis XII. gouverneur de Milan, jeune prince qui acquit la plus grande réputation, parce qu'il fe foutenait avec
tre

très peu de forces, défait tous les alliés à la bataille de Ravenne; mais il est tué dans sa victoire, & le fruit de la victoire est perdu, ce qui arrive presque toujours aux français en Italie. Ils perdent le Milanais après cette célèbre journée de Ravenne, qui en d'autres tems eût donné l'Empire de l'Italie. Pavie est presque la seule place qui leur reste.

Les suisses qui excités par le pape avaient servi à cette revolution, reçoivent de lui au lieu d'argent le titre de déffenseurs du st. siége.

Maximilien continue cependant la guerre contre les venitiens; mais ces riches republicains se déffendent, & réparent chaque jour leurs prémières pertes.

Le pape & l'empereur négocient sans cesse. C'est cette année, que Maximilien fait proposer à Jules II. de l'accepter pour son coadjuteur dans le pontificat. Il ne voïait plus d'autre maniere de rétablir l'autorité imperiale en Italie. C'est dans cette vuë qu'il prenait quelquefois le titre de *Pontifex Maximus*, à l'exemple des empereurs romains. Sa qualité de laïque n'était point une exclusion au pontificat. L'exemple récent d'Amedée de Savoye, le justifiait. Le pape s'étant moqué de la proposition de la coadjutererie, Maximilien songe à lui succèder; il gagne quelques cardinaux, il veut emprunter de l'argent pour acheter le reste des voix à la mort de Jules, qu'il croit prochaine. Sa fameuse lettre à l'archiduchesse Marguerite sa fille, en est un témoignage subsistant encor en original.

L'investiture du duché de Milan, qui trois ans auparavant avait coûté cent-soixante-mille écus d'or à Louis XII. est donnée à Maximilien Sforze à plus bas prix, au fils de ce Louis le Maure que Louis XII. avait retenu dans une prison si rude, mais si juste. Les mêmes suisses qui avaient trahi Louis le Maure pour Louis XII. ramenent le fils en triomphe dans Milan.

Jules II. meurt après avoir fondé la véritable grandeur des papes, la temporelle; car pour l'autre elle diminuait tous les jours. Cette grandeur temporelle pouvait faire l'équilibre de l'Italie, & ne l'a pas fait. La faiblesse d'un gouvernement sacerdotal, & le népotisme en ont été cause.

1513.

Guerre entre le Dannemarck & les villes anséatiques, Lubec, Dantzick, Vismar, Riga. En voilà plus d'un exemple; on n'en verrait pas aujourd'hui. Les villes ont perdu, les princes ont gagné dans presque toute l'Europe, tant la vraye liberté est difficile à conserver.

Léon

Léon X. moins guerrier que Jules II. non moins entreprenant, & plus artificieux fans être plus habile, forme une ligue contre Louis XII. avec l'empereur, le roi d'Angleterre Henri VIII. & le vieux Ferdinand d'Arragon. Cette ligue est concluë à Malines le 5. avril par les foins de cette même Marguerite d'Autriche gouvernante des Païs-Bas, qui avait fait la ligue de Cambray.

L'empereur doit s'emparer de la Bourgogne, le pape de la Provence, le roi d'Angleterre de la Normandie, le roi d'Arragon de la Guienne. Il venait d'ufurper la Navarre fur Jean d'Albret avec une bulle du pape fecondée d'une armée. Ainfi les papes toujours faibles donnaient les roiaumes au plus fort ; ainfi la rapacité fe fervit toujours des mains de la rellignion.

Alors Louis XII. s'unit à ces mêmes venitiens qu'il avait perdus avec tant d'imprudence. La ligue du pape fe diffipe prefque auffitôt que formée. Maximilien tire feulement de l'argent de Henri VIII. C'était tout ce qu'il voulait. Que de faibleffe, que de tromperies, que de cruautés, que d'inconftance, que de rapacité dans prefque toutes ces grandes affaires!

Louis XII. fait une vaine tentative pour reprendre le Milanez. La Trimouille y marche avec peu de forces. Il eft défait à Novarre par les fuiffes.

fuiſſes. On craignait alors que les ſuiſſes ne priſ-
ſent le Milanez pour eux-mêmes. Milan, Gênes
ſont perdues pour la France auſſi bien que Naples.

Les venitiens qui avaient eu dans Louis XII.
un ennemi ſi mal-aviſé & ſi terrible, n'ont plus
en lui qu'un allié inutile. Les eſpagnols de Naples ſe déclarent contre eux. Ils battent leur
fameux général l'Alviane, comme Louis XII.
l'avait battu.

De tous les princes qui ont ſigné la ligue de
Malines contre la France, Henri VIII. d'Angleterre eſt le ſeul qui tienne ſa parole. Il s'embarque avec les préparatifs & l'eſpérance des
Edouards III. & des Henri V. Maximilien qui
avait promis une armée, ſuit le roi d'Angleterre
en volontaire, & Henri VIII. donne une ſolde de
cent écus par jour au ſucceſſeur des Céſars qui
avait voulu être pape. Il aſſiſte à la victoire que
remporte Henri à la nouvelle journée de guine-
gaſte, nommée la journée *des éperons*, dans le
même lieu où lui-même avait gagné une bataille
dans ſa jeuneſſe.

Maximilien ſe fait donner enſuite une ſomme
plus conſidérable : il reçoit deux cent mille écus
pour faire en effet la guerre.

La

La France ainsi attaquée par un jeune roi riche, & puissant, était en grand danger après la perte de ses trésors & de ses hommes en Italie.

Maximilien emploie du moins une partie de l'argent de Henri à faire attaquer la Bourgogne par les suisses. Ulric duc de Wirtemberg y amène de la cavalerie allemande. Dijon est assiégé. Louis XII. allait encor perdre la Bourgogne après le Milanez, & toujours par la main des suisses, que la Trimouille ne put éloigner qu'en leur promettant quatre-cent-mille écus au nom du roi son maitre. Quelles sont donc les vicissitudes du monde & que ne doit on pas espérer & craindre puisqu'on voit les suisses encor fumants de tant de sang répandu pour soutenir leur liberté contre la maison d'Autriche, s'armer en faveur de cette maison, & qu'on verra les hollandais agir de même!

1514.

Maximilien secondé des espagnols entretient toujours un reste de guerre contre les vénitiens. C'est tout ce qui reste alors de la ligue de Cambray ; elle avait changé de principe & d'objet. Les français avaient été d'abord les héros de cette ligue, & en furent enfin les victimes.

Louis XII. chassé d'Italie, menacé par Ferdinand

nand d'Arragon, battu & rançonné par les suisses, vaincu par Henri VIII. d'Angleterre qui faisait revivre les droits de ses ancêtres sur la France, n'a d'autre ressource que d'accepter Marie sœur de Henri VIII. pour sa seconde femme.

Cette Marie avait été promise à Charles de Luxembourg. C'était le sort de la maison de France d'enlever toutes les femmes promises à la maison d'Autriche.

1515.

Le grand but de Maximilien est toujours d'établir sa maison. Il conclut le mariage de Louis prince de Hongrie & de Bohéme avec sa petite fille Marie d'Autriche ; & celui de la princesse Anne de Hongrie avec l'un de ses deux petits fils Charles ou Ferdinand, qui furent depuis empereurs l'un après l'autre.

C'est le premier contract par lequel une fille ait été promise à un mari ou à un autre au choix des parents. Maximilien n'oublie pas dans ce contract que sa maison doit hériter de la Hongrie selon les anciennes conventions avec la maison de Hongrie & de Bohéme. Cependant ces deux roiaumes étaient toujours électifs; ce qui ne s'accorde avec ces conventions, que parcequ'on espere que les suffrages de la nation seconderont la puissance autrichienne.

Charles déclaré majeur à l'âge de quinze ans commencés, rend hommage au roi de France François I. pour la Flandre, l'Artois, & le Charolois. Henri de Naſſau prête ſerment au nom de Charles.

Nouveau mariage propoſé encor à l'archi-duc Charles. François I. lui promet madame Renée ſa belle-ſœur. Mais cette apparence d'union couvrait une éternelle diſcorde.

Le duché de Milan eſt encor l'objet de l'ambition de François I. comme de Louis XII. Il commence ainſi que ſon prédeceſſeur par une alliance avec les venitiens, & par des victoires.

Il prend après la bataille de Marignan tout le Milanais en une ſeule campagne. Maximilien Sforze va vivre obſcurément en France avec une penſion de trente-mille écus. François I. force le pape Léon X. à lui ceder Parme & Plaiſance; il lui fait promettre de rendre Modène, Reggio au duc de Ferrare; il fait la paix avec les ſuiſſes qu'il a vaincus, & devient ainſi en une ſeule campagne l'arbitre de l'Italie, C'eſt ainſi que les français commencent toujours.

Ferdinand le catholique roi d'Arragon grand pere de Charlequint meurt le 23. janvier après

avoir

avoir préparé la grandeur de son petit fils qu'il n'aimait pas.

Les succès de François I. raniment Maximilien. Il leve des troupes dans l'Allemagne avec l'argent que Ferdinand d'Arragon lui avait envoié avant de mourir ; car jamais les états de l'Empire ne lui en fournissent pour ces querelles d'Italie. Alors Léon X. rompt les traités qu'il a faits par force avec François I. ne tient aucune de ses paroles, ne rend à ce roi ni Modène, ni Regio, ni Parme ni Plaisance ; Tant les papes avaient toujours à cœur ce grand dessein d'éloigner les étrangers de l'Italie, de les détruire tous les uns par les autres, & d'acquerir par là un droit sur la liberté italique dont ils auraient été les vangeurs ; grand dessein digne de l'ancienne Rome que la nouvelle ne pouvait accomplir.

L'empereur Maximilien descend par le Trentin, assiége Milan avec quinze mille suisses ; mais ce prince qui prenait toujours de l'argent, & qui en manquait toujours, n'en aiant pas pour païer les suisses, ils se mutinent. L'empereur craint d'être arrêté par eux, & s'enfuit. Voilà donc à quoi aboutit la fameuse ligue de Cambray, à dépouiller Louis XII. & à faire enfuir l'empereur de crainte d'être mis en prison par ses mercenaires.

Il propose au roi d'Angleterre Henri VIII. de lui ceder l'Empire & le duché de Milan dans le dessein seulement d'en obtenir quelque argent. On ne pourrait croire une telle démarche, si le fait n'était attesté par un lettre de Henri VIII.

Autre mariage encor stipulé avec l'archiduc Charles, devenu roi d'Espagne. Jamais prince ne fut promis à tant de femmes avant d'en avoir une. François I. lui donne sa fille Madame Louise agée d'un an.

Ce mariage qui ne réussit pas mieux que les autres, est stipulé dans le traité de Noyon. Ce traité portait que Charles rendrait justice à la maison de Navarre dépouillée par Ferdinand le catholique, & qu'il engagerait l'empereur son grand pere à faire la paix avec les venitiens. Ce traité n'eut pas plus d'execution que le mariage, quoi qu'il dût en revenir à l'empereur deux-cent-mille ducats que les venitiens devaient lui compter. François I. devait aussi donner à Charles cent-mille écus par an, jusqu'à ce qu'il fût en pleine possession du roiaume d'Espagne. Rien n'est plus petit ni plus bizarre. Il semble qu'on voie des joueurs qui cherchent à se tromper.

Immédiatement après ce traité, l'empereur en

fait un autre avec Charles son petit fils & le roi d'Angleterre contre la France.

1517.

Charles passe en Espagne. Il est reconnu roi de Castille conjointemment avec Jeanne sa mere.

1518.

Le pape Léon X. avait deux grands projets; celui d'armer les princes chrétiens contre les turcs, devenus plus formidables que jamais sous le sultan Selim II. vainqueur de l'Egypte ; l'autre était d'embellir Rome , & d'achever cette Basilique de st. Pierre commencée par Jules II. & devenue en effet le plus beau monument d'architecture qu'aient jamais élevé les hommes.

Il crut qu'il lui serait permis de tirer de l'argent de la chrétienté par la vente des indulgences. Ces indulgences étaient originairement des exemptions d'impôts, accordées par les empereurs, ou par les gouverneurs aux campagnes maltraitées.

Les papes & quelques évêques mêmes avaient apliqué aux choses divines ces indulgences temporelles, mais d'une manière toute contraire.

Les

Les indulgences des empereurs étaient des libéralités au peuple, & celles des papes étaient un impôt sur le peuple, surtout depuis que la créance du purgatoire était généralement établie, & que le vulgaire qui fait en tout païs au moins dix-huit parties sur vingt, croïait qu'on pouvait racheter des siécles de supplice avec un morceau de papier acheté à vil prix. Une pareille vente publique, est aujourd'hui un de ces ridicules qui ne tomberaient pas dans la tête la moins sensée, mais alors on n'en était pas plus surpris qu'on ne l'est dans l'orient de voir des Bonzes & des Talapoints vendre pour une obole la remission de tous les pechés.

Il y eut par tout des bureaux d'indulgences ; on les affermait comme des droits d'entrée & de sortie. La plûpart de ces comptoirs se tenaient dans des cabarets. Le prédicateur, le fermier, le distributeur, chacun y gagnait. Jusques-là tout fut paisible. En Allemagne les augustins, qui avaient été longtems en possession de prendre cette marotte à ferme, furent jaloux des dominicains, auxquels elle fut donnée; & voici la premiere étincelle qui embrasa l'Europe.

Le fils d'un forgeron né à Islebe fut celui par qui commença la révolution. C'était Martin Luther, moine

moine auguſtin que ſes ſupérieurs chargérent de prêcher contre la marchandiſe, qu'ils n'avaient pû vendre. La querelle fut d'abord entre les auguſtins & les dominicains; mais bientôt Luther après avoir décrié les indulgences, éxamina le pouvoir de celui qui les donnait aux chrétiens. Un coin du voile fut levé. Les peuples animés voulurent juger ce qu'ils avaient adoré. Le vieux Fréderic électeur de Saxe, ſurnommé le *ſage*, celui-là même qui après la mort de Maximilien eut le courage de refuſer l'Empire, protegea Luther ouvertement.

Ce moine n'avait pas encor de doctrine ferme & arrêtée. Mais qui jamais en a eu? Il ſe contenta dans ces commencements de dire " qu'il
„ fallait communier avec du pain ordinaire & du
„ vin; que le peché demeurait dans un enfant
„ après le baptême; que la confeſſion auricu-
„ laire était aſſez inutile; que les papes & les
„ conciles ne peuvent faire des articles de foi;
„ qu'on ne peut prouver le purgatoire par les
„ livres canoniques; que les vœux monaſtiques
„ étaient un abus; qu'enfin tous les princes
„ devaient ſe réunir pour abolir les moines men-
„ diants.

Fréderic duc & électeur de Saxe, était, comme
on

INTERREGNE. 139

on l'a dit, le protecteur de Luther & de sa doctrine. Ce prince avait, dit-on, assez de rélligion pour être chrétien, assez de raison pour voir les abus, beaucoup d'envie de les réformer, & beaucoup plus peut-être encor d'entrer en partage des biens immenses que le clergé possèdait dans la Saxe. Il ne se doutait pas alors qu'il travaillait pour ses ennemis, & que le riche archevêché de Magdebourg serait le partage de la maison de Brandebourg déja sa rivale.

1519.

Pendant que Luther cité à la diéte d'Augsbourg, se retire après y avoir comparu; qu'il en appelle au futur concile, & qu'il prépare sans le savoir la plus grande révolution, qui se soit faite en Europe dans la rélligion depuis l'extinction du paganisme, l'empereur Maximilien déja oublié, meurt d'un excès de mélon à Inspruck le 12. janvier.

INTERREGNE jusqu'au 1. Octobre 1520.

Les électeurs de Saxe, & du Palatinat gouvernent conjointement l'Empire jusqu'au jour où le futur élu sera couronné.

Le roi de France François I. & le roi d'Espagne

gne Charles d'Autriche, briguent la couronne impériale. L'un & l'autre pouvaient faire revivre quelque ombre de l'Empire romain. Le voisinage des turcs devenu si rédoutable, mettait les électeurs dans la nécessité dangereuse de choisir un empereur puissant. Il importait à la chrétienté que François ou Charles fut élu : mais il importait au pape Léon X. que ni l'un ni l'autre ne fût à portée d'être son maître. Le pape avait à craindre également dans ce tems-là Charles, François, le Grand-Turc, & Luther.

Léon X. traverse, autant qu'il le peut, les deux concurrens. Sept grands princes doivent donner cette premiere place de l'Europe dans le tems le plus critique ; & cependant on achete des voix.

Parmi ces intrigues, & dans cet interregne, les loix de l'Allemagne anciennes & nouvelles ne sont pas sans vigueur. Les allemands donnent une grande leçon aux princes de ne pas abuser de leur pouvoir. La ligue de Suabe se rend recommandable en faisant la guerre au duc Ulric de Wirtemberg, qui maltraitait ses vassaux.

Cette ligue de Suabe est la véritable ligue du bien public. Elle réduit le duc à fuir de son état

état ; mais ensuite elle vend cet état à vil prix à Charles d'Autriche. Tout se fait donc pour de l'argent ! Comment Charles prêt de parvenir à l'Empire, dépouillait-il ainsi une maison, & achetait-il pour très-peu de chose le bien d'un autre ?

Léon X. veut gouverner despotiquement la Toscane.

Les électeurs s'assemblent à Francfort. Est-il bien vrai qu'ils offrirent la couronne impériale à Frédéric surnommé *le sage*, électeur de Saxe, ce grand protecteur de Luther ? fut-il solemnellement élu ? Non. En quoi consiste donc son refus ? en ce que sa réputation le faisait nommer par la voix publique, qu'il donna sa voix à Charles, & que sa recommandation entraîna enfin les suffrages.

Charlequint est élu d'une commune voix le 28. juin 1519.

CHARLEQUINT
QUARANTE-UNIEME EMPEREUR.

Cette année est celle de la premiere capitulation dressée pour les empereurs. On se contentait auparavant du serment qu'ils faisaient à leur sacre. Un serment vague d'être juste, ouvre la porte à l'injustice. Il fallait une digue plus forte entre l'abus de l'autorité d'un prince si puissant par lui-même.

Par

Par ce contract véritable du chef avec les membres l'empereur promet que s'il a quelque domaine qu'il ne possède pas à bon titre il le restituera à la premiere sommation des électeurs. C'est promettre beaucoup.

Des auteurs considérables prétendent qu'on lui fit jurer aussi de résider toujours dans l'Allemagne. Mais la capitulation porte expressément qu'*il y résidera autant qu'il sera possible*. Exiger une chose injuste eut fourni un trop beau prétexte de ne pas exécuter ce qui était juste.

Le jour de l'élection de Charlequint est marqué par un combat entre un évêque de Hildesheim & un duc de Brunswick dans le duché de Lunébourg. Ils se disputaient un fief; Et malgré l'établissement des austregues, de la chambre impériale, & du conseil aulique, malgré l'autorité des deux vicaires de l'Empire, on voiait tous les jours, princes, évêques, barons donner des combats sanglants pour le moindre procès. Il y avait quelques loix. Mais le pouvoir coërcif qui est la premiere des loix manquait à l'Allemagne.

L'électeur Palatin porte en Espagne à Charles la nouvelle de son élection. Les grands d'Espagne se disaient alors égaux aux électeurs; les pairs
de

de France à plus forte raison ; & les cardinaux prenaient le pas fur eux tous.

L'Efpagne craint d'être province de l'Empire. Charles eft obligé de déclarer l'Efpagne indépendante. Il va en Allemagne, mais il paffe auparavant en Angleterre pour fe lier déja avec Henri VIII. contre François I. Il eft couronné à Aix-la-Chapelle le 23. Octobre 1520.

Au tems de cet événement de Charlequint à l'Empire l'Europe prend infenfiblement une face nouvelle. La puiffance Ottomane s'affermit fur des fondements inébranlables dans Conftantinople.

L'empereur roi des deux S:ciles & d'Efpagne parait fait pour oppofer une digue aux turcs. Les venitiens craignaient à la fois le fultan & l'empereur.

Le pape Léon X. eft maître d'un petit état, & fent déja que la moitié de l'Europe va échaper à fon autorité fpirituelle. Car des l'an 1520. depuis le fonds du Nord jufqu'à la France les efprits étaient foulevés & contre les abus de l'églife romaine & contre fes loix.

François I. roi de France, plus brave chevalier, que grand prince, avait plutot l'envie que le

pou-

pouvoir d'abaisser Charlequint. Comment eut-il pû à armes & à prudence égales l'emporter sur un empereur roi d'Espagne & de Naples, souverain des païs-bas dont les frontieres allaient jusqu'aux portes d'Amiens, & qui commençait à recevoir déja dans ses ports d'Espagne les trésors d'un nouveau monde ?

Henri VIII. roi d'Angleterre prétendait d'abord tenir la balance entre Charlequint & François I. Grand éxemple de ce que pouvait le courage anglais soutenu déja des richesses du commerce.

On peut observer dans ce tableau de l'Europe que Henri VIII. l'un des principaux personnages était un des plus grands fléaux qu'ait éprouvés la terre. Déspotique avec brutalité, furieux dans sa colère, barbare dans ses amours, meurtrier de ses femmes, tiran capricieux dans l'état & dans la réligion. Cependant il mourut dans son lit; & Marie Stuard qui n'avait qu'une faiblesse criminelle, & Charles I. qui n'eut à se reprocher que sa bonté, sont morts sur l'échaffaut.

Un roi plus méchant encor que Henri VIII. c'est Christiern II. n'a guères réunissant sous son pouvoir, le Dannemarck, la Norwege & la Suède, monstre toujours souillé de sang, surnommé le

Né-

Néron du Nord, puni à la fin de tous ses crimes, quoique beaufrere de Charlequint, détroné & mort en prison dans une vieillesse abhorrée & méprisée.

Voilà à peu près les principaux princes chrétiens qui figuraient en Europe quand Charlequint prit les reines de l'Empire.

L'Italie fut plus brillante alors par les beaux arts qu'elle ne l'a jamais été. Mais jamais on ne la vit plus loin du grand but que s'était proposé Jules II. *di cacciare i barbari d'Italia.*

Les puissances de l'Europe étaient presque toujours en guerre; mais heureusement pour les peuples les petites armées qu'on levait pour un tems, retournaient ensuite cultiver les campagnes; & au milieu des guerres les plus acharnées il n'y avait pas dans l'Europe la cinquième partie des soldats qu'on voit aujourd'hui dans la plus profonde paix. On ne connaissait point cet effort continuel & funeste qui consume toute la substance d'un gouvernement dans l'entretien de ces armées nombreuses toujours subsistantes, qui en tems de paix ne peuvent être emploiées que contre les peuples, & qui un jour pourront être funestes à leurs maîtres.

La

La gendarmerie faisait toujours la principale force des armées chrétiennes, les fantassins étaient méprisés, c'est pourquoi les allemands les appellaient *Lands-Knechte*, valets de terre. La milice des janissaires était la seule infanterie redoutable.

Les rois de France se servaient presque toujours d'une infanterie étrangére, les suisses ne faisaient encore usage de leur liberté que pour vendre leur sang ; & d'ordinaire celui qui avait le plus de suisses dans son armée se croiait sûr de la victoire. Ils eurent au moins cette réputation jusqu'à la bataille de Marignan que François I. gagna contre eux avec sa gendarmerie quand il voulut pour la premiere fois descendre en Italie.

L'art de la guerre fut plus aprofondi sous Charlequint qu'il ne l'avait été encore. Ses grands succès, le progrès des beaux arts en Italie, le changement de réligion dans la moitié de l'Europe, le commerce des grandes Indes par l'océan, la conquête du Mexique & du Perou rendent ce siécle éternellement mémorable.

1521.

Diéte de Worms fameuse par le rétablissement de la chambre impériale qui ne subsistait plus que de nom.

Charlequint établit deux vicaires non pas de l'Empire mais de l'empereur. Les vicaires nés de l'Empire font Saxe & Palatin ; & leurs arrêts font irrévocables. Les vicaires de l'empereur font des régens qui rendent compte au souverain. Ces régens, furent fon frere Ferdinand auquel il avait cédé fes états d'Autriche, le comte Palatin & vingt-deux affeffeurs.

Cette diéte ordonne que les ducs de Brunfwick & de Lunébourg, d'un côté, & les évêques d'Hildesheim & de Minden de l'autre, qui fe faifaient la guerre, comparaitront : ils méprifent cet arrêt : on les met au ban de l'Empire, & ils méprifent ce ban. La guerre continue entre eux. La puiffance de Charlequint n'eft pas encor affez grande pour donner de la force aux loix. Deux évêques armés & rébelles, n'indifpofent pas médiocrement les efprits contre l'églife, & contre les biens de l'églife.

Luther vient à cette diéte avec un fauf-conduit de l'empereur ; il ne craignait pas le fort de Jean Hus : les prêtres n'étaient pas les plus forts à la diéte. On confére avec lui fans trop s'entendre ; on ne convient de rien ; on le laiffe paifiblement retourner en Saxe détruire la réligion romaine. Le 6. mai l'empereur donne un édit contre Luther

ab-

abſent, & ordonne ſous peine de déſobéïſſance à tout prince & état de l'Empire d'empriſonner Luther & ſes adhérents. Cet ordre était contre le duc de Saxe. On ſavait bien qu'il n'obéïrait pas. Mais l'empereur qui s'uniſſait avec le pape Léon X. contre François I. voulait paraitre catholique.

Il veut dans cette diéte faire conclure une alliance entre l'Empire & le roi de Dannemarck Chriſtiern II. ſon beaufrere & lui aſſurer des ſecours. Il regne toujours dans les grandes aſſemblées un ſentiment d'horreur pour la tirannie; le cri de la nature s'y fait entendre, & l'enthouſiaſme de la vertu ſe communique. Toute la diéte s'éleva contre une alliance avec un ſcelerat, teint du ſang de quatrevingt-quatorze ſénateurs maſſacrés à ſes yeux par des bourreaux dans Stockholm livrée au pillage. On prétend que Charlequint voulait s'aſſurer les trois couronnes du Nord en ſecourant ſon indigne beaufrere.

La même année le pape Léon X. plus intriguant peut-être que politique & qui ſe trouvant entre François I. & Charlequint ne pouvait guères être qu'intriguant, fait preſque à la fois un traité avec l'un & avec l'autre, le premier en 1520. avec François I. auquel il promet le roiaume de Naples en ſe reſervant Gaiette, & cela en vertu de cette

cette loi chimérique que jamais un roi de Naples ne peut être empereur. Le second en 1521. avec Charlequint pour chasser les français de l'Italie & pour donner le Milanez à François Sforze fils puîné de Louis le Maure & surtout pour donner au st. siége Ferrare qu'on voulait toujours ôter à la maison d'Este.

Premiere hostilité qui met aux mains l'Empire & la France. Le duc de Bouillon la Marck souverain du château de Bouillon déclare solemnellement la guerre par un hérault à Charlequint & ravage le Luxembourg. On sent bien qu'il agissait pour François I. qui le désavouait en public.

Charles uni avec Henri VIII. & Léon X. fait la guerre à François I. du coté de la Picardie, & vers le Milanez, elle avait deja commencé en Espagne dès 1520. mais l'Espagne n'est qu'un accessoire à ces annales de l'Empire.

Lautrec gouverneur du Milanez pour le roi de France, général malheureux parce qu'il était fier & imprudent est chassé de Milan de Pavie de Lodi de Parme & de Plaisance par Prosper Colonne.

Léon X. meurt le 2. decembre. George marquis de Malaspina attaché à la France soupçonné d'avoir empoisonné le pape est arrêté & se justifie d'un crime qu'il est difficile de prouver.

Ce pape avait douze mille suisses à son service.

Le cardinal Volsei tiran de Henri VIII. qui était le tiran de l'Angleterre veut être pape, Charlequint le joue, & manifeste son pouvoir en faisant pape son précepteur Adrien Florent natif d'Utrecht alors régent en Espagne.

Adrien est élu le 9. janvier. Il garde son nom, malgré la coutume établie dès l'onzieme siécle. L'empereur gouverne absolument le pontificat.

L'ancienne ligue des villes de Suabe est confirmée à Ulm pour onze ans. L'empereur pouvait la craindre; mais il voulait plaire aux allemands.

1522.

Charles va encor en Angleterre reçoit à Windsor l'ordre de la jarrétiere; il promet d'épouser sa cousine Marie fille de sa tante Catherine d'Arragon & de Henri VIII. que son fils Philippe épousa depuis. Il se soumet par une clause étonnante à païer cinq-cent-mille écus s'il n'épouse pas cette princesse. C'est la cinquiéme fois qu'il est promis sans être marié. Il partage la France en idée avec Henri VIII. qui compte alors faire revivre les prétentions de ses ayeux sur ce roiaume.

L'em-

L'empereur emprunte de l'argent du roi d'Angleterre. Voilà l'explication de cette énigme du dédit de cinq-cent-mille écus. Cet argent preté aurait servi un jour de dot. Et ce dédit singulier est exigé de Henri VIII. comme une espéce de caution.

L'empereur donne au cardinal ministre Volsey des pensions qui ne le dédomagent pas de la tiare.

Pourquoi le plus puissant empereur qu'on ait vû depuis Charlemagne est-il obligé d'aller demander de l'argent à Henri VIII. comme Maximilien ? il faisait la guerre vers les pirenées vers la picardie en Italie tout à la fois ; l'Allemagne ne lui fournissait rien ; l'Espagne peu de chose : les mines du Mexique ne faisaient pas encor un produit reglé ; les dépenses de son couronnement & des premiers établissements en tout genre furent immenses.

Charlequint est heureux partout. Il ne reste à François I. dans le Milanez que Crémone & Lodi. Gènes qu'il tenait encore, lui est enlevée par les impériaux. L'empereur permet que François Sforze dernier prince de cette race entre dans Milan.

Mais pendant ce tems-là même la puissance Ottomane menace l'Allemagne. Les turcs sont en

Hongrie. Soliman auſſi rédoutable que Sélim & Mahomet II. prend Belgrade ; & de là il va au ſiége de Rodes qui capitule après un ſiége de trois mois.

Cette année eſt féconde en grands événements. Les états du Dannemarck dépoſent ſolemnellement le tiran Chriſtiern, comme on juge un coupable, & en ſe bornant à le dépoſer, on lui fait grace.

Guſtave Vaſa proſcrit en Suéde la rélligion catholique. Tout le Nord juſqu'au Weſer eſt prêt de ſuivre cet éxemple.

1523.

Pendant que la guerre de controverſe menace l'Allemagne d'une révolution , & que Soliman menace l'Europe chrétienne ; les querelles de Charlequint & de François I. font les malheurs de l'Italie & de la France.

Charles & Henri VIII. pour accabler François I. gagnent le connétable de Bourbon qui plus rempli d'ambition & de vangeance que d'amour pour la patrie, s'engage à attaquer le milieu de la France, tandis que ſes ennemis pénétreront par ſes frontieres. On lui promet Eléonore ſœur de Charlequint

quint veuve du roi de Portugal, & ce qui est plus essentiel, la Provence avec d'autres terres qu'on érigera en roiaume.

Pour porter le dernier coup à la France l'empereur se ligue encor avec les venitiens, le pape Adrien & les florentins. Le duc François Sforze reste possesseur du Milanez dont François I. est dépouillé. Mais l'empereur ne reconnait point encor Sforze pour duc de Milan, & il differe à se décider sur cette province dont il sera toujours maître quand les français n'y seront plus.

Les troupes impériales entrent dans la champagne, le connétable de Bourbon dont le crime est découvert, fuit & va commander pour l'empereur en Italie.

Au milieu de ces grands troubles, une petite guerre s'éleve entre l'électeur de Tréves & la noblesse d'Alsace comme un petit tourbillon qui s'agite dans un grand. Charlequint est trop occupé de ses vastes desseins, & de la multitude de ses intérêts pour penser à pacifier ces querelles passagéres.

Clément VII. succéde à Adrien le 29. novembre, il était de la maison de Medicis. Son pontificat est éternellement remarquable par ses mal-

heu-

heureuses intrigues, & par sa faiblesse qui causèrent depuis le pillage de Rome que saccagea l'armée de Charlequint, par la perte de la liberté des florentins, & par l'irrévocable défection de l'Angleterre arrachée à l'église romaine.

1524.

Clément VII. commence par envoier à la diette de Nuremberg un légat pour armer l'Allemagne contre Soliman, & pour répondre à un écrit intitulé *les cent griefs contre la cour de Rome*. Il ne réussit ni à l'un ni à l'autre.

Il n'était pas extraordinaire qu'Adrien précepteur & depuis ministre de Charlequint né avec le genie d'un subalterne, fut entré dans la ligue qui devait rendre l'empereur maître absolu de l'Italie, & bientôt de l'Europe. Clément VII. eut dabord le courage de se détacher de cette ligue, espérant tenir la balance égale.

Il y avait alors un homme de sa famille qui était veritablement un grand homme, c'est Jean de Médicis general de Charlequint. Il commandait pour l'empereur en Italie avec le connétable de Bourbon; c'est lui qui achéva de chasser cette année les français de la petite partie du Milanez qu'ils occupaient encor, qui batit Bonivet à Biagrasse, où fut tué le fameux chevalier Bayard.

Le

Le marquis de Pefcara que les françaîs appellent *Pefcaire*, digne émule de ce Jean de Médicis, marche en Provence avec le duc de Bourbon. Celui-ci veut affiéger Marseille malgré Pefcara & l'entreprife échouë mais la Provence eft ravagée.

François I. a le tems d'affembler une armée il pourfuit les imperiaux qui fe retirent, il paffe les Alpes. Il rentre pour fon malheur dans ce duché de Milan pris & perdu tant de fois. La maifon de Savoye n'était pas encor affez puiffante pour fermer le paffage aux armées de France.

Alors l'ancienne politique des papes fe déploye, & la crainte qu'infpire un empereur trop puiffant lie Clément VII. avec François I. il veut lui donner le roiaume de Naples. François y fait marcher un gros détachement de fon armée. Par là il s'affaiblit en divifant fes forces & prépare fes malheurs & ceux de Rome.

1525.

Le roi de France affiége Pavie. Le comte de Lanoy vice-roi de Naples, Pefcara, & Bourbon veulent faire lever le fiége, en s'ouvrant un paffage par le parc de Mirabel, où François I. était pofté. La feule artillerie françaife met les imperiaux en déroute. Le roi de France n'avait qu'à ne rien faire, & ils étaient vaincus. Il veut les pourfuivre, & il eft battu entiérement. Les fuiffes qui faifaient la force de fon infanterie s'enfuient

fuient & l'abandonnent ; & il ne reconnait la faute de n'avoir eu qu'une infanterie mercénaire & d'avoir trop écouté son courage, que lorsqu'il tombe captif entre les mains des impériaux & de ce Bourbon qu'il avait outragé, & qu'il avait forcé à être rebelle.

Charlequint qui était alors à Madrid apprend l'excez de son bonheur & dissimule celui de sa joie. On lui envoie son prisonnier. Il semblait alors le maître de l'Europe. Il l'eût été en effet, si au lieu de rester à Madrid, il eut suivi sa fortune à la tête de cinquante-mille hommes. Mais ses succez lui firent des ennemis d'autant plus aisément que lui qui passait pour le plus actif des princes ne profita pas de ces succez.

Le cardinal Volsey mécontent de l'empereur, au lieu de porter Henri VIII. qu'il gouvernait à entrer dans la France abandonnée, & à la conquérir, porte son maître à se déclarer contre Charlequint, & à tenir cette balance qui échapait aux faibles mains de Clément VII.

Bourbon que Charles flattait de l'espérance d'un roiaume composé de la Provence du Dauphiné & de terres de ce connétable, n'est que gouverneur du Milanez.

Il faut croire que Charlequint avait de grandes affaires secrettes en Espagne, puisque dans ce moment critique il ne venait ni vers la France où

il

il pouvait entrer, ni dans l'Italie qu'il pouvait subjuguer, ni dans l'Allemagne que les nouveaux dogmes & l'amour de l'indépendance remplissaient de troubles.

Les différents sectaires savaient bien ce qu'ils ne voulaient pas croire ; mais ils ne savaient pas ce qu'ils voulaient croire. Tous s'acordaient à s'élever contre les abus de la cour & de l'église romaine : tous introduisaient d'autres abus. Melancton s'oppose à Luther sur quelques articles.

Storck né en Silésie va plus loin que Luther. Il est le fondateur de la secte des anabatistes, Muncer en est l'apôtre ; tous deux prêchent les armes à la main. Luther avait commencé par mettre dans son parti les princes ; Muncer met dans le sien les habitans de la campagne. Il les flatte & les anime par cette idée d'égalité, loi primitive de la nature, que la force & les conventions ont détruite. Les premières fureurs des païsans éclatent dans la Suabe où ils étaient plus esclaves qu'ailleurs. Muncer passe en Turinge. Il s'y rend maître de Mulhausen en prêchant l'égalité, & fait porter à ses pieds l'argent des habitans en prêchant le desintéressement. Tous les païsans se soulévent en Suabe, en Franconie, dans une partie de la Turinge, dans le Palatinat, dans l'Alsace.

A la verité ces espéces de sauvages firent un

manifeste que Licurgue aurait signé. Ils demandaient qu'on ne levât sur eux que les dixmes des bléds & qu'elles fussent emploiées à soulager les pauvres, que la chasse & la pêche leur fussent permises, qu'ils eussent du bois pour se bâtir des cabanes & pour se garantir du froid, qu'on modérât leurs corvées. Ils réclamaient les droits du genre humain. Mais ils les soutinrent en bêtes féroces. Ils massacrent les gentilshommes qu'ils rencontrent. Une fille naturelle de l'empereur Maximilien est égorgée.

Ce qui est très remarquable, c'est qu'à l'exemple de ces anciens esclaves révoltez qui se sentant incapables de gouverner choisirent dit-on autrefois pour leur roi le seul maître qui avait échappé au carnage, ces païsans mirent à leur tête un gentilhomme. Ils s'emparent de Heilbron de Spire de Wurtzbourg de tout les païs entre ces villes.

Muncer & Storck conduisent l'armée en qualité de prophétes. Le vieux Fréderic électeur de Saxe leur livre une sanglante bataille près de Franchusen dans le comté de Mansfeld. Envain les deux prophétes entonnent des cantiques au nom du seigneur. Cés fanatiques sont entiérement défaits. Muncer pris après la bataille est condanné à perdre la tête. Il abjura sa secte avant de mourir. Il n'avait point été enthousiaste, il avait conduit ceux qui l'étaient. Mais son disciple Fiffer condanné comme lui mourut persuadé. Storck retourne prêcher en Silésie, & envoie des disciples en Pologne. L'empereur cependant négociait tranquilement avec le roi de France son prisonnier à Madrid.

1526.

Principaux articles du traitté dont Charlequint impose les loix à François I.

Le roi de France cede à l'empereur le duché de Bourgogne & le comté de Charolois ; il renonce au droit de souveraineté sur l'Artois & sur la Flandre. Il lui laisse Arras, Tournai, Mortagne, st. Amand, l'Ile, Douai, Orchie, Hesdin. Il se désiste de tous ses droits sur les deux Siciles, sur le Milanez, sur le comté d'Asti, sur Gênes. Il promet de ne jamais protéger ni le duc de Gueldre qui se soutenait toujours contre cet empereur si puissant, ni le duc de Virtemberg qui revendiquait son duché vendu à la maison d'Autriche ; il promet de faire renoncer les héritiers de la Navarre à leur droit sur ce roiaume ; il signe une ligue défensive & même offensive avec son vainqueur qui lui ravit tant d'états, il s'engage à épouser Eléonore sa sœur.

Il est forcé à recevoir le duc de Bourbon en grace, à lui rendre tous ses biens à le dédommager lui & tous ceux qui ont pris son parti.

Ce n'était pas tout. Les deux fils ainez du roi doivent être livrez en otage jufqu'à l'accompliffement du traitté, il eft figné le 14. janvier.

Pendant que le roi de France fait venir fes deux enfans pour être captifs à fa place, Lanoy vice-roi de Naples entre dans fa chambre en bottes & vient lui faire figner le contract de mariage avec Eléonore qui était à quatre lieuës de-là & qu'il ne vit point : étrange façon de fe marier.

On affure que François I. fit une proteftation pardevant notaire contre fes promeffes avant de les figner. Il eft difficile de croire qu'un notaire de Madrid ait voulu & pû venir figner un tel acte dans la prifon du roi.

Le Dauphin & le duc d'Orléans font amenez en Efpagne échangez avec leur pere au milieu de la riviere d'Andaye, & menez en ôtage.

Charles aurait pû avoir la Bourgogne, s'il fe l'était fait ceder avant de relacher fon prifonnier. Le roi de France expofa fes deux enfans au couroux de l'empereur en ne tenant pas fa parole. Il y a eu des tems où cette infraction aurait couté la vie à ces deux princes.

François I. fe fait repréfenter par les états de Bourgogne qu'il n'a pû ceder cette grande province de la France. Il ne fallait donc pas la promettre. Ce roi était dans un état, où tous les partis étaient triftes pour lui.

Le

Le 22. mai François I. à qui ses malheurs & ses ressources ont donné des amis, signe à Cognac une ligue avec le pape Clément VII. le roi d'Angleterre, les venitiens les florentins, les suisses, contre l'empereur. Cette ligue est appellée *sainte* parce que le pape en est le chef. Le roi stipule de mettre en possession du Milanez ce même duc françois Sforze qu'il avait voulu dépouiller. Il finit par combattre pour ses anciens ennemis. L'empereur voit tout d'un coup la France, l'Angleterre, l'Italie armées contre sa puissance, parce que cette puissance même n'a pas été assez grande pour empêcher cette révolution, & parce qu'il est resté oisif à Madrid au lieu d'aller profiter de la victoire de ses généraux.

Dans ce cahos d'intrigues, & de guerres les impériaux étaient maîtres de Milan & de presque toute la province. François Sforze avait le seul chateau de Milan.

Mais dès que la ligue est signée, le Milanez se souléve. Il prend le parti de son duc. Les venitiens marchent & enlévent Lodi à l'empereur. Le duc d'Urbin à la tête de l'armée du pape est dans le Milanez. Malgré tant d'ennemis le bonheur de Charlequint lui conserve l'Italie. Il devait la perdre en restant à Madrid ; Le vieil Antoine de Leve & ses autres généraux la lui conservent. François I. ne peut assez tôt faire partir des troupes de son roiaume épuisé. L'armée du pape se conduit lâchement, celle de Venise mollement. François-Sforze est obligé de rendre son chateau de Milan. Un très petit nombre d'espagnols & d'allemands bien commandez & accoutumez à la victoire vaut à Charlequint tous ces avantages, dans le même tems de sa vie où il fit le moins de choses par lui-même. Il reste toujours à Madrid. Il s'applique à regler les rangs & à former l'étiquette, il se marie avec Isabelle fille d'Emanuel le grand roi de Portugal, pendant que le nouvel électeur de Saxe Jean *le constant* fait profession de la réligion nouvelle & abolit la romaine en Saxe, pendant que le landgrave de Hesse Philippe en fait autant dans ses états, que Francfort établit un sénat luthérien, & qu'enfin un assez grand nombre de chevaliers Teutons destinez à déffendre l'église l'abandonnent pour se marier & approprier à leurs familles les commanderies de l'ordre.

On avait brulé autrefois cinquante chevaliers du temple & aboli l'ordre parce qu'il n'était que riche. Celui-ci était puissant. Albert de Brandebourg son grand maître partage la Prusse avec les polonais, & reste souverain de la partie qu'on appelle la Prusse Ducale, en rendant hommage & païant tribut au roi de Pologne. On place d'ordinaire en 1525. cette révolution.

Dans ces circonstances les luthériens demandent

dent hautement l'établiſſement de leur relligion dans l'Allemagne à la diette de Spire. Ferdinand qui tient cette diette demande du ſecours contre Sol'man qui revenait attaquer la Hongrie. La diette n'acorde ni la liberté de relligion ni des ſecours aux chrétiens contre les Ottomans.

Le jeune Louis roi de Hongrie & de Bohéme croit pouvoir ſoutenir ſeul l'éffort de l'empire Turc. Il oſe livrer bataille à Soliman. Cette journée appellée de *Mohats* du nom du champ de bataille non loin de Bude, eſt auſſi funeſte aux chrétiens que la journée de Varnes. Preſque toute la nobleſſe de Hongrie y périt. L'armée eſt taillée en piéces, le roi eſt noié dans un marais en fuiant. Les écrivains du tems diſent que Soliman fit décapiter quinze-cent nobles hongrois priſonniers après la bataille, & qu'il pleura en voiant le portrait du malheureux roi Louis. Il n'eſt gueres croiable qu'un homme qui fait couper de ſang froid quinze-cent têtes nobles, en pleure une. Et ces deux faits ſont également douteux.

Soliman prend Bude. Et menace tous les environs. Ce malheur de la chrétienté fait la grandeur de la maiſon d'Autriche. L'archi-duc Ferdinand frere de Charlequint demande la Hongrie & la Bohéme comme des états qui doivent lui revenir par les pactes de famille, comme un héritage. On concilie ce droit d'héritage avec le droit d'élection qu'avaient les peuples en soutenant l'un par l'autre. Les états de Hongrie l'élisent le 26. octobre.

Pendant ce tems-là même un autre parti venait de déclarer roi dans Albe roiale Jean Zapoli comte de Scepus Vaivode de Transilvanie. Il n'y eut guères depuis ce tems-là de roiaume plus malheureux que la Hongrie. Il fut presque toujours partagé en deux factions, & inondé par les turcs. Cependant Ferdinand est assez heureux pour chasser en peu de jours son rival, & pour être couronné dans Bude dont les turcs s'étaient retirez.

1527.

Le 24. fevrier, Ferdinand est élu roi de Bohéme sans concurrent, & il reconnaît qu'il tient ce roiaume *ex libera & bona voluntate*, de la libre & bonne volonté de ceux qui l'ont choisi.

Charlequint est toujours en Espagne pendant que sa maison acquiert deux roiaumes, & que sa fortune va en Italie plus loin que ses projets.

Il païait mal ses troupes commandées par le duc de Bourbon & par Philibert de Chalons prince d'Orange. Mais elles subsistaient par les rapines, qu'on appelle contributions. La sainte ligue était fort dérangée. Le roi de France avait négligé une vangeance qu'il cherchait, & n'avait

point

point encor envoié d'armée de-là les Alpes. Les venitiens agissaient peu. Le pape encor moins & il s'était épuisé à lever de mauvaises troupes. Bourbon mene ses soldats droit à Rome. Il monte à l'assaut le 27. mai, il est tué en apuiant une échelle à la muraille. Mais le prince d'Orange entre dans la ville. Le pape se réfugie au chateau st. Ange où il devient prisonnier. La ville est pillée & saccagée, comme elle le fut autrefois par Alaric & par les autres barbares.

On dit que le pillage monta à quinze millions d'écus. Charles en éxigeant la moitié seulement de cette somme pour la rançon de la ville, eut pû dominer dans Rome. Mais après que ses trouppes y eurent vécu prés de neuf mois à discretion, il ne put la garder. Il lui arriva ce qu'éprouvèrent tous ceux qui avaient saccagé cette capitale.

Il y eut dans ce désastre trop de sang répandu ; mais beaucoup de soldats enrichis s'habituèrent dans le païs, & on compta à Rome & aux environs au bout de quelque mois, quatre-mille-sept-cent filles enceintes. Rome fut peuplée d'espagnols, & d'allemands après l'avoir été autrefois de gots, d'herules, de vandales. Le sang des romains s'était mêlé sous les Césars à celui d'une foule d'étrangers. Il ne reste pas aujourd'hui dans Rome une seule famille qui puisse se dire romaine. Il n'y a que le nom & les ruines de la maitresse du monde qui subsistent.

Pendant la prifon du pape, le duc de Ferrare Alphonfe I. à qui Jules II. avait enlevé Modène & Regio, reprend cet état quand Clément VII. capitule dans le chateau st. Ange. Les Malatefta fe refaififfent de Rimini. Les venitiens alliés du pape lui prennent Ravenne, mais pour le lui garder, difent-ils, contre l'empereur. Les florentins fecouent le joug des Medicis, & fe remettent en liberté.

François I. & Henri VIII. au lieu d'envoïer des trouppes en Italie, envoïent des ambaffadeurs à l'empereur. Il était alors à Valladolid. La fortune en moins de deux ans avait mis entre fes mains Rome, le Milanez, un roi de France & un pape, & il n'en profitait pas. Affez fort pour piller Rome, il ne le fut pas affez pour la garder, & ce vieux droit des empereurs, cette prétention fur le domaine de Rome demeura toujours derriere un nuage.

Enfin François I. envoie une armée dans le Milanez fous ce même Lautrec qui l'avait perdu, laiffant toujours fes deux enfans en ôtage. Cette armée réprend encor le Milanez, dont on fe faififfait & qu'on perdait en fi peu de tems. Cette diverfion & la pefte qui ravagent à la fois Rome & l'armée de fes vainqueurs préparent la délivrance du pape. D'un côté Charlequint fait chanter des pfeaumes & faire des proceffions en
Efpagne

Espagne pour cette délivrance du st. pere qu'il retient captif, de l'autre il lui vend sa liberté quatre-cent-mil ducats. Clément VII. en païe comptant près de cent-mille, & s'évade avant d'avoir païé le reste.

Pendant que Rome est saccagée, & le pape rançonné au nom de Charlequint qui soutient la religion catholique, les sectes ennemies de cette religion font de nouveaux progrès. Le saccagement de Rome, & la captivité du pape enhardissaient les lutheriens.

La messe est abolie à Strasbourg juridiquement après une dispute publique. Ulm, Augsbourg, beaucoup d'autres villes impériales se déclarent lutheriennes. Le conseil de Berne fait plaider devant lui la cause du catholicisme & celle des sacramentaires, disciples de Zuingle. Ces sectaires differaient des lutheriens principalement au sujet de l'eucaristie: les zuingliens disant que Dieu n'est dans le pain que par la foi, & les lutheriens affirmant que Dieu était avec le pain dans le pain & sur le pain : mais tous s'acordant à croire que le pain éxiste. Génève Constance suivent l'exemple de Bern. Ces zuingliens sont les peres des calvinistes. Des peuples qui n'avaient qu'un bon sens simple & austére, les bohémes les allemands les suisses sont ceux qui ont ravi la moitié de l'Europe au siege de Rome.

Les anabatistes renouvellent leurs fureurs au

nom du seigneur depuis le palatinat jusqu'à Wurtzbourg ; l'électeur Palatin aidé des généraux Truchses & Fronsberg les dissipe.

1528.

Les anabatistes reparaissent dans Utrecht, & ils font cause que l'évêque de cette ville, qui en était seigneur, la vend à Charlequint, de peur que le duc de Gueldres ne s'en rende le maître.

Ce duc toujours protegé en secret par la France résistait à Charlequint, à qui rien n'avait résisté ailleurs. Charles s'acomode enfin avec lui à condition que le duché de Gueldres & le comté de Zutphen reviendront à la maison d'Autriche si le duc meurt sans enfans mâles.

Les querelles de la relligion semblaient exiger la présence de Charles en Allemagne, & la guerre l'appellait en Italie.

Deux hérauts Guienne & Clarance, l'un de la part de la France, l'autre de l'Angleterre, viennent lui déclarer la guerre à Madrid. François I. n'avait pas besoin de la déclarer, puis qu'il la faisait deja dans le Milanais, & Henri VIII. encor moins, puis qu'il ne la lui fit point

C'est une bien vaine idée de penser, que les princes n'agissent & ne parlent qu'en politiques. Ils agissent & parlent en hommes. L'empereur reprocha aigrement au roi d'Angleterre le divorce que ce roi méditait avec Catherine d'Arragon,

dont

dont Charles était le neveu. Il chargea le hérault Clarence de dire, que le cardinal Volsei pour se vanger de n'avoir pas été pape avait conseillé ce divorce & la guerre.

Quant à François I. il lui reprocha d'avoir manqué à sa parole, & dit qu'il le lui soutiendrait seul à seul. Il était très vrai que François I. avait manqué à sa parole; il n'est pas moins vrai, qu'elle était très difficile à tenir.

François I. lui répondit ces propres mots, *vous avez menti par la gorge, & autant de fois que le direz, vous mentirez:* &c. *Assurez nous le camp, & nous vous porterons les armes.*

L'empereur envoie un hérault au roi de France, chargé de signifier le lieu du combat. Le roi dans le plus grand appareil le reçoit le 10. septembre. Le hérault voulut parler avant de montrer la lettre de son maître qui assurait le camp. Le roi lui impose silence, & veut voir seulement la lettre; elle ne fut point montrée. Deux grands rois s'en tinrent à se donner des démentis par des héraults d'armes. Il y a dans ces procédés un air de chevalerie & de ridicule, bien éloigné de nos mœurs.

Pendant toutes ces rodomontades, Charlequint perdait tout le fruit de la bataille de Pavie, de la prise du roi, & de celle du pape. Il allait même perdre le roiaume de Naples. Lautrec avait
déja

déja pris toute l'Abbruze. Les venitiens s'étaient emparés de plufieurs villes maritimes du roiaume. Le célébre André Doria qui alors fervait la France, avait avec les galéres de Gênes battu la flotte impériale. L'empereur qui fix mois auparavant était maître de l'Italie, allait en être chaffé : mais il fallait que les français perdiffent toujours en Italie ce qu'ils avaient gagné.

La contagion fe met dans leur armée. Lautrec meurt. Le roiaume de Naples eft évacué. Henri duc de Brunfwick avec une nouvelle armée vient défendre le milanais contre les français, & contre Sforze.

Doria qui avait tant contribué aux fuccès de la France, mécontent de François I. & craignant même d'être arrêté, l'abandonne & paffe au fervice de l'empereur avec fes galéres.

La guerre fe continue dans le milanais. Le pape Clément VII. en attendant l'événement, négocie. Ce n'eft plus le tems d'excommunier un empereur, de transférer fon fceptre dans d'autres mains par l'ordre de Dieu. On en eût agi ainfi autrefois pour le feul refus de mener la mule du pape par la bride; mais le pape après fa prifon après le faccagement de Rome, inéfficacement fecouru par les français, craignant les venitiens même, fes alliés, voulant établir fa maifon à Florence, voiant enfin la Suéde le Dannemarck la moitié

de

de l'Allemagne rénoncer à l'églife romaine, le pape dis-je en ces extrémités ménageait & rédoutait Charlequint au point que loin d'ofer caffer le mariage de Henri VIII. avec Catherine tante de Charles, il était prêt d'excommunier cet Henri VIII. fon allié dès que Charles l'éxigerait.

1529.

Le roi d'Angleterre livré à fes paffions ne fonge plus qu'à fe féparer de fa femme Catherine d'Arragon femme vertueufe dont il a une fille depuis tant d'années, & à époufer fa maîtreffe Anne de Bolein, ou Bollen.

François I. laiffe toujours fes deux enfans prifonniers auprès de Charlequint en Efpagne, & lui fait la guerre dans le milanais. Le duc François Sforze eft toujours ligué avec ce roi, & demande grace à l'empereur, voulant avoir fon duché par les mains du plus fort & craignant de le perdre par l'un ou par l'autre. Les catholiques & les proteftans déchirent l'Allemagne. Le fultan Soliman fe prépare à l'attaquer. Et Charlequint eft à Valladolid.

Le vieil Antoine de Leve l'un de fes plus grands généraux à l'age de foixante & treize ans, malade de la goutte & porté fur un brancard, défait les français dans le milanais aux environs de Pavie. Ce qui en refte fe diffipe, & ils difparaissent de cette terre qui leur a été si funeste.

Le pape négociait toujours, & avait heureusement conclu son traité avant que les français reçussent ce dernier coup. L'empereur traita genereusement le pape, premierement pour réparer aux yeux des catholiques dont il avait besoin le scandale de Rome saccagée; secondement pour engager le pontife à opposer les armes de la réligion à l'autre scandale qu'on allait donner à Londres en cassant le mariage de sa tante, & en déclarant bâtarde sa cousine Marie, cette même Marie qu'il avait dû épouser; troisiémement parce que les français n'étaient pas encor exterminés d'Italie quand le traité fut conclu.

L'empereur accorde donc à Clément VII. Ravenne, Cervia, Modène, Regio, le laisse en liberté de poursuivre ses prétensions sur Ferrare, lui promet de donner la Toscane à Alexandre de Medicis. Ce traité si avantageux pour le pape est ratifié à Barcelone.

Immédiatement après il s'accommode aussi avec François I. il en coute deux millions d'écus d'or à ce roi pour racheter ses enfans, & cinq-cent mille écus que François doit encor payer à Henri VIII. pour le dédit auquel Charlequint s'était soumis en n'épousant pas sa cousine Marie.

Ce n'était certainement pas à François I. à payer

les dédits de Charlequint; mais il était vaincu; il fallait racheter ses enfans. Deux millions cinq-cent-mille écus d'or apauvrissaient à la vérité la France, mais ne valaient pas la Bourgogne que le roi gardait. D'ailleurs on s'acomoda avec le roi d'Angleterre qui n'eut jamais l'argent du dédit.

Alors la France apauvrie ne parait point à craindre; l'Italie attend les ordres de l'empereur; les vénitiens temporisent, l'Allemagne craint les turcs, & dispute sur la relligion.

Ferdinand assemble la diette de Spire, où les luthériens prennent le nom de protestans parce que la Saxe, la Hesse, le Lunébourg, Anhalt, quatorze villes impériales, protestent contre l'édit de Ferdinand & appellent au futur concile.

Ferdinand laisse croire & faire aux protestans tout ce qu'ils veulent. Il le fallait bien. Soliman qui n'avait point de disputes de relligion à appaiser, voulait toujours donner la couronne de Hongrie à ce Jean Zapoli Vaivode de Transilvanie concurrent de Ferdinand, & ce roiaume devait être tributaire des turcs.

Soliman subjugue toute la Hongrie, pénètre dans l'Autriche, emporte Altembourg d'assaut, met le siége devant Vienne le 26. septembre. Mais Vienne est toujours l'écueil des turcs. C'est le fort de la maison de Bavière de déffendre dans ces

H périls

périls la maison d'Autriche. Vienne fut déffendue par Philippe le belliqueux frere de l'électeur Palatin dernier électeur de la premiere branche palatine. Soliman au bout de trente jours leve le siége. Mais il donne l'investiture de la Hongrie à Jean Zapoli, & reste maître de la Hongrie.

Enfin Charles quittait alors l'Espagne & était arrivé à Gênes qui n'est plus aux français & qui attend son sort de lui. Il déclare Gênes libre, & fief de l'Empire; il va en triomphe de ville en ville pendant que les turcs assiégeaient Vienne. Le pape Clément VII. l'attend à Boulogne. Charles vient d'abord recevoir à genoux la bénédiction de celui qu'il avait retenu captif, & dont il avait désolé l'état. Après avoir été aux pieds du pape en catholique, il reçoit en empereur François Sforze qui vient se mettre aux siens, & lui demander pardon. Il lui donne l'investiture du Milanez pour cent mille ducats d'or comptant, & cinq cent mille païables en dix années; il lui fait épouser sa nièce fille du Tiran Christiern. Ensuite il se fait couronner dans Boulogne par le pape. Il reçoit de lui trois couronnes, celle d'Allemagne, celle de Lonbardie, & l'impériale à l'exemple de Fréderic III. Le pape en lui donnant le sceptre, lui dit : *empereur notre fils, prenez ce sceptre pour regner sur les peuples de l'Empire, auxquels nous & les électeurs nous vous avons jugé digne de commander.* Il lui dit en lui donnant le globe ; *ce globe représente le monde que vous devez gouverner avec vertu, rellligion, & fermeté.* La cérémonie du globe rappellait l'image de l'ancien Empire romain maître de la meilleure partie du monde connu, & convenait en quelque forte à Charlequint souverain de l'Espagne, de l'Italie, de l'Allemagne & de l'Amerique.

Charles baise les pieds du pape pendant la messe, mais il n'y eut point de mule à conduire. L'empereur & le pape mangent dans la même sale, chacun seul à sa table.

Il promet sa bâtarde Marguerite, à Alexandre de Médicis neveu du pape avec la Toscane pour dot.

Par ces arrangemens, & par ces concessions, il est évident que Charlequint n'aspirait point à être roi du continent chrétien comme le fut Charlemagne: il aspirait à en être le principal personnage, à y avoir la premiere influence, à retenir le droit de suzeraineté sur l'Italie. S'il eût voulu tout avoir pour lui seul, il aurait épuisé son roiaume d'Espagne d'hommes & d'argent pour venir s'établir dans Rome, & gouverner la Lonbardie comme une de ses provinces. Il ne le fit pas; car voulant trop avoir pour lui, il aurait eu trop à craindre.

1530.

Les toscans voiant leur liberté sacrifiée à l'union de l'empereur & du pape, ont le courage de la défendre contre l'un & l'autre. Mais leur courage est inutile contre la force. Florence assiégée se rend à composition.

Alexandre de Médicis est reconnu souverain & il se reconnait vassal de l'Empire.

Charlequint dispose des principautés en juge & en maître; il rend Modène & Regio au duc de Ferrare, malgré les priéres du pape. Il érige Mantoue en duché. C'est dans ce tems qu'il donne Malthe aux chevaliers de st. Jean qui avaient perdu Rhodes. La donation est du 24. mars. Il leur fit ce présent comme roi d'Espagne, & non comme empereur. Il se vangeait autant qu'il le pouvait des turcs en leur opposant ce boulevard, qu'ils n'ont jamais pû détruire.

Après avoir ainsi donné des états, il va essaier de donner la paix à l'Allemagne ; mais les querelles de relligion furent plus difficiles à concilier que les intérêts des princes.

Confession d'Augsbourg, qui a servi de regle aux protestans, & de ralliment à leur parti. Cette diette d'Augsbourg commence le 20. juin. Les protestans présentent leur confession de foi en latin & en allemand le 26.

Strasbourg, Memmingen, Lindau, & Constance présentent la leur séparément, & on la nomme *la confession des quatre villes*. Elles étaient luthériennes comme les autres, & différaient seulement en quelques points.

Zuingle envoie aussi sa confession, quoique ni lui, ni le canton de Berne ne fussent ni lutheriens ni impériaux.

On dispute beaucoup. L'empereur donne un décrèt le 22. septembre, par lequel il enjoint aux protestans de ne plus rien innover, de laisser une pleine liberté dans leurs états à la relligion catholique, & de se préparer à présenter leurs griefs au concile qu'il compte convoquer dans six mois.

Les quatre villes s'allient avec les trois cantons Berne, Zuric, & Bâle qui doivent leur fournir des troupes en cas qu'on veuille gêner leur liberté.

La diette fait le procez au grand maître de l'ordre teutonique Albert de Brandebourg, qui devenu luthérien, comme on l'a vû, s'était emparé de la Pruffe Ducale, & en avait chaffé les chevaliers catholiques. Il eft mis au ban de l'Empire, & n'en garde pas moins la Pruffe.

La diette fixe la chambre impériale dans la ville de Spire. C'eft par là qu'elle finit; & l'empereur en indique une autre à Cologne pour y faire élire fon frere Ferdinand roi de romains.

Ferdinand eft élu le 5. janvier par tous les électeurs, excepté par celui de Saxe, Jean le *conftant*, qui s'y oppofe inutilement.

Alors les princes proteftans & les députés des villes luthériennes s'uniffent dans Smalcalde ville du païs de Heffe. La ligue eft fignée au mois de mars pour leur défenfe commune. Le zéle pour leur réllhigion, & la crainte de voir l'Empire électif, devenir une monarchie héréditaire, furent les motifs de cette ligue entre Jean duc de Saxe, Philippe Landgrave de Heffe, le duc de Virtemberg, le prince d'Anhalt, le comte de Mansfeld, & les villes de leur communion.

1531.

François I. qui faifait brûler les luthériens chez lui, promet du fecours à ceux d'Allemagne. L'empereur alors négocie avec eux. On ne pourfuit que les anabatiftes, qui s'étaient établis dans la Moravie. Leur nouvel apôtre Hutter qui allait faire partout des profélites, est pris dans le Tirol, & brulé dans Infpruck.

Ce Hutter ne prêchait point la fédition & le carnage, comme la plûpart de fes prédéceffeurs. C'était un homme entêté de la fimplicité des premiers tems; il ne voulait pas-même que fes difciples portaffent des armes. Il prêchait la reforme & l'égalité, & c'eft pourquoi il fut brulé.

Philippe Landgrave de Heffe prince qui méritait plus de puiffance & plus de fortune, entreprend le premier de réunir les fectes féparées de la communion romaine; projet qu'on a tenté depuis inutilement, & qui eût pu épargner beaucoup de fang à l'Europe. Martin Bucer fut chargé au nom des facramentaires de fe concilier avec les luthériens. Mais Luther & Melancton furent infléxibles, & montrèrent en cela bien plus d'opiniâtreté que de politique.

Les princes & les villes avaient deux objets: leur réligion, & la réduction de la puiffance impériale dans des bornes étroites; fans ce dernier article il n'y eut point eu de guerre civile. Les proteftans s'obftinaient à ne vouloir point reconnaitre Ferdinand pour roi des romains.

1532.

L'empereur inquiété par les proteftans & menacé par les turcs, étouffe pour quelque tems les troubles naiffants en accordant dans la diéte de Nuremberg au mois de juin, tout ce que les proteftans demandent, abolition de toutes procédures contre eux, liberté entière jufqu'à la tenuë d'un concile; il laiffe même le droit de Ferdinand fon frere indécis. On

On ne pouvait se relâcher d'avantage. C'était aux turcs que les luthériens devaient cette indulgence.

La condescendance de Charles anima les protestans à faire au de-là de leur devoir. Ils lui fournissent une armée contre Soliman, ils donnent cent-cinquante-mille florins par de-là les subsides ordinaires. Le pape de son côté fait un effort, il fournit six-mille hommes & quatre-cent-mille écus. Charles fait venir des troupes de Flandres & de Naples. On voit une armée composée de plus de cent-mille hommes, de nations différentes dans leurs mœurs, dans leur langage, dans leur culte, animées du même esprit marcher contre l'ennemi commun. Le comte Palatin Philippe détruit un corps de turcs qui s'était avancé jusqu'à Grats en Stirie. On coupe les vivres à la grande armée de Soliman qui est obligé de retourner à Constantinople. Soliman malgré sa grande réputation parut avoir mal conduit cette campagne. Il fit à la vérité beaucoup de mal, il emmena près de deux-cent mille esclaves. Mais c'était faire la guerre en tartare, & non en grand capitaine.

L'empereur & son frère après le départ des turcs congédient leur armée. La plus grande partie était auxiliaire & seulement pour le danger présent. Il ne resta que peu de troupes sous le drapeau. Tout se faisait alors par secousses; point de fonds assurés pour entretenir longtems de grandes forces, peu de desseins longtems suivis. Tout consistait à profiter du moment. Charlequint alors fit la guerre, qu'on faisait pour lui depuis si longtemps, car il n'avait jusques là vû que le siège de la petite ville de Mouzon en 1521. & n'ayant eu depuis que du bonheur, il voulut y joindre la gloire.

1533.

Il retourne en Espagne par l'Italie, laissant au roi des romains son frere le soin de contenir les protestans.

A peine est-il en Espagne que sa tante Catherine d'Arragon est répudiée par le roi d'Angleterre, & son mariage déclaré nul par l'archevêque de Cantorberi Crammer. Clément VII. ne peut se dispenser d'excommunier Henri VIII.

Le Milanais tenait toujours au cœur de François I. ce prince voiant que Charles est paisible, qu'il n'a presque plus de troupes dans la Lombardie, que François Sforze duc de Milan est sans enfans, essaie de le détacher de l'empereur. Il lui envoie un ministre secret milanais de nation nommé Maraviglia avec ordre de ne point prendre de caractère quoiqu'il ait des lettres de créance.

Le sujet de la commission de cet homme est pénétré. Sforze pour se disculper auprès de l'empereur suscite une querelle à Maraviglia. Un homme est tué dans le tumulte, & Sforze fait trancher la tête au ministre du roi de France qui ne peut s'en vanger.

Tout ce qu'il peut faire, c'est d'aider en secret le duc de Virtemberg Ulric à rentrer dans son duché & à secouer le joug de la maison d'Autriche. Ce prince protestant attendait son rétablissement de la ligue de Smalcalde & du secours de la France.

Les

Les princes de la ligue eurent assez d'autorité pour faire décider dans une diéte à Nuremberg que Ferdinand roi des romains rendrait le duché de Virtemberg dont il s'était emparé. La diéte en cela se conformait aux loix Le duc avait un fils qui au moins ne devait point être puni des fautes de son pere; Ulric n'avait point été coupable de trahison envers l'empire, & par conséquent ses états ne devaient point être enlevés à sa postérité.

Ferdinand promit de se conformer au recès de l'Empire & n en fit rien. Philippe Landgrave de Hesse surnommé alors à bon droit *le magnanime* prend les interêts du duc de Virtemberg, il va en France emprunter du roi cent-mille écus d'or, léve une armée de quinze-mille hommes & rend le Virtemberg à son prince.

Ferdinand y envoie des troupes commandées par ce même comte Palatin Philippe *le belliqueux* vainqueur des turcs.

1534.

Philippe de Hesse, le *magnanime* bat Philippe le *belliqueux*. Alors le roi des romains entre en composition.

Le duc Ulric fut rétabli, mais le duché de Virtemberg fut déclaré fief masculin de l'archi-duché d'Autriche, & comme tel il doit retourner au défaut d'héritiers mâles à la maison archiducale.

C'est dans cette année que Henri VIII. se soustrait à la communion romaine & se déclare chef de l'église anglicane. Cette révolution se fit sans le moindre trouble. Il n'en était pas de même

H 5

en Allemagne. La réligion y faisait répandre du sang dans la Westphalie.

Les sacramentaires sont d'abord les plus forts à Munster & en chassent l'évêque Valdec; les anabatistes succèdent aux sacramentaires & s'emparent de la ville. Cette secte s'étendait alors dans la Frise & dans la Hollande. Un tailleur de Leide nommé Jean va au secours de ses freres avec une troupe de prophétes & d'assassins, il se fait proclamer roi & couronner solemnellement à Munster le 24. juin.

L'évêque Valdec assiége la ville, aidé des troupes de Cologne & de Cleve : les anabatistes le comparent à Holoferne & se croient le peuple de Dieu. Une femme veut imiter Judith & sort de la ville dans la même intention, mais au lieu de rentrer dans sa Bethulie avec la tête de l'évêque, elle est penduë dans le camp.

1535.

Charles en Espagne se mélait peu alors des affaires du corps germanique qui n'était pour lui qu'une source continuelle d'inquiétude sans aucun avantage, il cherche la gloire d'un autre coté. Trop peu fort en Allemagne pour aller porter la guerre à Soliman, il veut se vanger des turcs sur le fameux amiral Cheredin qui venait de s'emparer de Tunis & d'en chasser le roi Mulciassem. L'africuain détroné était venu lui proposer de se rendre son tributaire. Il passe en Afrique au mois d'avril avec environ vingt-cinq-mille hommes, deux-cent vaisseaux de transport cent-onze galéres. Le pape Paul III. lui avait accordé le dixiéme

xiéme des revenus ecclésiastiques dans tous les états de la maison d'Autriche, & c'était beaucoup. Il avait joint neuf galéres à la flotte espagnole. Charles en personne va combattre l'armée de Cheredin, très superieure à la sienne en nombre, mais mal disciplinée.

Plusieurs historiens raportent que Charles avant la bataille dit à ses généraux : *les nefles meurissent avec la paille, mais la paille de notre lenteur fait pourrir & non pas meurir les nefles de la valeur de nos soldats.* Les princes ne s'expriment point ainsi. Il faut les faire parler dignement, ou plutôt il ne faut jamais leur faire dire ce qu'ils n'ont point dit. Presque toutes les harangues sont des fictions mêlées à l'histoire.

Charles remporte une victoire complete, & rétablit Muleiassem qui lui cede la Goulette avec dix milles d'étenduë à la ronde, & se déclare lui & ses successeurs vassal des rois d'Espagne, se soumettant à païer un tribut de vingt-mille écus tous les ans.

Charles retourne vainqueur en Sicile & à Naples menant avec lui tous les esclaves chrétiens, qu'il a délivrés. Il leur donne à tous liberalement dequoi retourner dans leur patrie. Ce furent autant de bouches qui publierent partout ses louanges, jamais il ne jouit d'un si beau triomphe.

Dans ce haut dégré de gloire aïant repoussé Soliman, donné un roi à Tunis, réduit François I. à n'oser paraitre en Italie, il presse Paul III. d'assembler un concile. Les plaies faites à l'église romaine augmentaient tous les jours.

Calvin commençait à dominer dans Genève; la secte à laquelle il eut le crédit de donner son nom, se répandait en France, & il était à craindre pour l'église romaine qu'il ne lui restât que les états de la maison d'Autriche & la Pologne.

Cependant le duc de Milan François Sforze meurt sans enfans. Charlequint s'empare du duché comme d'un fief qui lui est dévolu. Sa puissance, ses richesses en augmentent, ses volontés sont des loix dans toute l'Italie, il y est bien plus maître qu'en Allemagne.

Il célèbre dans Naples le mariage de sa fille naturelle Marguerite avec Alexandre de Médicis, le crée duc de Toscane; ces cerémonies se font au milieu des plus brillantes fêtes qui augmentent encor l'affection des peuples.

1536.

François I. ne perd point de vuë le Milanez, ce tombeau des français. Il en demande l'investiture au moins pour son second fils Henri. L'empereur ne donne que des paroles vagues. Il pouvait refuser nettement.

La maison de Savoie longtems attachée à la maison de France ne l'était plus, tout était à l'empereur: il n'y a point de prince dans l'Europe qui n'ait des prétentions à la charge de ses voisins; le roi de France en avait sur le comté de Nice & sur le marquisat de Salusse. Le roi y envoie une armée qui s'empare de presque tous les états du duc de Savoie dès qu'elle se montre; ils n'étaient pas alors ce qu'ils sont aujourd'hui.

Le vrai moien pour avoir & pour garder le Milalanais eût été de garder le Piémont, de le fortifier. La France maîtresse des Alpes l'eut été tôt ou tard de la Lonbardie.

Le duc de Savoie va à Naples implorer la protection de l'empereur. Ce prince si puissant n'avait point alors une grande armée en Italie. Ce n'était alors l'usage d'en avoir que pour le besoin présent; mais il met d'abord les venitiens dans son parti; il y met jusqu'aux suisses, qui rappellent leurs troupes de l'armée françaife; il augmente bientôt ses forces, il va à Rome en grand appareil. Il y entre en triomphe, mais non pas en maître, ainsi qu'il eut pû y entrer auparavant. Il va au consistoire, & y prend place sur un siége plus bas que celui du st. pere. On est étonné d'y entendre un empereur romain victorieux plaider sa cause devant le pape; il y prononce une harangue contre François I. comme Ciceron en prononçait contre Antoine. Mais ce que Ciceron ne faisait pas, il propose de se battre en duel avec le roi de France. Il y avait dans tout cela un mélange des mœurs de l'antiquité avec l'esprit romanesque. Après avoir parlé du duel il parle du concile.

Le pape Paul III. publie la bulle de convocation.

Le roi de France avait envoié assez de troupes pour s'emparer des états du duc de Savoye, alors presque sans défense; mais non assez pour résister à l'armée formidable que l'empereur eut bientôt & qu'il conduisait avec une foule de grands hommes formés par des victoires en Italie, en Hongrie, en Flandres, en Afrique.

Charles reprend tout le Piémont excepté Turin. Il entre en Provence avec une armée de cinquante-mille hommes. Une flotte de cent-quarante vaiffaux commandée par Doria borde les côtes. Toute la Provence excepté Marfeille eft conquife & ravagée, il pouvait alors faire valoir les anciens droits de l'Empire fur la Provence, fur le Dauphiné, fur l'ancien roiaume d'Arles. Il preffe la France à l'autre bout en Picardie par une armée d'allemands qui fous le comte de Reux prend Guife & s'avance encor plus loin.

François I. au milieu de ces défaftres perd fon Dauphin *François* qui meurt à Lion d'une pleurefie. Vingt auteurs prétendent que l'empereur le fit empoifonner. Il n'y a guères de calomnie plus abfurde & plus méprifable. L'empereur craignait-il ce jeune prince qui n'avait jamais combattu ? que gagnait-il à fa mort ? quel crime bas & honteux avait-il commis, qui pût le faire foupçonner ? on prétend qu'on trouva des poifons dans la caffette de Montecuculi domeftique du Dauphin, venu en France avec Catherine de Medicis.

Montecuculi fut écartelé parce qu'on avait trouvé chez lui des poifons, & que le Dauphin était mort. On lui demanda à la queftion s'il avait jamais entretenu l'empereur. Il répondit que lui aïant été préfenté une fois par Antoine de Leve, ce prince lui avait demandé quel ordre le roi de France tenait dans fes repas. Etait-ce là une raifon pour foupçonner Charlequint d'un crime fi abominable & fi inutile ?

L'invafion de la Provence eft funefte aux français, fans être fructueufe pour l'empereur : il ne
peut

peut prendre Marseille. Les maladies détruisent une partie de son armée. Il s'en retourne à Gênes sur sa flotte. Son autre armée est obligée d'evacuer la Picardie. La France toujours prête d'être accablée résiste toujours. Les mêmes causes qui avaient fait perdre le roiaume de Naples à François I. font perdre la Provence à Charlequint. Des entreprises lointaines reussissent rarement.

L'empereur retourne en Espagne laissant l'Italie soumise, la France affaiblie, & l'Allemagne toujours dans le trouble.

Les anabatistes continuent leurs ravages dans la Frise, dans la Hollande, dans la Westphalie. Cela s'appellait *combattre les combats du Seigneur*. Ils vont au secours de leur prophéte roi Jean de Leide; ils sont défaits par George Schenk gouverneur de Frise. La ville de Munster est prise. Jean de Leide & ses principaux complices sont promenés dans une cage. On les brule après les avoir déchirés avec des tenailles ardentes. Le parti des luthériens se fortifie, les animosités s'augmentent, la ligue de Schmalcalde ne produit point encor de guerre civile.

1537.

Charles en Espagne n'est pas tranquile, il faut soutenir cette guerre légérement commencée par François I. & que ce prince rejettait sur l'empereur.

Le parlement de Paris fait ajourner l'empereur, le déclare vassal rébelle, & privé des comtés de Flandre, d'Artois & de Charolois. Cet arrêt eut été bon après avoir conquis ces provinces. Les troupes impériales malgré cet arrêt avancent en Picardie. François I. va en personne assiéger Hesdin dans l'Artois, mais il est repris; on donne des petits combats dont le succès est indécis.

François I. voulait frapper un plus grand coup. Il hazardait la chrétienté pour se vanger de l'empereur. Il s'était engagé avec Soliman à descendre dans le Milanais avec une grande armée, tandis que les turcs tomberaient sur le roiaume de Naples & sur l'Autriche.

Soliman tint sa parole, mais François I. ne fut pas assez fort pour tenir la sienne. Le fameux capitan Pacha Cheredin descend avec une partie de ses galéres dans la Pouille, l'autre aborde vers Otrante: il ravage ces païs, & fait seize-mille esclaves chrétiens. Ce Cheredin vice-roi d'Alger est le même que les auteurs nomment *Barberousse*. Ce sobriquet avait été donné à son frere conquérant d'une partie des côtes de la Barbarie, mort en 1519.

Soliman s'avance en Hongrie. Le roi des romains Ferdinand marche au devant des turcs entre Bude & Belgrade. Une sanglante bataille se donne, dans laquelle Ferdinand prend la fuite après avoir perdu vingt-quatre-mille hommes. On croirait l'Italie & l'Autriche au pouvoir des Ottomans, & François I. maître de la Lonbardie; mais non. Barberousse qui ne voit point venir François I. dans le Milanais s'en retourne à Constantinople, avec son butin & ses esclaves. L'Autriche est mise en sureté. L'empereur avait retiré ses troupes de l'Artois & de la Picardie. Ses deux sœurs l'une Marie de Hongrie gouvernante des Païs-bas,

l'aul'autre Eléonore de Portugal femme de François I. aïant ménagé une trêve sur ces frontières, l'empereur avait consenti à cette trêve pour avoir de nouvelles troupes à opposer aux turcs, & François I. afin de pouvoir passer en liberté en Italie.

Déja le Dauphin Henri était dans le Piémont, les français étaient les maîtres de presque toutes les villes; le marquis del Vasto que les français appellent Duguast défendait le reste. Alors on conclut une trêve de quelques mois dans ces païs. C'était ne pas faire la guerre sérieusement, après de si grands & de si dangereux projets. Celui qui perdit le plus à cette paix & à cette trêve fut le duc de Savoie dépouillé par ses ennemis & par ses amis, car les impériaux & les français retinrent presque toutes ses places.

1538.

La trêve se prolonge pour dix années entre Charlequint & François I. & aux dépens du duc de Savoie.

Soliman mécontent de son allié ne poursuit point sa victoire. Tout se fait à demi dans cette guerre.

Charles aïant passé en Italie pour conclure la trêve, marie sa bâtarde Marguerite veuve d'Alexandre de Médicis à Octavio Farnese, petit-fils d'un bâtard de Paul III. duc de Parme de Plaisance & de Castro. Ces duchés étaient un ancien héritage de la comtesse Mathilde, elle les avait donnés à l'église & non pas aux bâtards des papes. On a vû qu'ils avaient été anexés depuis au duché de Milan. Le pape Jules II. les incorpora

pora à l'état eccléfiaftique, Paul III. les en détacha & en revêtit fon fils. L'empereur en prétendait bien la fuzeraineté, mais il aima mieux favorifer le pape que de fe brouiller avec lui.

Après toutes ces grandes levées de bouclier François I. qui était fur les frontières du Piémont, s'en retourne. Charlequint fait voile pour l'Efpagne, & voit François I. à Aiguemortes avec la même familiarité que fi ce prince n'eût été jamais fon prifonnier, qu'ils ne fe fuffent jamais donnés de démentis, point appellés en duel, que le roi de France n'eut point fait venir les turcs, & qu'il n'eut point fouffert que Charlequint eut été traité d'empoifonneur.

1539.

Charlequint aprend en Efpagne que la ville de Gand lieu de fa naiffance foutient fes priviléges jufqu'à la révolte. Chaque ville des Païs-Bas avait des droits; on n'a jamais rien tiré de ce floriffant païs par des impofitions arbitraires: les états fourniffaient aux fouverains des dons gratuits dans le befoin: & la ville de Gand avait de tems immemorial la prérogative d'impofer elle-même fa contribution. Les états de Flandres aïant accordé douze-cent mille florins, à la gouvernante des Païs-Bas, en répartirent quatre-cent-mille fur les gantois; il s'y oppoférent, ils montrérent leurs priviléges. La gouvernante fait arrêter les principaux bourgeois. La ville fe fouléve, prend les armes; c'était une des plus riches & des plus grandes de l'Europe: elle veut fe donner au roi de France comme à fon feigneur Suzerain, mais le roi qui fe flattait toujours de l'efpérance d'obtenir

tenir de l'empereur l'inveſtiture du Milanais pour un de ſes fils, ſe fait un mérite auprès de lui de refuſer les gantois. Qu'arriva-t-il ? François I. n'eut ni Gand, ni Milan.

L'empereur prend alors le parti de demander paſſage par la France pour aller punir la révolte de Gand. Le Dauphin & le duc d'Orléans vont le recevoir à Bayonne. François I. va au-devant de lui à Chatelleraut. Il entre dans Paris le 1. janvier; le parlement & tous les corps viennent le complimenter hors de la ville : on lui porte les clefs, les priſonniers ſont délivrés en ſon nom, il préſide au parlement & il fait un chevalier. On avait trouvé mauvais, dit-on, cet acte d'autorité dans Sigiſmond ; on le trouva bon dans Charlequint. Créer un chevalier alors c'était ſeulement déclarer un homme noble, ou ajouter à ſa nobleſſe un titre honorable & inutile.

La chevalerie avait été en grand honneur dans l'Europe. Mais elle n'avait jamais été qu'un nom qu'on avait donné inſenſiblement aux ſeigneurs de fief diſtinguez par les armes. Peu à peu ces ſeigneurs de fief avaient fait de la chevalerie une eſpece d'ordre imaginaire compoſé de ceremonies relligieuſes de vertu & de débauche. Mais jamais ce titre de chevalier n'entra dans la conſtitution d'aucun état. On ne connut jamais que les loix féodales. Un ſeigneur de fief reçu chevalier pouvait être plus conſideré qu'un autre dans quelques chateaux, mais ce n'était pas comme chevalier qu'il entrait aux diettes de l'Empire, aux états de France, aux *las cortes* d'Eſpagne, au parlement d'Angleterre ; c'était comme baron, comte, marquis ou duc. Les feigneurs Bannerets dans les armées avaient été appellés chevaliers ; mais ce n'était pas en qualité de chevaliers qu'ils avaient des bannieres ; de même qu'ils n'avaient point de chateaux & des terres, en qualité de preux: mais on les appellait *preux* parce qu'ils étaient fuppofés faire des prouefles.

En général ce qu'on a appellé la chevalerie apartient beaucoup plus au roman qu'à l'hiftoire. Et ce n'était gueres qu'une mommerie honorable. Charlequint n'aurait pas pû créer en France un bailli de village parce que c'est un emploi réel. Il donna le vain titre de chevalier & l'effet le plus réel de cette ceremonie fut de déclarer noble un homme qui ne l'était pas. Cette noblefle ne fut reconnuë en France que par courtoifie, par refpect pour l'empereur. Mais ce qui eft de la plus grande vraifemblance, c'eft que Charlequint voulut faire croire que les empereurs avaient ce droit dans tous les états. Sigifmond avait fait un chevalier en France, Charles voulut en faire un auffi. On ne pouvait refufer cette prérogative à un empereur à qui on donnait celle de délivrer les prifonniers.

Ceux qui ont imaginé qu'on délibera fi on retiendrait Charles prifonnier, l'ont dit fans aucune preuve. François I. fe ferait couvert d'opprobre s'il eut retenu par une baffe perfidie celui dont il avait été le captif par le fort des armes. Il y a des crimes d'état que l'ufage autorife. Il y en a d'autres que l'ufage, & furtout la chevalerie de ces tems-là n'autorifait pas. On tient que le roi lui fit feulement promettre de donner le Milanais

au

au duc d'Orléans frere du Dauphin Henri, & qu'il se contenta d'une parole vague; il se piqua dans cette occasion d'avoir plus de générosité que de politique.

Charles entre dans Gand avec deux mille cavaliers & six mille fantassins qu'il avait fait venir. Les gantois pouvaient mettre quatre-vingt-mille hommes en armes & ne se déffendirent pas.

1540.

Le 12. mai on fait pendre vingt quatre bourgeois de Gand, on ôte à la ville ses priviléges, on jette les fondements d'une citadelle, & les citoiens sont condamnez à païer trois-cent mille ducats pour la rebâtir, & neuf mille par an, pour l'entretien de la garnison. Jamais on ne fit mieux valoir la loi du plus fort. La ville de Gand avait été impunie quand elle versa le sang des ministres de Marie de Bourgogne aux yeux de cette princesse. Elle fut accablée quand elle voulut soutenir de véritables droits.

François I. envoie à Bruxelles sa femme Eléonore solliciter l'investiture du Milanais, & pour la faciliter non seulement il renonce à l'alliance des turcs, mais il fait une ligue offensive contre eux avec le pape. Le dessein de l'empereur était de lui faire perdre son allié & de ne lui point donner le Milanais.

En Allemagne la relligion luthérienne & la ligue de Smalkalde prennent de nouvelles forces par la mort de George de Saxe puissant prince souverain de la Misnie & de la Thuringe. C'était un catholique trés-zelé & son frere Henri qui continua

tinua fa branche était un luthérien déterminé. George par fon teftament déshérite fon frére & fes neveux en cas qu'ils ne retournent point à la relligion de leurs peres & donne fes états à la maifon d'Autriche. C'était un cas tout nouveau. Il n'y avait point de loi dans l'empire qui privât un prince de fes états pour caufe de relligion. L'électeur de Saxe Jean Fréderic, & le magnanime land-grave de Heffe gendre de George, confervent la fucceffion à l'héritier naturel en lui fourniffant des troupes contre fes fujets catholiques. Luther vient les prêcher, & tout le païs eft bientôt auffi luthérien que la Saxe & la Heffe.

Le luthéranifme fe fignale en permettant la poligamie. La femme du land-grave fille de George indulgente pour fon mari, à qui elle ne pouvait plaire, lui permit d'en avoir une feconde. Le land-grave amoureux de Marguerite de Saal, fille d'un gentil-homme de Saxe, demande à Luther, à Melancton & à Bucer, s'il peut en confcience avoir deux femmes, & fi la loi de la nature peut s'accorder avec la loi chrétienne. Les trois apôtres embaraffés lui en donnent fecretement la permiffion par écrit. Tous les maris pouvaient en faire autant, puis qu'en fait de confcience il n'y a pas plus de privilége pour un landgrave que pour un autre homme. Mais cet exemple n'a pas été fuivi; la difficulté d'avoir deux femmes chez foi étant plus grande que le dégoût d'en avoir une feule.

L'empereur fait fes efforts pour diffiper la ligue de Smalkalde; il ne peut en détacher qu'Albert de Brandebourg furnommé l'Alcibiade. On tient
des

des assemblées & des conférences entre les catholiques & les protestans, dont l'éffet ordinaire est de ne pouvoir s'accorder.

1541.

Le 18. Juillet, l'empereur publie à Ratisbonne ce qu'on appelle un *Interim*, un *Inhalt* ; c'est un édit par lequel chacun restera dans sa croiance en attendant mieux, sans troubler personne.

Cet *Interim* était nécessaire pour léver des troupes contre les turcs. On a déja remarqué qu'alors on ne formait de grandes armées que dans le besoin. On a vu que Soliman avait été le protecteur de Jean Zapoli, qui avait toujours disputé la couronne de Hongrie à Ferdinand. Cette protection avait été le prétexte des invasions des turcs. Jean était mort, & Soliman servait de tuteur à son fils.

L'armée impériale assiége le jeune pupille de Soliman dans Bude ; mais les turcs viennent à son secours, & défont sans ressource l'armée chrétienne.

Le sultan lassé enfin de se battre & de vaincre tant de fois pour des chrétiens prend la Hongrie pour prix de ses victoires, & laisse la Transilvanie au jeune prince, qui selon lui ne pouvait avoir par droit d'heritage un roiaume électif comme la Hongrie.

Le roi des romains Ferdinand offre alors de se rendre tributaire de Soliman, s'il veut lui rendre ce roiaume. Le sultan lui répond, qu'il faut qu'il renonce à la Hongrie, & qu'il lui fasse hommage de l'Autriche.

Les

Les choses restent en cet état, & tandis que Soliman, dont l'armée est diminuée par la contagion, retourne à Constantinople, Charles va en Italie. Il s'y prépare à aller attaquer Alger, au lieu d'aller enléver la Hongrie aux turcs. C'était être plus soigneux de la gloire de l'Espagne que de celle de l'Empire. Maître de Tunis & d'Alger, il eut rangé toute la Barbarie sous la domination espagnole, & l'Allemagne se serait déffendue contre Soliman comme elle aurait pû. Il débarque sur la cote d'Alger le 23. octobre, avec autant de monde à peu près qu'il en avait quand il prit Tunis; mais une tempête furieuse aïant submergé quinze galéres & quatre vingt six vaisseaux, & ses trouppes sur terre étant assaillies par les orages & par les maures, Charles est obligé de se rembarquer sur les batimens qui restaient, & arrive à Cartagéne au mois de novembre avec les débris de sa flotte, & de ses trouppes. Sa réputation en souffrit. On accusa son entreprise de temerité; mais s'il eut réussi comme à Tunis, on l'eut appellé le vangeur de l'Europe. Le fameux Fernand Cortez triomphateur de tant d'états en Amerique avait assisté en soldat volontaire à l'entreprise d'Alger. Il y vit qu'elle est la différence d'un petit nombre d'hommes qui sait se déffendre & des multitudes qui se laissent égorger.

On ne voit pas pourquoi Soliman demeure oisif après ses conquêtes; mais on voit pourquoi l'Allemagne les lui laisse. C'est que les princes catholiques s'unissent contre les princes protestants; c'est que le roi de France fatigué des refus de l'investiture du Milanais, se preparait à faire

faire la guerre à l'empereur: c'est que la ligue de Smalcalde fait la guerre au duc de Brunswick catholique, qu'elle le chasse de son païs, & rançonne tous les ecclésiastiques. C'est enfin que le roi de France fatigué des refus de l'investiture du Milanais préparait contre l'empereur les plus fortes ligues, & les plus grands armements.

L'empire & la vie de Charlequint ne sont qu'un continuel orage. Le sultan, le pape, Venize, la moitié de l'Allemagne, la France lui sont presque toujours opposez, & souvent à la fois: l'Angleterre tantôt le seconde tantôt le traverse. Jamais empereur ne fut plus craint & n'eut plus à craindre.

François I. envoïait un ambassadeur à Constantinople & un autre à Venize en même tems. Celui qui allait vers Soliman était un Navarois nommé Rinçone, l'autre était Frégose Génois. Tous deux embarqués sur le Pô sont assassinés par ordre du gouverneur de Milan. Ce meurtre ressemble parfaitement à celui du colonel Saint-Clair assassiné de nos jours en revenant de Constantinople en Suéde; ces deux événements furent les causes ou les prétextes de guerres sanglantes. Charlequint désavoua l'assassinat des deux ambassadeurs du roi de France. Il les regardait à la vérité comme des hommes nés ses sujets & devenus infidéles. Mais il est bien mieux prouvé que tout homme est né avec le droit naturel de se choisir une patrie, qu'il n'est prouvé qu'un prince a le droit d'assassiner ses sujets. Si c'était

I une

une des prérogatives de la roïauté, elle lui ferait trop funeste. Charles en défavouant l'attentat commis en son nom, avouait en éffet que ce n'était qu'un crime honteux.

La politique & la vangeance pressaient également les armements de François I.

Il envoie le Dauphin dans le Roussillon avec une armée de trente-mille hommes, & son autre fils le duc d'Orléans avec un pareil nombre dans le Luxembourg.

Le duc de Clèves héritier de la Gueldre envahie par Charlequint, était avec le comte de Mansfeld dans l'armée du duc d'Orléans.

Le roi de France avait encor une armée dans le Piémont.

L'empereur est étonné de trouver tant de ressources & de forces dans la France, à laquelle il avait porté de si grands coups. La guerre se fait à armes égales & sans avantage décidé de part ni d'autre. C'est au milieu de cette guerre qu'on assemble le concile de Trente. Les imperiaux y arrivent le 28. Janvier. Les protestans refusent de s'y rendre, & le concile est suspendu.

1543.

Transaction du duc de Lorraine avec le corps germanique dans la diéte de Nuremberg le 26. août. Son duché est reconnu, souveraineté libre & indépendante à la charge de payer à la chambre impériale les deux tiers de la taxe d'un électeur.

Cependant on publie la nouvelle ligue concluë entre Charlequint & Henri VIII. contre François I. c'eſt ainſi que les princes ſe brouillent & ſe réuniſſent. Ce même Henri VIII. que Charles avait fait excommunier pour avoir répudié ſa tante, s'allie avec celui qu'on croiait ſon ennemi irréconciliable. Charles va d'abord attaquer la Gueldre, & s'empare de tout ce païs appartenant au duc de Cléve allié de François I. Le duc de Cléve vient lui demander pardon à genoux. L'empereur le fait renoncer à la ſouveraineté de Gueldre & lui donne l'inveſtiture de Cléve & de Juliers.

Il prend Cambrai alors libre que l'Empire & la France ſe diſputaient. Tandis que Charles ſe ligue avec le roi d'Angleterre pour accabler la France, François I. appelle les turcs une ſeconde fois. Cheredin cet amiral des turcs vient à Marſeilles avec ſes galéres, il va aſſiéger Nice avec le comte d'Anguien, ils prennent la ville mais le chateau eſt ſecouru par les impériaux & Cheredin ſe retire à Toulon : la deſcente des turcs ne fut mémorable que parce qu'ils étaient armés au nom du roi très-chrêtien.

Dans le tems que Charlequint fait la guerre à la France, en Picardie, en Piemont & dans le Rouſſillon, qu'il négocie avec le pape & avec les proteſtans, qu'il preſſe l'Allemagne de ſe mettre en ſureté contre les invaſions des turcs, il a encor une guerre avec le Dannemarck.

Christiern II. retenu en prison par ceux qui avaient été autrefois ses sujets, avait fait Charlequint héritier de ses trois roïaumes, qu'il n'avait point, & qui étaient électifs. Gustave Vasa regnait paisiblement en Suéde. Le duc de Holstein avait été élu roi de Dannemarck en 1536. C'est ce roi de Dannemarck Christiern III. qui attaquait l'empereur en Hollande avec une flotte de quarante vaisseaux; mais la paix est bientôt faite. Ce Christiern III. renouvelle avec ses freres Jean & Adolphe, l'ancien traité, qui regardait les duchés de Holstein & de Sléswich. Jean & Adolphe, & leurs descendans dévaient posseder ces duchés en commun avec les rois de Dannemarck.

Alors Charles assemble une grande diette à Spire où se trouvent Ferdinand son frere, tous les électeurs, tous les princes catholiques & protestants. Charlequint & Ferdinand y demandent du secours contre les turcs, & contre le roi de France. On y donne à François I. les noms de *renegat*, de *barbare*, & *d'ennemi de Dieu*.

Le roi de France veut envoier des ambassadeurs à cette grande diette. Il dépêche un héraut d'armes pour demander un passe-port. On met son héraut en prison.

La diette donne des subsides & des troupes; mais ces subsides ne sont que pour six mois, & les troupes ne se montent qu'à quatre mille gensd'armes, & vingt mille hommes de pied: faible secours pour un prince, qui n'aurait pas eu de grands états hereditaires.

Lem.

L'empereur ne put obtenir ce secours, qu'en se relâchant beaucoup en faveur des luthériens. Ils gagnent un point bien important en obtenant dans cette diette, que la chambre impériale de Spire sera composée, moitié de luthériens & moitié de catholiques. Le pape s'en plaignit beaucoup, mais inutilement. *

---

* *Le P. Barre auteur d'une grande histoire de l'Allemagne, met dans la bouche de Charlequint ces paroles :* Le pape est bienheureux que les princes de la ligue de Smalkalde ne m'ayent pas proposé de me faire protestant ; car s'ils l'avaient voulu, je ne sçais pas ce que j'aurais fait. *On sçait que c'est la réponse de l'empereur Joseph, quand le pape Clément XI. se plaignit à lui de ses condescendences pour Charles XII. Le P. Barre ne s'est pas contenté d'imputer à Charlequint ce discours qu'il ne tint jamais, mais il a dans son histoire inséré un très-grand nombre de faits & de discours pris mot pour mot de l'histoire de Charles XII. Il en a copié plus de cent pages. Il n'est pas impossible à la rigueur qu'on ait dit & fait dans le douzième treizième & quatorzième siécle précisément les mêmes choses que dans le dixhuitième. Mais cela n'est pas bien vraisemblable. On a été obligé de faire cette note parce que des journalistes ayant vu dans l'histoire de Charles XII. & dans celle d'Allemagne tant de traits absolument semblables, ont accusé l'historien de Charles XII. de plagiat, ne faisant pas reflexion que cet historien avait écrit vingt ans avant l'autre.*

Le vieil amiral Barberouffe qui avait paffé l'hiver à Toulon & à Marseille, va encor ravager les côtes d'Italie; & ramene fes galéres chargées de butin & d'efclaves à Conftantinople, où il termine une carrière qui fut longtems fatale à la chrétienté.

Le roi de France jouit d'un fuccès moins odieux & plus honorable par la bataille de Cérifoles, que le comte d'Anguien gagne dans le Piemont le 11. d'avril fur le marquis del Vafto fameux general de l'empereur; mais cette victoire ne peut conduire les français dans le milanais, & l'empereur penétre jufqu'à Soiffons & menace Paris.

Henri VIII. de fon côté eft en Picardie. La France malgré la victoire de Cérifolles, eft plus en danger que jamais. Cependant par un de ces miftéres que l'hiftoire ne peut guères expliquer, François I. fait une paix avantageufe. A quoy peut-on l'attribuer qu'aux défiances que l'empereur & le roi d'Angleterre avaient l'un de l'autre. Cette paix eft concluë à Crépi le 18. feptembre. Le traité porte que le duc d'Orléans fecond fils du roi de France époufera une fille de l'empereur ou du roi des romains, & qu'il aura le Milanais, ou les Païs-bas Cette alternative paraît bien extraordinaire. Charles en donnant le Milanais, ne donnait qu'un fief de l'Empire; mais en cédant les Païs-bas, il dépouillait fon fils de fon héritage.

Pour le roi d'Angleterre, fes conquêtes fe bornèrent à la ville de Boulogne; & la France fut fauvée contre toute attente.

1545.

1545.

On fait enfin l'ouverture du concile de Trente au mois d'avril. Les proteſtans déclarent, qu'ils ne reconnaiſſent point ce concile. Commencement de la guerre civile.

Henri duc de Brunſwick dépouillé de ſes états, comme on l'a vû, par la ligue de Smalcalde, y rentre avec le ſécours de l'archevêque de Brême ſon frere. Il y met tout à feu & à ſang.

Philippe ce fameux landgrave de Heſſe, & Maurice de Saxe neveu de George, le reduiſent aux dernieres extremités. Il ſe rend à diſcretion à ces princes, marchant tête nuë avec ſon fils Victor entre les troupes des vainqueurs. Charles aprouve & félicite ces vainqueurs dangereux. Il les menageait encore.

Tandis que le concile commence, Paul III. avec le conſentement de l'empereur donne ſolemnellement l'inveſtiture de Parme & de Plaiſance à ſon fils ainé Pierre Louis Farnéſe, dont le fils Octave avait déja épouſé la bâtarde de Charlequint veuve d'Alexandre de Medicis. Ce couronnement du bâtard d'un pape faiſait un étrange contraſte avec un concile convoqué pour réformer l'égliſe.

L'electeur Palatin prit ce tems pour renoncer à la communion romaine. Luther mourut bientôt après à Iſlebe le 18. fevrier 1545. à compter ſelon l'ancien Calendrier. Il avait eu la ſatisfaction de ſouſtraire la moitié de l'Europe à l'égliſe romaine, & il mettait cette gloire au deſſus de celle des conquérants.

1546.

1546.

La mort du duc d'Orléans qui devait épouser une fille de l'empereur, & avoir les païs-bas ou le Milanez, tire Charlequint d'un grand embarras. Il en avait affez d'autres : les princes proteftants de la ligue de Smalcalde avaient en effet divifé l'Allemagne en deux parties. Dans l'une, il n'arait guere que le nom d'empereur, dans l'autre on ne combatait pas ouvertement fon autorité; mais on ne la refpectait pas autant qu'on eût fait, fi elle n'eut pas été prefque anéantie chez les princes proteftants.

Ces princes fignalent leur crédit en ménageant la paix entre les rois de France & d'Angleterre, ils envoient des ambaffadeurs dans ces deux roiaumes ; cette paix fe conclut ; & Henri VIII. favorife la ligue de Smalcalde.

Le luthéranifme avait fait tant de progrès, que l'électeur de Cologne Herman de Neuvid tout archevêque qu'il était, l'introduifait dans fes états & n'attendait que le moment de pouvoir fe féculariser lui & fon électorat, Paul III. l'excommunie & le prive de fon archevêché. Un pape peut excommunier qui il veut. Mais il n'eft pas fi aifé de dépouiller un prince de l'Empire : il faut que l'Allemagne y confente. Le pape ordonne en vain qu'on ne reconnaiffe plus qu'Ado'phe de Schavembourg coadjuteur de l'archevêque, mais non coadjuteur de l'électeur. Charlequint reconnait toujours l'électeur Herman, & le menace, afin qu'il ne donne point de fecours aux princes de la ligue de Smalcalde, qu'il fe

pro-

propose enfin de soumettre : mais l'année suivante Herman fut enfin déposé & Schavembourg eut son électorat.

La guerre civile avait déja commencé par l'avanture de Henri de Brunswick prisonnier chez le landgrave de Hesse. Albert de Brandebourg marggrave de Culmbach se joint à Jean de Brunswick neveu du prisonnier pour le délivrer & le vanger. L'empereur les encourage & les aide sous-main.

Alors les princes & les villes de la ligue mettent leurs troupes en campagne. Charles ne pouvant plus dissimuler, commence par obtenir de Paul III. environ dix mille hommes d'infanterie & cinq cent chevaux légers pour six mois avec deux cent mille écus romains, & une bulle pour lever la moitié des revenus d'une année des bénéfices d'Espagne, & pour aliener les biens des monastéres jusqu'à la somme de cinq-cent-mille écus. Il n'osait demander les mêmes concessions sur les églises d'Allemagne. Les luthériens étaient trop voisins, & quelques églises eussent mieux aimé se sécularizer que de païer.

Les protestants sont deja maîtres des passages du Tirol, ils s'étendent de là jusqu'au Danube. L'électeur de Saxe Jean Fréderic, Philippe landgrave de Hesse marchent par la Franconie. Philippe prince de la maison de Brunswick & ses quatre fils, trois princes d'Anhalt, George de Virtemberg frere du duc Ulric sont dans cette armée ; on y voit les comtes d'Oldembourg, de Mansfelt, d'Oettingen de Henneberg, de Furstemberg, beaucoup d'autres seigneurs immédiats à la tête de leurs soldats. Les villes d'Ulm, de Strasbourg, de Norlingue, d'Augsbourg y ont envoié leurs troupes. Il y a huit regiments des cantons proteftans fuiffes. L'armée était de plus de foixante mille hommes de pied, & de quinze mille chevaux.

L'empereur qui n'avait que peu de troupes, agit cependant en maître, en mettant l'électeur de Saxe au ban de l'Empire le 18. juillet dans Ratisbonne. Bientôt il a une armée capable de foutenir cet arrêt. Les dix mille italiens envoiés par le pape arrivent. Six mille efpagnols de fes vieux regiments du Milanez & de Naples fe joignent à fes allemands. Mais il fallait qu'il armât trois nations & il n'avait pas encor une armée égale à celle de la l gue qui venait d'être renforcée par la gendarmerie de l'électeur Palatin.

On donne plufieurs petits combats. On prend on reprend des poftes & des villes comme dans toutes les guerres.

Le falut de l'empereur vint d'un prince proteftant. Le prince de Saxe Maurice marquis de Mifnie & de Turinge, neveu de George, & gendre du landgrave de Heffe, le même à qui ce landgrave & l'électeur de Saxe avaient confervé fes états, & dont l'électeur avait été le tuteur, oublia ce qu'il devait à fes proches, & fe rengea du parti de l'empereur; on lui promettait de ne point toucher à fa relligion luthérienne, & cette affurance lui fervait d'éxcufe auprès de fes fujets.

Il affembla dix mille fantaffins & trois mille che-

chevaux, fit une diversion dans la Saxe, défit les troupes que l'électeur y envoïa, & fut la première cause du malheur des alliez. Le roi de France leur envoïa deux cent mille écus; c'était assez pour entretenir la discorde & non assez pour rendre leur parti vainqueur.

L'empereur gagne du terrain de jour en jour. La plupart des villes de Franconie se rendent, & païent des grosses taxes.

L'électeur Palatin l'un des princes de la ligue vient demander pardon à Charles & se jette à ses genoux. Presque tout le païs jusqu'à Hesse-Cassel est soumis.

Le pape Paul III. retire alors ses troupes qui n'avaient dû servir que six mois. Il craint de trop secourir l'empereur, même contre des protestants. Charles n'est que médiocrement affaibli de cette perte. La mort du roi d'Angleterre Henri VIII. arrivée le 28. janvier, & la maladie qui conduisait dans le même tems François I. à sa fin, le délivraient des deux protecteurs de la ligue de Smalcalde.

1547.

Charles réussit aisément à détacher le vieux duc de Virtemberg de la ligue. Il était alors si irrité contre les révoltes dont la réligion est la cause ou le prétexte, qu'il voulut établir à Naples l'inquisition dès longtems reçuë en Espagne. Mais il y eut une si violente sédition, que ce tribunal fut aboli aussitôt qu'établi. L'empereur aima mieux tirer quelque argent des napolitains pour l'aider à dompter la ligue de Smalcalde, que de s'obstiner à faire recevoir l'inquisition dont il ne tirait rien.

La ligue semblait presque détruite par la soumission du Palatinat, & du Virtemberg. Mais elle prend de nouvelles forces par la jonction des citoiens de Prague & de plusieurs cantons de la Bohème qui se révoltent contre Ferdinand leur souverain, & qui vont secourir les conféderez. Le marckgrave de Culmbach Albert de Brandebourg surnommé l'Alcibiade dont on a deja parlé, est à la vérité pour l'empereur ; mais ses trouppes sont défaites & il est pris par l'électeur de Saxe.

Pour compenser cette perte l'électeur de Brandebourg Jean le Sévére tout luthérien qu'il est, prend les armes en faveur du chef de l'empire, & donne du secours à Ferdinand contre les Bohémiens.

Tout était en confusion vers l'Elbe & on n'entendait parler que de combats & de pillages. Enfin l'empereur passe l'Elbe avec une forte armée vers Mulberg. Son frere l'accompagnait avec ses enfans Maximilien & Ferdinand, & le duc d'Albe était son principal général.

On attaque l'armée du duc de Saxe le 24. avril. Cette bataille de Mulberg fut décisive. On dit qu'il n'y eut que quarante hommes de tués du coté de l'empereur : ce qui est bien difficile à croire. L'électeur de Saxe blessé, est prisonnier avec le jeune prince Ernest de Brunswic. Charles fait condanner le 12. mai l'électeur de Saxe par le conseil de guerre à perdre la tête. Le sévére duc d'Albe présidait à ce tribunal. Le sécrétaire du conseil signifie le même jour la sentence à l'électeur, qui se mit à jouer aux échecs avec le prince Ernest de Brunswick. Le

Le duc Maurice qui devait avoir fon électorat, voulut encor avoir la gloire aifée de demander fa grace. Charles accorde la vie à l'électeur, à condition qu'il renoncera pour lui & fes enfans, à la dignité électorale en faveur de Maurice. On lui laiffa la ville de Gotha, & fes dépendences; mais on en démolit la forterefle. C'eft de lui que defcendent les ducs de Gotha & de Weimar. Le duc Maurice s'engagea à lui faire une penfion de cinquante mille écus d'or, & à lui en donner cent mille une fois païés, pour acquitter fes dettes. Tous les prifonniers qu'il avait faits, & furtout Albert de Brandebourg, & Henri de Brunfwick furent relachés; mais l'électeur n'en demeura pas moins prifonnier de Charles.

Sa femme Sibille, fœur du duc de Clêves, vint inutilement fe jetter aux pieds de l'empereur, & lui demander en larmes la liberté de fon mari.

Les alliés de l'électeur fe diffipèrent bientôt. Le landgrave de Heffe ne penfa plus qu'à fe foumettre. On lui impofa pour condition, de venir embraffer les genoux de l'empereur, de rafer toutes fes forterefles à la referve de Caffel, ou de Zigenheim en païant cent cinquante mille écus d'or.

Le nouvel électeur Maurice de Saxe, & l'électeur de Brandebourg promirent par écrit au landgrave qu'on ne ferait aucune entreprife fur fa liberté. Ils s'en rendîrent caution, & confentirent d'être appellés en juftice par lui, ou par fes enfans, & à foufrir eux-mêmes le traitement que l'empereur lui ferait contre la foi promife.

Le landgrave fur ces affurances confentit à tout.

Gran-

Granvel évêque d'Arras depuis cardinal, redigea les conditions que Philippe signa. On a toujours assuré que le prélat trompa ce malheureux prince, lequel avait expressément stipulé qu'en venant demander grace à l'empereur, il ne resterait pas en prison. Granvel écrivit qu'il ne resterait pas toujours en prison. Il ne fallait qu'un *v* à la place d'un *n* pour faire cette étrange différence en langue allemande. Le traité devait porter *nicht mit einiger gefængniss*, & Granvel écrivit *ewiger*.

Le landgrave n'y prit pas garde en relisant l'acte. Il crut voir ce qui devait y être, & dans cette confiance il alla se jetter aux genoux de Charlequint. Il fut arrêté quand il croïait s'en retourner en sureté, & conduit longtems à la suite de l'empereur.

Le vainqueur se saisit de toute l'artillerie de l'électeur de Saxe Jean Fréderic, du landgrave de Hesse, & même du duc de Virtemberg. Il confisqua les biens de plusieurs chefs du parti; il imposa des taxes sur ceux qu'il avait vaincus, & n'en exempta pas les villes qui l'avaient servi. On prétend qu'il en retira seize cent mille écus d'or.

Le roi des romains Ferdinand punit de son côté les Bohémiens. On ôta aux citoyens de Prague leurs privileges, & leurs armes. Plusieurs furent condannés à mort, d'autres à une prison perpétuelle. Les taxes & les confiscations furent immenses. Elles entrent toujours dans la vangeance des souverains.

Le concile de Trente s'était dispersé pendant ces troubles. Le pape voulait le transférer à Boulogne.

L'em-

L'empereur avait vaincu la ligue, mais non pas la réligion proteftante. Ceux de cette communion demandent dans la diète d'Augsbourg, que les théologiens proteftans ayent voix déliberative dans le concile.

L'empereur était plus mécontent du pape que des théologiens proteftans. Il ne lui pardonnait pas d'avoir rappellé les troupes de l'églife dans le plus fort de la guerre de Smalcalde. Il lui fit fentir fon indignation au fujet de Parme & de Plaifance. Il avait fouffert que le st. pere en donnât l'inveftiture à fon bâtard dans le tems qu'il le voulait ménager; mais quand il en fut mécontent, il fe refouvint que Parme & Plaifance avaient été une dépendance du Milanais, & que c'était à l'empereur feul à en donner l'invefti-ture. Paul III. de fon côté allarmé de la puiffance de Charlequint, négociait contre lui avec Henri II. & les vénitiens.

Dans ces circonftances le fils du pape, odieux à toute l'Italie par fes crimes, eft affaffiné par des conjurés. L'empereur alors s'empare de Plaifance, qu'il ôte à fon propre gendre, malgré fa tendreffe de pere pour Marguerite fa fille.

1548.

L'empereur brouillé avec le pape, en ménageait d'avantage les proteftants. Ils avaient toujours voulu que le concile fe tint dans une ville d'Allemagne. Paul III. venait de le transferer à Boulogne. C'était encor un nouveau fujet de querelles, qui envenimait celle de Plaifance. D'un côté le pape menaça l'empereur de l'excommunier, s'il ne reftituait cette ville, & par-là, il donnait
trop

trop de prife fur lui aux proteftans, qui relevaient comme il faut le ridicule de ces armes fpirituelles employées par un pape en faveur de fes fils ; De l'autre côté Charlequint fe faifait en quelque manière chef de la rellgion en Allemagne.

Il publie dans la diète d'Augsbourg le 15. may le grand *Interim*. C'eft un formulaire de Foi, & de difcipline. Les dogmes en étaient catholiques; on y permetait feulement la communion fous les deux efpéces aux laïcs, & le mariage aux prêtres. Plufieurs cérémonies indifférentes y étaient facrifiées aux luthériens pour les engager à recevoir les chofes plus effentielles.

Ce tempérament était raifonnable ; c'eft pourquoi il ne contenta perfonne. Les efprits étaient trop aigris ; l'églife romaine & les luthériens fe plaignirent, & Charlequint vit qu'il eft plus aifé de gagner des batailles que de gouverner les opinions. Maurice le nouvel électeur de Saxe voulut en vain pour lui complaire, faire recevoir le nouveau formulaire dans fes états ; les miniftres proteftans furent plus forts que lui. L'électeur de Brandebourg, l'électeur Palatin acceptent l'*Interim*. Le landgrave de Heffe s'y foumet pour obtenir fa liberté, qu'il n'obtient pourtant pas.

L'ancien électeur de Saxe Jean Fréderic tout prifonnier qu'il eft, refufe de le figner. Quelques autres princes, & plufieurs villes proteftantes fuivent fon exemple. Et partout le cri des théologiens s'éleve contre la paix que l'Interim leur préfentait.

L'empereur fe contente de menacer; & comme
il

il en veut alors plus au pape qu'aux luthériens, il fait décreter par la diète, que le concile reviendra à Trente, & se charge du soin de l'y faire transférer.

On met dans cette diète les Païs bas sous la protection du corps germanique. On les déclare exempts des taxes que les états doivent à l'Empire, & de la jurisdiction de la chambre impériale tout compris qu'ils étaient dans le dixième cercle. Ils ne sont obligés à rendre aucun service à l'Empire, excepté dans les guerres contre les turcs; alors ils doivent contribuer autant que trois électeurs. Ce reglement est souscript par Charlequint le 26. juin.

Les habitans du Vallais sont mis au ban de l'Empire pour n'avoir pas païé les taxes; ils en sont exempts aujourd'hui qu'ils appartiennent au canton de Berne.

La ville de Constance ne reçoit l'*Interim* qu'après avoir été mise au ban de l'Empire.

La ville de Strasbourg obtient que l'*Interim* ne soit que pour les églises catholiques de son district, & que le luthérianisme y soit professé en liberté.

Christiern III. roi de Dannemarck reçoit par ses ambassadeurs l'investiture du duché de Holstein, en commun avec ses freres, Jean & Adolphe.

Maximilien fils de Ferdinand épouse Marie sa cousine, fille de l'empereur. Le mariage se fait à Valladolid les derniers jours de septembre; & Maximilien & Marie sont conjointement régents d'Espagne; mais c'est toujours le conseil d'Espagne nommé par Charlequint, qui gouverne.

1549.

1549.

L'empereur retiré dans Bruxelles fait prêter hommage à son fils ainé Philippe, par les provinces de Flandres, de Hainaut & d'Artois.

Le concile de Trente restait toujours divisé. Quelques prélats attachés à l'empereur, étaient à Trente. Le pape en avait assemblé d'autres à Boulogne. On craignait un schisme. Le pape craignait encor plus, que la maison de Bentivoglio dépossedée de Boulogne par Jules II. n'y rentrât avec la protection de l'empereur. Il dissoud son concile de Boulogne.

Octavio Farnèse gendre de Charlequint, & petit fils de Paul III. a également à se plaindre de son beau pere, & de son grand-pere. Le beau-pere lui retenait Plaisance, parce qu'il était brouillé avec le pape; & son grand pere lui retenait Parme parce qu'il était brouillé avec l'empereur. Il veut se saisir au moins de Parme, & n'y réussit pas. On prétend que le pape mourut des chagrins que lui causaient sa famille & l'empereur; mais on devait ajouter qu'il avait plus de quatre vingt & un ans.

1550.

Les turcs n'inquiétent point l'Empire; Soliman était vers l'Euphrate. Les persans sauvaient l'Autriche, mais les turcs restaient toujours maîtres de la plus grande partie de la Hongrie.

Henri II. roi de France paraissait tranquile. Le nouveau pape Jules III. était embarassé sur l'affaire du concile, & sur celle de Plaisance. L'empereur l'était d'avantage de son *Interim*, qui causait fait toujours des troubles en Allemagne. Quand on voit des hommes auſſi peu ſcrupuleux que Paul III. Jules III. & Charlequint décider de la relligion, que peuvent penſer les peuples?

La ville de Magdebourg très-puiſſante était en guerre contre le duc de Mecklembourg, & était liguée avec la ville de Brême. L'empereur condamne les deux villes, & charge le nouvel électeur de Saxe Maurice de réduire Magdebourg; mais il l'irritait en lui marquant cette confiance. Maurice juſtifiait ſon ambition qui avait dépouillé ſon tuteur & ſon parent, de l'électorat de Saxe, par les loix qui l'avaient attaché au chef de l'Empire; mais il croïait ſon honneur perdu par la priſon du landgrave de Heſſe ſon beau-pere, retenu toujours captif malgré ſa garantie, & malgré celle de l'électeur de Brandebourg. Ces deux princes preſſaient continuellement l'empereur de dégager leur parole. Charles prend le ſingulier parti d'annuler leur promeſſe. Le landgrave tente de s'évader. Il en coûte la tête à quelques uns de ſes domeſtiques.

L'électeur Maurice indigné contre Charlequint n'eſt pas fort empreſſé à combattre pour un empereur, dont la puiſſance ſe fait ſentir ſi déſpotiquement à tous les princes: il ne fait nul effort contre Magdebourg. Il laiſſa tranquilement les aſſiégeans battre le duc de Mecklembourg, & le prendre priſonnier; & l'empereur ſe repentit de lui avoir donné l'électorat. Il n'avait que trop de raiſon de ſe repentir. Maurice ſongeait à ſe faire chef du parti proteſtant, à mettre non ſeulement Magdebourg dans ſes intérêts, mais auſſi les autres

tres villes, & à se servir de son nouveau pouvoir pour balancer celui de l'empereur. Déja il négociait sur ces principes avec Henri II. & un nouvel orage se préparait dans l'Empire.

1551.

Charlequint qu'on croïait au comble de la puissance, était dans le plus grand embarras. Le parti protestant ne pouvait ni lui être attaché, ni être détruit. L'affaire de Parme & de Plaisance, dont le roi de France commençait à se mêler, lui faisait envisager une guerre prochaine. Les turcs étaient toujours en Hongrie. Tous les esprits étaient révoltés dans la Bohéme contre son frere Ferdinand.

Charles imagine de donner un nouveau poids à son autorité, en engageant son frere à ceder à son fils Philippe, le titre de roi des romains, & la succession à l'Empire. La tendresse paternelle pouvait suggérer ce dessein ; mais il est sûr que l'autorité impériale avait besoin d'un chef, qui maître de l'Espagne & du nouveau monde, aurait assez de puissance pour contenir à la fois les ennemis, & les princes de l'Empire. Il est sûr aussi que les princes auraient vû par-là leurs prérogatives bien hazardées, & qu'ils se seraient difficilement prêtés aux vûes de l'empereur. Elles ne servirent qu'à indigner Ferdinand, & à brouiller les deux freres.

Charles rompt ouvertement avec Ferdinand, demande sa déposition aux électeurs, & leurs suffrages en faveur de son fils. Il ne recueille de toute cette entreprise que le chagrin d'un refus

& de voir les électeurs du Palatinat, de Saxe, & de Brandebourg s'opposer ouvertement à ses desseins.

L'électeur Maurice entre enfin dans Magdebourg par capitulation, mais il soumet cette ville pour lui-même, quoiqu'il la prenne au nom de l'empereur. La même ambition qui l'avait porté à recevoir l'électorat de Saxe des mains de Charlequint, le porte à s'unir contre lui avec Joachim électeur de Brandebourg, Fréderic comte Palatin, Christophe duc de Virtemberg, Ernest marquis de Bade-Dourlach, & plusieurs autres princes.

Cette ligue fut plus dangereuse que celle de Smalkalde. Le roi de France Henri II. jeune & entreprenant s'unit avec tous ces princes. Il devait fournir deux-cent-quarante-mille écus pour les trois premiers mois de la guerre, & soixante-mille pour chaque mois suivant. Il se rend maître de Cambrai, Metz, Toul, & Verdun, pour les garder comme vicaire du st. Empire; titre singulier qu'il prenait alors comme un prétexte, comme si c'en avait été un.

Le roi de France s'était déja servi du prétexte de Parme, pour porter la guerre en Italie. Il ne paraissait pas dans l'ordre des choses que ce fût lui qui dût protéger Octave Farnèse contre l'empereur son beaupere; mais il était naturel que Henri II. tâchât par toutes sortes de voïes de rentrer dans le duché de Milan, l'objet des prétensions de ses prédécesseurs.

Henri

Henri s'unissait aussi avec les turcs selon le plan de François I. & l'amiral Dragut non moins redoutable que ce Cheredin surnommé Barberousse, avait fait une descente en Sicile, où il avait pillé la ville d'Agousta.

L'armée de Soliman s'avançait en même tems par la Hongrie. Charlequint alors n'avait plus pour lui que le pape Jules III. & il s'unissait avec lui contre Octave Farnèse son gendre, quoique dans le fonds l'empereur & le pape eussent des droits & des interêts différents, l'un & l'autre prétendant être suzerains de Parme & de Plaisance.

Les français portaient aussi la guerre en Piémont, & dans le Montferrat. Il s'agissait donc de résister à la fois à une armée formidable de turcs en Hongrie, à la moitié de l'Allemagne liguée & déja en armes, & à un roi de France, jeune, riche, & bien servi, impatient de se signaler & de réparer les malheurs de son prédécesseur.

L'interêt & le danger raccommodérent alors Charles & Ferdinand. On a d'abord en Hongrie quelques succès.

Ferdinand fut assez heureux dans ce tems-là même pour acquérir la Transilvanie. La veuve de Jean Zapoli reine de Hongrie, qui n'avait plus que le nom de reine, gouvernait la Transilvanie au nom de son fils Etienne Sigismond sous la protection des turcs ; protection tirannique dont elle était lasse. Martinusius évêque de Varadin, depuis cardinal porta la reine à céder la Transilvanie à Ferdinand pour quelques terres en Silésie, comme

Ope-

Opelen, & Ratibor. Jamais reine ne fit un si mauvais marché. Martinusius est déclaré par Ferdinand, vaivode de Transilvanie. Ce cardinal la gouverne au nom de ce prince avec autorité, & avec courage. Il se met lui-même à la tête des transilvains contre les turcs. Il aide les impériaux à les repousser ; mais Ferdinand étant entré en défiance de lui, le fait assassiner par Pallavicini dans le château de Wintz.

Le pape lié alors avec l'empereur n'ose pas d'abord demander raison de cet assassinat ; mais il excommunia Ferdinand l'année suivante. L'excommunication ne fit ni bruit, ni éffet. C'est ce qu'on a souvent appellé *brutum fulmen*. C'était pourtant une occasion où les hommes qui parlent au nom de la Divinité, semblent en droit de s'élever en son nom contre les souverains qui abusent à cet excès de leur pouvoir. Mais il faut que ceux qui jugent les rois soient irrépréhensibles.

1552.

L'électeur Maurice de Saxe leve le masque, & publie par un manifeste qu'il s'est allié avec le roi de France pour la liberté de ce même Jean Fréderic ci-devant électeur, que lui-même avait dépossedé, pour celle du Landgrave de Hesse, & pour le soutien de la réligion.

L'électeur de Brandebourg Joachim se joint à lui. Guillaume fils du Landgrave de Hesse prisonnier, Henri Othon électeur Palatin, Albert de Mecklenbourg sont en armes avant que l'empereur ait assemblé des troupes.

Mau-

Maurice & les conféderés marchent vers les défilés du Tirol, & chaſſent le peu d'impériaux qui les gardaient. L'empereur & ſon frere Ferdinand ſur le point d'être pris, ſont obligés de fuïr en déſordre. Charles menait toujours avec lui ſon priſonnier, l'ancien électeur de Saxe. Il lui offre ſa liberté. Il eſt difficile de rendre raiſon pourquoi ce prince ne voulut pas l'accepter. La véritable raiſon peut-être, c'eſt que l'empereur ne la lui offrit pas.

Cependant le roi de France s'était ſaiſi de Toul, de Verdun & de Metz dès le commencement du mois d'avril. Il prend Haguenau, & Viſſembourg. De-là il tourne vers le païs de Luxembourg, & s'empare de pluſieurs villes.

L'empereur pour comble de diſgraces aprend dans ſa fuite que le pape l'a abandonné, & s'eſt déclaré neutre entre lui & la France. C'eſt alors que ſon frere Ferdinand fut excommunié. Il eut été plus beau au pape de ne pas attendre que ſes cenſures ne paruſſent que l'éffet de ſa politique.

Au milieu de tous ces troubles, les peres du concile ſe retirent de Trente, & le concile eſt encor ſuſpendu.

Dans ce tems funeſte toute l'Allemagne eſt en proïe aux ravages. Albert de Brandebourg pille toutes les commanderies de l'ordre teutonique, les terres de Bamberg, de Nuremberg, de Virtzbourg, & pluſieurs villes de Suabe. Les conféderés mettent à feu & à ſang les états de l'électeur de Mayence, Worms, Spire; & aſſiégent Francfort.

Cepen-

Cependant l'empereur retiré dans Paſſau, & aïant raſſemblé une armée après tant de diſgrac s, amène les confederés à un traité. La paix eſt concluë le 12. aouſt. Il accorde par cette paix célèbre de Paſſau une amniſtie générale à tous ceux qui ont porté les armes contre lui depuis l'année 1546. Non ſeulement les proteſtans obtiennent le libre exercice de la relligion; mais ils ſont admis dans la chambre impériale, dont on les avait exclus après la victoire de Mulberg. Il y a ſujet de s'étonner qu'on ne rende pas une liberté entière au landgrave de Heſſe par ce traité; qu'il ſoit confiné dans le fort de Rheinfeld juſqu'à ce qu'il donne des aſſurances de ſa fidélité; & qu'il ne ſoit rien ſtipulé pour Jean Fréderic, l'ancien électeur de Saxe.

L'empereur cependant rendit bientôt après la liberté à ce malheureux prince, & le renvoïa dans les états de la Thuringe qui lui reſtaient.

L'heureux Maurice de Saxe aïant fait triompher ſa relligion, & aïant humilié l'empereur, jouit encor de la gloire de le déffendre. Il conduit ſeize mille hommes en Hongrie; mais Ferdinand malgré ce ſecours, ne peut reſter en poſſeſſion de la haute Hongrie, qu'en ſouffrant que les états ſe ſoumettent à païer un tribut annuel de vingt mille écus d'or à Soliman.

Cette année eſt funeſte à Charlequint. Les troupes de France ſont dans le Piémont, dans le Montferrat, dans Parme. Il était à craindre que de plus grandes forces n'entraſſent dans le Milanais, ou dans le roiaume de Naples. Dragut infeſtait les côtes de l'Italie.

K   Les

Les finances de Charles étaient épuisées malgré les taxes imposées en Allemagne après sa victoire de Mulberg, & malgré les tresors du Mexique. La vaste étenduë de ses états, ses voiages, ses guerres absorbaient tout : il emprunte deux cent mille écus d'or au duc de Florence Côme de Medicis, & lui donne la souveraineté de Piombino, & de l'Isle d'Elbe. Aidé de ce secours il se soutient du moins en Italie, & il va assiéger Metz avec une puissante armée.

Albert de Brandebourg le seul des princes protestants qui était encor en armes contre lui, joint ses troupes aux siennes ; mais le fameux François duc de Guise qui défendait Metz avec l'élite de la noblesse françaife, l'oblige de lever le siége le 26. décembre au bout de soixante cinq jours. Charles y perdit plus du tiers de son armée.

1553.

Charles se vange du malheur qu'il a essuié devant Metz en envoiant les comtes de Lalin, & de Rœux assiéger Terouane. La ville est prise & rasée.

Philbert Emmanuel prince de Piemont, depuis duc de Savoye, qui devient bientôt un des plus grands généraux de ce siecle, est mis à la tête de l'armée de l'empereur. Il prend Hesdin qui est rasé comme Terouane. Mais le duc d'Arscot qui commandait un corps considérable, se laisse battre, & la fortune de Charles est encor arrêtée.

Les affaires en Italie restent dans la même situation. L'Allemagne n'est pas tranquile. L'inquiet Albert de Brandebourg qu'on nommait l'Alcibiade, toujours à la tête d'un corps de troupes, les fait

sub-

subsister de pillage. Il ravage les terres de Henri de Brunswick, & même de l'électeur Maurice de Saxe.

L'électeur Maurice lui livre bataille, auprès de Hildesheim au mois de juillet; il la gagne mais il y est tué. Ce prince n'avait que trente deux ans, mais il avait acquis la réputation d'un grand capitaine & d'un grand politique. Son frere Auguste lui succede.

Albert l'Alcibiade fait encor la guerre civile. La chambre impériale lui fait son procès. Il n'en continue pas moins ses ravages, mais enfin manquant d'argent & de troupes, il se réfugie en France. L'empereur pour mieux soutenir cette grande puissance, qui avait reçu tant d'acroissement & tant de diminution, arrête le mariage de son fils Philippe avec Marie reine d'Angleterre, fille de Henri VIII. & de Catherine d'Arragon.

Quoique le parlement d'Angleterre ajoutât aux clauses du contract de mariage, que l'alliance entre les français & les anglais subsistérait, Charles n'en espérait pas moins, & avec raison, que cette alliance serait bientôt rompuë. C'était en effet armer l'Angleterre contre la France, que de lui donner son fils pour roi ; & si Marie avait eu des enfans, la maison d'Autriche voïait sous ses loix tous les états de l'Europe, depuis la mer baltique, excepté la France.

1554.

Charles cede à son fils Philippe le roiaume de Naples & de Sicile, avant que ce prince s'embarque pour l'Angleterre, où il arrive au mois de juillet, & est couronné roi conjointement avec

Marie son épouse; comme depuis le roi Guillaume l'a été avec une autre Marie, mais non pas avec le pouvoir qu'a eu Guillaume.

Cependant la guerre dure toujours entre Charlequint & Henri II. sur les frontières de la France & en Italie, avec des succès divers & toujours balancés.

Les troupes de France étaient toujours dans le Piémont & dans le Montferrat, mais en petit nombre. L'empereur n'avait pas de grandes forces dans le Milanais. Il semblait qu'on fût épuisé de deux côtes.

Le Duc de Florence Côme armait pour l'empereur. Sienne qui craignait de tomber un jour au pouvoir des Florentins, comme il lui est arrivé, était protegée par les français. Medequino marquis de Marignan géneral de l'armée du duc de Florence, remporte une victoire sur quelques troupes de France & sur leurs alliés le 2. Août. C'est en mémoire de cette victoire, que Côme institua l'ordre de st. Etienne, parce que c'était le jour de st. Etienne que la bataille avait été gagnée.

1555.

Ernest comte de Mansfeld gouverneur de Luxembourg est prêt de reprendre par les artifices d'un cordelier, la ville de Metz que l'empereur n'avait pû reduire avec cinquante mille-hommes. Ce cordelier nommé Léonard, gardien du Couvent, qui avait été confesseur du duc de Guise, & qu'on respectait dans la ville, faisait entrer tous les jours de vieux soldats, allemands, espagnols & italiens déguisés en cordeliers, sous pretexte

texte d'un chapitre général qui devait se tenir.

Un Chartreux découvre le complot. On arrête le pere Léonard, qu'on trouva mort le lendemain. Son corps fut porté au gibet, & on se contenta de faire assister dix-huit cordeliers à la potence.

L'ancienne politique des papes se renouvelle sous Paul IV. de la maison de Caraffe. Cette politique est, comme on a vû dans le cours de cet ouvrage, d'empêcher l'empereur d'être trop puissant en Italie.

Paul IV. ne songe point au concile de Trente, mais à faire la guerre dans le roïaume de Naples, & dans le Milanais avec le secours de la France, pour donner s'il le peut, des principautés à ses neveux. Il s'engage à joindre dix-mille hommes aux nouvelles troupes que Henri II. doit envoier.

La guerre allait donc devenir plus vive que jamais. Charles voiait qu'il n'aurait pas un moment de repos dans sa vie. La goutte le tourmentait. Le fardeau de tant d'affaires devenait pesant. Il avait joué longtems le plus grand rôle dans l'Europe: Il voulut finir par une action plus singuliére que tout ce qu'il avait fait dans sa vie, par abdiquer toutes ses couronnes & l'empire.

Tandis qu'il se préparait à renoncer à tant d'états pour s'ensévelir dans un monastére, il assurait la liberté des protestans dans la diette d'Augsbourg; il leur abandonnait les biens ecclésiastiques dont ils s'étaient emparez; On changeait en leur faveur la formule du serment des conseillers de la chambre impériale; on ne devait plus jurer par les saints mais par les évangiles. Le vainqueur de Mulberg cédait ainsi à la nécessité; & prêt d'aller vivre en moine il agissait en philosophe.

Le 24. Novembre il assemble les états à Bruxelles & remet les Païs-bas à son fils Philippe; le 10. Janvier suivant il lui céde l'Espagne & le nouveau monde & touttes ses provinces héréditaires.

Il pardonne à Octave Farnése son gendre; il lui rend Plaisance & le Novarais; & se prépare à céder l'Empire à son frere le roi des romains.

1556.

Tout le dégoutait. Les turcs étaient toujours maîtres de la Hongrie jusqu'à Bude & inquietaient le reste. Les transilvains souffraient impatiemment le joug. Le protestantisme pénétrait dans les états autrichiens; & l'empereur avait résolu depuis longtems de dérober à tant de soins, une vieillesse premturée & infirme, & un esprit détrompé de toutes les illusions.

Ne pouvant donc céder l'Empire à son fils, il le céde à son frere; il demande préalablement l'agrément du st. siége, lui qui n'avait pas certainement demandé cet agrément pour être élu empereur.

Paul IV. abuse de la soumission de Charlequint, & le refuse. Ce pontife était à la fois très satisfait de le voir quitter l'Empire, & de le chagriner.

Charlequint sans consulter le pape davantage, envoie de Bruxelles son abdication le 17. septembre 1556. la trente sixiéme année de son Empire.

Le prince d'Orange porte la couronne & le sceptre impérial à Ferdinand. Charles s'embarque aussitôt pour l'Espagne, & va se retirer dans

l'Estrad'Eftramadoure au monaftére de st. Juft de l'ordre des hiéronimites. La commune opinion eft qu'il fe répentit; opinion fondée feulement fur la faibleffe humaine, qui croit impoffible de quitter fans regrêt ce que tout le monde envie avec fureur. Charles oublia abfolumeut le théatre où il avait joué un fi grand perfonage, & le monde qu'il avait troublé.

Paul IV. engage les électeurs eccléfiaftiques à ne point admettre la démiffion de Charlequint, & a ne point reconnaitre Ferdinand. Son intérêt était de mettre la divifion dans l'Empire, pour avoir plus de pouvoir en Italie. En effet tous les actes dans l'Empire furent promulgués au nom de Charlequint jufqu'à l'année de fa mort; fait auffi important que véritable, & qu'aucun hiftorien n'a raporté.

FERDINAND I.
QUARANTE-DEUXIEME EMPEREUR.
1557.

L'abdication de Charlequint laiffe la puiffance des princes d'Allemagne affermie. La maifon d'Autriche divifée en deux branches eft ce qu'il y à de plus confidérable dans l'Europe: mais la branche efpagnolle très-fupèrieure à l'autre, tout occupée d'intérêts féparés de l'Empire, ne fait plus fervir les troupes efpagnolles, italiennes, flamandes à la grandeur impériale.

Ferdinand a de grands états en Allemagne,

mais

mais la haute Hongrie qu'il posséde, ne lui rapporte pas à beaucoup près de quoi entretenir assez de troupes pour faire tête aux turcs. La Bohéme semble porter le joug à regrêt, & Ferdinand ne peut-être puissant, que quand l'Empire se joint à lui.

La premiere année de son regne est remarquable, par la diette de Ratisbonne, qui confirme la paix de la relligion, par l'accomodement de la maison de Hesse, & de celle de Nassau.

L'électeur Palatin, celui de Saxe, & le duc de Cléves choisis pour austrégues, adjugent le comté de Darmstat à Philippe landgrave de Hesse, & le comté de Dietz à Guillaume de Nassau.

Cette année est encor marquée par une petite guerre, qu'un archevêque de Brême, de la maison de Brunswich fait à la Frise. On vit alors de quelle utilité pouvait être la sage institution des cercles & des directeurs des cercles par Fréderic III. & Maximilien. L'assémblée du cercle de la basse Saxe rétablit la paix.

Enfin le 28. fevrier les électeurs confirment à Francfort l'abdication de Charles, & le regne de son frere. On envoie une ambassade au pape qui ne veut pas la recevoir, & qui prétend toujours que Ferdinand n'est pas empereur. Les ambassadeurs font leur protestation & se retirent de Rome. Ferdinand n'en est pas moins reconnu en Allemagne.

Le duché de Schlefwich est encor reconnu indépendant de l'Empire.

1558.

Le plus grand événement de cette annnée est
la

la mort de Charlequint le 21. Septembre 1558. On fait que par une dévotion bizarre, il avait fait célébrer fes obféques avant fa derniére maladie, qu'il y avait affifté lui-même en habit de deuil, & s'était mis dans la biére au milieu de l'églife de st. Juft, tandis qu'on lui chantait un de profundis. Il fembla dans cette derniére action de fa vie, tenir un peu de Jeanne fa mere, lui qui n'avait fur le trône agi qu'en politique, en héros & en homme fenfible aux plaifirs. Son efprit raffemblait tant de contraftes, qu'avec cette dévotion plus que monacale, il fut foupçonné de mourir attaché à plus d'un dogme de Luther. Jufqu'où va la faibleffe & la bizarerie humaine! Maximilien voulut être pape. Charlequint meurt moine, & meurt foupçonné d'héréfie.

Depuis les funérailles d'Alexandre, rien de plus fuperbe que les obféques de Charlequint dans toutes les principales villes de fes états. Il en coûta foixante & dix mille ducats à Bruxelles, dépenfes nobles qui en illuftrant la memoire d'un grand homme, employent & encouragent les arts. Il vaudrait mieux encor élever des monuments durables. Une oftentation paffagére eft trop peu de chofe. Il faut autant qu'on le peut bâtir pour l'immortalité.

1559.

Ferdinand tient une diéte à Augsbourg, dans laquelle les ambaffadeurs du roi de France Henri II. font introduits. La France venait de faire la paix avec Philippe II. roi d'Efpagne à Catau-Cambrefis. Les français par cette paix ne gardaient plus dans l'Italie que Turin & quelques villes, qu'ils rendirent enfuite; mais ils gardaient Metz, Toul & Verdun que l'empire pouvait redemander. A peine en parle-t-on à la diéte. On dit feulement aux ambaffadeurs qu'il fera difficile que la bonne intelligence fubfifte entre la France & l'Allemagne tant que ces trois villes refteront à la France.

Le nouveau pape Pie IV. n'eft pas fi difficile que Paul IV. & reconnait fans difficulté Ferdinand pour empereur.

1560.

Le concile de Trente fi longtems fufpendu, eft enfin rétabli par une bulle de Pie IV. du 29. novembre. Il indique la tenuë du concile à tous les princes; il la fignifie même aux princes proteftans d'Allemagne; mais comme l'adreffe des lettres portait, *à notre très-cher fils*, ces princes qui ne veulent point être enfans du pape, renvoient la lettre fans l'ouvrir.

1561.

La Livonie qui avait jufques-là appartenu à l'Empire, en eft détachée. Elle fe donne à la Pologne. Les chevaliers de Livonie, branche des chevaliers teutoniques, s'étaient depuis longtems emparés de cette province, fous la protection de l'Empire: mais ces chevaliers ne pouvant point réfifter aux mofcovites, & n'étant point fecourus des allemans, cédent cette province à la Pologne. Le roi des polonais Sigifmond donne le Duché de Courlande à Godar Ketler, & le fait vice-roi de la Livonie.

On recommence a tenir des féances à Trente.

1562.

1562.

L'ambassadeur de Bavière conteste dans le concile la préséance à l'ambassadeur de Venise. Les venitiens sont maintenus dans la possession de leur rang. Une des prémieres choses, qu'on discute dans le concile, est la communion sous les deux espéces. Le concile ne la permet, ni ne la déffend aux séculiers. Son decrêt porte seulement, que l'église a eu de justes causes de la prohiber ; & les peres s'en rapportérent pour la décision au jugement seul du pape.

Le 24. Novembre les électeurs à Francfort déclarent unanimement Maximilien fils de Ferdinand, roi des romains. Tous les électeurs font en personne à cette cérémonie les fonctions de leurs charges, selon la teneur de la Bulle d'or. Un ambassadeur de Soliman assiste à cette solemnité, & la rend plus glorieuse, en signant entre les deux empires une paix par laquelle les limites de la Hongrie autrichienne & de la Hongrie ottomane étaient reglées. Soliman vieillissait & n'était plus si terrible. Cependant cette paix ne fut pas de longue durée, mais le corps de l'empire fut alors tranquile & heureux.

1563.

L'année 1563. est mémorable par la cloture du concile de Trente. Ce concile si long, le dernier des œcuméniques, ne servit ni à ramener les ennemis de l'église romaine, ni à les subjuguer. Il fit des decrets sur la discipline, qui ne furent admis chez presque aucune nation catholique, & il ne produisit nul grand événement. Celui de Bâle avait déchiré l'église, & fait un antipape. Celui de Conſtance alluma à la lueur des buchers, l'incendie de trente ans de guerres. Celui de Lyon dépoſa un empereur, & attira ſes vangeances. Celui de Latran dépouilla le comte Raimond de ſes états de Toulouſe. Gregoire VII. mit tout en feu au huitieme concile de Rome en excommuniant Henri IV. Le quatrieme de Conſtantinople contre Photius du temps de Charles *le chauve* fut le champ des diviſions. Le ſecond de Nicée ſous Irene fut encor plus tumultueux, & plus troublé pour la querelle des images. Les diſputes des Monothélites furent ſur le point d'enſanglanter le troiſieme de Conſtantinople. On ſait quels orages agitérent les conciles tenus au ſujet d'Arius. Le concile de Trente fut preſque le ſeul tranquile.

1564.

Ferdinand meurt le 25. Juillet. Un Teſtament qu'il avait fait vingt ans auparavant en 1543. & auquel il ne dérogea point par ſes derniéres volontés jetta de loin la ſemence de la guerre qui a troublé l'Europe deux cent ans après.

Ce fameux teſtament de 1543. ordonnait qu'en cas que la poſterité mâle de Ferdinand & de Charlequint s'éteignît, les états autrichiens reviendraient à ſa fille Anne, ſeconde fille de Ferdinand épouſe d'Albert ſecond duc de Baviere, & à ſes enfans. L'evenement prévû eſt arrivé de nos jours, & à ébranlé l'europe. Si le teſtament de Ferdinand auſſi bien que le contract de mariage de ſa fille avaient été enoncez en termes plus clairs, il eut prevenu des evenements funeſtes.

On

On peut remarquer que cette duchesse de Baviere Anne avait pris ainsi que toutes ses sœurs le titre de Reine de Hongrie dans son contract de mariage. On peut en effet s'intituler Reine sans l'être; comme on se nomme archiduchesse sans posseder l'archiduché : mais cet usage n'a pas été suivi.

Au reste Ferdinand laissa par son testament à Maximilien son fils roi des romains, la Hongrie, la Bohême la haute & basse-Autriche.

A son second fils Ferdinand le Tirol, & l'Autriche antérieure.

A Charles la Stirie, la Carinthie, la Carniole & ce qu'il possédait en Istrie.

Alors tous les domaines autrichiens furent divisés, mais l'Empire qui resta toujours dans la maison, fut l'étendart auquel se réunissaient tous les princes de cette race.

Ferdinand ne fut couronné ni à Rome ni en Lombardie. On s'apercevait enfin de l'inutilité de ces cérémonies, & il était bien plus essentiel que les deux branches principales de la maison impériale, c'est à dire l'Espagnole, & l'Autrichienne, fussent toujours d'intelligence. C'était là ce qui rendait l'Italie soumise, & mettait le st. siége dans la dépendance de cette maison.

MAXIMILIEN II.
QUARANTE-TROISIEME EMPEREUR.
1564.

L'empire, comme on le voit, était devenu hereditaire sans cesser d'être électif. Les empereurs

reurs depuis Charlequint ne paſſaient plus les Alpes pour aller chercher une couronne de fer, & une couronne d'or. La puiſſance prépondérante en Italie était Philippe ſecond, qui vaſſal à la fois de l'Empire & du st. ſiége dominait dans l'Italie & dans Rome par ſa politique, & par les richeſſes du nouveau monde dont ſon pére n'avait eu que les premices, & dont il recueillait la moiſſon.

L'Empire ſous Maximilien ſecond, comme ſous Ferdinand premier était donc en effet l'Allemagne ſuzeraine de la Lonbardie; mais cette Lonbardie étant entre les mains de Philippe II. apartenait plûtôt à un allié qu'à un vaſſal. La Hongrie devenait le domaine de la maiſon d'Autriche, domaine qu'elle diſputait ſans ceſſe contre les turcs & qui était l'avant-mur de l'Allemagne.

Maximilien dès la premiére année de ſon regne eſt obligé comme ſon pere & ſon ayeul de ſoutenir la guerre contre les armées de Soliman.

Ce ſultan qui avait laſſé les généraux de Charlequint & de Ferdinand, fait encor la guerre par ſes lieutenants dans ces derniéres années de ſa vie. La tranſilvanie en était le prétexte; il y voulait toûjours nommer un Vaivode tributaire: & Jean Sigiſmond fils de cette Reine de Hongrie qui avait cédé ſes droits pour quelques villes en Siléſie, était revenu mettre ſon héritage ſous la protection du Sultan, aimant mieux être ſouverain tributaire des Turcs que ſimple ſeigneur. La guerre ſe faiſait donc en Hongrie. Les generaux de Maximilien prennent Tokai au mois de Janvier. L'electeur de Saxe Auguſte

était

était le seul prince qui secourut l'empereur dans cette guerre. Les princes catholiques & protestans songeaient tous à s'affermir. La religion occupait plus alors les peuples qu'elle ne les divisait. La plus part des catholiques en Baviére en Autriche, en Hongrie, en Bohéme, en acceptant le concile de Trente, voulaient seulement qu'on leur permît de communier avec du pain & du vin. Les prêtres à qui l'usage avait permis de se marier avant la cloture du concile de Trente, demandaient à garder leurs femmes. Maximilien second demande au pape ces deux points ; Pie IV. à qui le concile avait abandonné la décision du calice le permet aux laïques allemands & refuse les femmes aux prêtres ; mais ensuite on a oté le calice aux séculiers.

1565.

On fait une tréve avec les turcs qui restent toûjours maîtres de Bude & le prince de Transilvanie demeure sous leur protection.

Soliman envoie le Bacha Mustapha assiéger Malthe. Rien n'est plus connu que ce siége où la fortune de Soliman échoua.

1566.

Malgré l'affaiblissement du pouvoir impérial dépuis le traité de Passau, l'autorité legislative résidait toûjours dans l'empereur & cette autorité était en vigueur, quand il n'avait pas affaire à des princes trop puissants.

Maximilien II. déploie cette autorité contre le duc de Mecklenbourg Jean Albert, & son frére Ulric. Ils prétendaient tous deux les mêmes droits sur la ville de Rostock. Les habitans prou-

vaient

vaient qu'ils étaient exempts de ces droits. Les deux frères fe faifaient la guerre entre eux, & s'accordaient feulement à dépouiller les citoiens.

L'empereur a le crédit de terminer cette petite guerre civile par une commiffion impériale.

La flotte de Soliman prend la ville de Chio fur les venitiens. Maximilien en prend occafion de demander dans la diéte d'Augsbourg plus de fecours qu'on n'en avait accordés à Charlequint, lorsque Soliman était devant Vienne. La diette ordonne une levée de foldats, & accorde des mois romains pour trois ans, ce qu'on n'avait point fait encore.

Soliman qui touchait à fa fin, n'en faifait pas moins la guerre. Il fe fait porter à la tête de cent-mille hommes, & vient affiéger la ville de Zigeth. Il meurt devant cette place; fes janiffaires y entrent l'épée à la main deux jours après fa mort.

Le comte de Serin qui commendait dans Zigeth, eft tué en fe défendant après avoir mis lui-même la ville en flammes. Le grand Vifir envoie la tête de Serin à Maximilien, & lui fait dire que lui même aurait dû hazarder la fienne, pour venir défendre fa ville, puifqu'il était à la tête de près de cent vingt mille hommes.

L'armée de Maximilien, la mort de Soliman, & l'approche de l'hiver fervent au moins à arrêter les progrès des turcs.

Les états de l'Autriche & de la Bohéme profitent du mauvais fuccès de la campagne de l'empereur, pour lui demander le libre exercice de la confeffion d'Augsbourg.

Les

Les troubles des Païs-bas commençaient en même tems, & tout était déja en feu en France au sujet du calvinisme; mais Maximilien fut plus hereux que Philippe second & le Roi de France. Il refusa la liberté de conscience à ses sujets, & son armée qui avait peu servi contre les turcs, mit chez lui la tranquilité.

1567.

Cette année fut le comble des malheurs pour l'ancienne branche de la maison électorale de Saxe, dépouillée de son électorat par Charlequint.

L'électorat donné comme on a vû, à la branche cadette, devait être l'objet des regrets de l'ainée. Un gentilhomme nommé Groumbach proscrit avec plusieurs de ses complices pour quelques crimes, s'était retiré à Gotha chez Jean Frederic fils de ce Jean Frederic, à qui la bataille de Mulberg avait fait perdre le Duché & l'électorat de Saxe.

Groumbach avait principalement en viie de se vanger de l'électeur de Saxe Auguste chargé de faire éxécuter contre lui l'arrêt de sa proscription. Il était associé avec plusieurs brigands qui avaient vécu avec lui de rapines & de pillage. Il forme avec eux une conspiration pour assassiner l'électeur. Un des conjurés pris à Dresde avoua le complot. L'électeur Auguste avec une commission de l'empereur fait marcher ses troupes à Gotha. Groumbach que le duc de Gotha soutenait était dans la ville avec plusieurs soldats determinés attachés à sa fortune. Les troupes du duc & les bourgeois défendirent la ville; mais enfin il fallut se rendre. Le duc Jean Frederic aussi malheureux que son pére est arrêté, conduit à Vienne, transferé ensuite à Naples; & ses états sont donnés à Jean Guillaume son frére. Pour Groumbach & ses complices ils furent tous éxecutés à mort.

1568.

Les troubles des Païs-bas augmentaient. Le prince d'Orange Guillaume le *taciturne*, déja chef de parti, qui fonda la république des provinces unies, s'adresse à l'empereur, comme au premier souverain des Païs-bas, toujours regardés comme appartenants à l'Empire : & en effet l'empereur envoie en Espagne son frere Charles d'Autriche archi-duc de Gratz pour adoucir l'esprit de Philippe second : mais il ne put ni fléchir le roi d'Espagne, ni empêcher que la plûpart des princes protestans d'Allemagne n'envoiassent du secours au prince d'Orange.

Le duc d'Albe gouverneur sanguinaire des Païs-bas presse l'empereur de lui livrer le prince d'Orange qui alors levait des troupes en Allemagne. Maximilien répond que l'Empire, aiant la jurisdiction suprême sur les Païs-bas, c'est à la diette impériale qu'il faut s'adresser. Une telle réponse montre assez que le prince d'Orange n'était pas un homme qu'on pût arrêter.

L'empereur laisse le prince d'Orange faire la guerre dans les Païs-bas à la tête des troupes allemandes contre d'autres troupes allemandes, sans se mêler de la querelle. Il était pourtant naturel qu'il assistât Philippe II. son cousin dans cette affaire importante : d'autant plus que cette année-là même il fit la paix avec Selim II. successeur du grand Soliman. Mais apparemment qu'après cette paix, on ne lui païait plus de mois romains.

Loin

Loin d'aider le roi d'Espagne à soumettre ses sujets des Païs-bas, qui demandaient la liberté de conscience, il parut désaprouver la conduite de Philippe, en accordant bientôt dans l'Autriche la permission de suivre la confession d'Augsbourg. Il promit après au pape de révoquer cette permission. Tout cela découvre un gouvernement gêné, faible, inconstant. On eût dit que Maximilien craignait la puissance des ennemis de sa communion. & en effet toute la maison de Brandebourg était protestante. Un fils de l'électeur Jean George, élû archevêque de Magdebourg professait publiquement le protestantisme. Un Evêque de Verden en faisait autant. Le duc de Brunswick Jules embrassait cette rélligion qui était déja celle de ses sujets. L'électeur Palatin & presque tout son païs était calviniste. Le catholicisme ne subsistait plus guères en allemagne, que chez les électeurs ecclésiastiques, dans les états des évêques & des abbés, dans quelques commanderies de l'ordre téutonique, dans les domaines héréditaires de la maison d'Autriche & dans la Baviére, & encor y avait-il beaucoup de protestants dans tous ces païs ; ils faisaient même en Bohéme le plus grand nombre. Tout cela autorisait la liberté que Maximilien donnait en Autriche à la rélligion protestante ; mais une autre raison plus forte s'y joignait ; c'est que les états d'Autriche avaient promis à ce prix des subsides considérables.

1569.

Au milieu de tans de guerres de rélligion & de politique, voici une dispute de vanité. Le duc de Florence Cofme fecond, & le duc de Ferrare Alphonfe fe difputaient la préféance. Les rangs étaient reglés dans les diettes en Allemagne : mais en Italie il n'y avait point de diette ; & ces querelles de rang étaient indécifes. Les deux ducs tenaient tous deux à l'empereur. François prince heréditaire de Florence & le duc de Ferrare avaient époufé les fœurs de Maximilien. Les deux ducs remettent leur différend à fon arbitrage. Mais le pape Pie V. qui regardait le duc de Ferrare comme fon feudataire & le duc de Florence comme fon allié, fe hâte de donner un titre nouvau à Cosme ; il lui confére la dignité de grand-duc avec beaucoup de cerémonie ; comme fi le mot de *grand* ajoutait quelque chofe à la puiffance. Maximilien eft irrité que le pape s'arroge le droit de donner des titres aux feudataires de l'empire, & de prévenir fon jugement. Le duc de Florence prétend qu'il n'eft point feudataire. Le pape foutient qu'il a non feulement la prérogative de faire des grands ducs mais des rois. La difpute s'aigrit. Mais enfin le grand duc qui était trés riche fut reconnu par l'empereur.

1570.

Diette de Spire dans laquelle on rend prefque tous les états aux enfans du malheureux duc de Gotha qui refte confiné à Naples. On y conclut une paix entre l'empereur & Jean Sigismond prince de Tranfilvanie qui eft reconnu fouverain de cette province, & renonce au titre de roi de Hongrie, titre d'ailleurs trés vain, puifque l'empereur avait une partie de ce roiaume & les turcs l'autre. On

On y termine de très grands différends qui avaient longtems troublé le nord au sujet de la Livonie. La Suede, le Dannemarck, la Pologne, la Moscovie s'étaient disputé cette province que l'on regardait encor en Allemagne comme province de l'Empire. Le roi de Suede Sigismond céde à Maximilien ce qu'il a dans la Livonie. Le reste est mis sous la protection du Dannemarck; on convient d'empêcher que les moscovites ne s'en emparent. La ville de Lubec est comprise dans cette paix comme partie principale. Tous les priviléges de son commerce sont confirmés avec la Suede & le Dannemarck. Elle était encor puissante.

Les vénitiens à qui les turcs enlévaient toujours quelque possession, avaient fait une ligue avec le pape & le roi d'Espagne. L'empereur refusait d'y entrer dans la crainte d'attirer encor en Hongrie les forces de l'Empire Ottoman. Philippe second n'y entrait que pour la forme.

Le gouverneur du Milanez léva des troupes; mais ce fut pour envahir le marquisat de Final appartenant à la maison de Carreto. Les Génois avaient des vües sur ce coin de terre, & inquietaient le possesseur. La France pouvait les aider. Le marquis de Caretto était à Vienne où il demandait justice en qualité de vassal de l'Empire; & pendant ce tems là Philippe second s'emparait de son païs, & trouvait aisément le moyen d'avoir raison dans le conseil de l'empereur.

1572.
Après la mort de Sigismond II. Roi de Pologne dernier roi de la race des jagellons, Maximilien

lien brigue sous main ce trône, & se flatte que la republique de Pologne le lui offrira par une ambaffade.

La republique croit que son trône vaut bien la peine d'être demandé ; elle n'envoie point d'ambaffade, & les brigues fecrettes de Maximilien font inutiles.

1573.

Le duc d'Anjou l'un de ses compétiteurs est élu le 1. mai, au grand mécontentement des princes proteftants d'Allemagne, qui virent passer chez eux avec horreur ce prince teint du sang répandu à la journée de la St. Barthelémi.

1574.

Le prince d'Orange, qui se foutenait dans les Païs-bas par sa valeur & par son crédit contre toute la puissance de Philippe II. tient à Dordrecht une assemblée de tous les seigneurs & de tous les députés des villes de son parti. Maximilien y envoie un commiffaire impérial pour foutenir en apparence la majefté de l'Empire, & pour ménager un accommodément entre Philippe & les conféderés.

1575.

Maximilien II. fait élire son fils aîné Rodolphe, roi des romains dans la diète de Ratisbonne. La poffeffion du trône impérial dans la maison d'Autriche devenait neceffaire par le long usage, par la crainte des turcs, & par la convenance d'avoir un chef capable de foutenir par lui-même la dignité impériale.

Les

Les princes de l'Empire n'en jouissaient pas moins de leurs droits. L'électeur Palatin fournissait des troupes aux calvinistes de France, & d'autres princes en fournissaient toujours aux calvinistes des Païs-bas.

Le duc d'Anjou roi de Pologne dévenu roi de France par la mort de Charles IX. aïant quitté la Pologne comme on se sauve d'une prison, & le trône aïant été déclaré vacant, Maximilien a enfin le crédit de se faire élire roi de Pologne le 15. decembre.

Mais une faction opposée fait un sanglant affront à Maximilien. Elle proclame Etienne Battori Vaivode de Transilvanie, vassal du sultan, & qui n'était regardé à la cour de Vienne que comme un rebelle & un usurpateur. Les polonais lui font épouser la sœur de Sigismond Auguste; reste du sang des Jagellons.

Le Czar de Moscovie Jean offre d'apuïer le parti de Maximilien, espérant qu'il poura regagner la Livonie. La cour de Moscou toute grossière qu'elle était alors, avait deja les mêmes vuës qui se sont manifestées de nos jours avec tant d'éclat.

La Porte Ottomane de son côté menaçait de prendre le parti d'Etienne Battori contre l'empereur. C'était encor la même politique qu'aujourd'hui.

Maximilien essaïait d'engager tout l'Empire dans sa querelle ; mais les protestans au lieu de l'aider à devenir plus puissant, se contentèrent de demander à la diète, la libre profession de la confession d'Augsbourg pour la noblesse protestante qui habitait les païs ecclésiastiques.

1576.

1576.

Maximilien très incertain de pouvoir soutenir son élection à la couronne de Pologne, meurt à l'âge de 49. ans le 12. d'octobre.

RODOLPHE II.
QUARANTE-QUATRIEME EMPEREUR

1577.

Rodolphe couronné roi des romains du vivant de son pere, prend les rênes de l'Empire qu'il tient d'une main faible. Il n'y avait point d'autre capitulation que celle de Charlequint. Tout se faisait à l'ordinaire dans les diètes; même forme de gouvernement, mêmes intérêts, mêmes mœurs. Rodolphe promet seulement à la première diète tenue à Francfort de se conformer aux réglements des diètes précedentes. Il est remarquable que les princes d'Allemagne proposent dans cette diète d'appaiser les troubles des Païs-bas en diminuant l'autorité ainsi que la severité de Philippe II: par-là ils faisaient sentir que les intérêts des princes & des seigneurs flamands leur étaient chers, & qu'ils ne voulaient point que la branche ainée de la maison Autrichienne en écrasant ses vassaux, aprit à la branche cadette à abbaisser les siens.

Tel était l'esprit du corps germanique: & il parut bien que l'Empereur Rodolphe n'était pas plus absolu que Maximilien, puisqu'il ne put empêcher son frere l'Archiduc Mathias d'accepter le gouvernement des Païs-bas de la part des conféderés

derés qui étaient en armes contre Philippe II. de forte qu'on voyait d'un côté Don Juan d'Autriche fils naturel de Charlequint gouverneur au nom de Philippe II. en Flandre, & de l'autre fon neveu Mathias à la tête des rebelles, l'empereur neutre, & l'Allemagne vendant des foldats aux deux partis.

Rodolphe ne fe remuait pas d'avantage pour l'irruption que les mofcovites faifaient alors en Livonie.

1578.

Les Païs-bas devenaient le théatre de la confufion, de la guerre, de la politique, & Philippe II. n'ayant point pris le parti de venir de bonne heure y remettre l'ordre, comme avait fait Charlequint, jamais cette faute ne fut réparée. L'archiduc Mathias ne contribuant prefque que de fon nom à la caufe des confederés, avait moins de pouvoir que le prince d'Orange, & le prince d'Orange n'en avait pas affez pour fe paffer de fecours. Le prince Palatin Cafimir tuteur du jeune électeur Frédéric IV. qui avait marché en France avec une petite armée au fecours des proteftans, venait avec les débris de cette armée & de nouvelles troupes foutenir la caufe des proteftans & des mécontents des Païs-bas. Le frere du roi de France Henri III. qui portait le titre de duc d'Anjou, était auffi déja appelé par les confederés tout catholique qu'il était; Il y avait ainfi quatre puiffances qui cherchaient à profiter de ces troubles, l'archiduc, le prince Cafimir, le duc d'Anjou, & le prince d'Orange, tous quatre défunis; & Don Juan d'Autriche célébre par la bataille de Lépante feul contre eux. On prétendait que ce même Don Juan afpirait auffi à fe faire fouverain. Tant de troubles étaient la fuite de l'abus que Philippe fecond avait fait de fon autorité, & de ce qu'il n'avait pas foutenu cet abus par fa préfence.

Don Juan d'Autriche meurt le 1. octobre, & on acufe Philippe fecond fon frere de fa mort, fans autre preuve que l'envie de le rendre odieux.

1579.

Pendant que la défolation eft dans les Païs-bas, & que le grand capitaine Alexandre Farnéfe, prince de Parme fucceffeur de Don Juan, foutient la caufe de Philippe fecond & de la réllgion catholique par les armes, Rodolphe fait l'office de médiateur ainfi que fon pere. La reine d'Angleterre Elifabeth, & la France fecouraient les conféderés d'hommes & d'argent, & l'empereur ne donne à Philippe fecond que de bons offices qui furent inutiles. Rodolphe était peu agiffant par fon caractére, & peu puiffant par la forme que l'Empire avait prife. Sa médiation eft éludée par les deux partis. L'inflexible Philippe fecond ne voulait point acorder la liberté de confcience; & le prince d'Orange ne voulait point d'une paix qui l'eût réduit à l'état d'un homme privé.

1580.

Le prince d'Orange avait trouvé le fecret de ré-

résister aux succès de Farnése, & de se débarasser de l'archiduc Mathias: cet archiduc se démit de son gouvernment équivoque, & demanda aux états une pension, qu'on lui assigna sur les revenus de l'éveché d'Utrecht.

1581.

Mathias se retire des Païs-bas, n'y aïant rien fait que de stipuler sa pension, dont on lui retranche la moitié. Les états généraux se soustraient juridiquement par un édit le 26. juillet, à la domination du roi d'Espagne, mais ils ne renoncent point à être état de l'Empire. Leur situation avec l'Allemagne reste indécise. Et le duc d'Anjou qu'on venait d'élire duc de Brabant aïant depuis voulu asservir la nation qu'il venait défendre, fut obligé de s'en retourner en 1683. & d'y laisser le prince d'Orange plus puissant que jamais.

1582.

Gregoire XIII. aïant signalé son pontificat par la réforme du calendrier, les protestans d'Allemagne ainsi que tous les autres de l'Europe s'opposent à la reception de cette réforme nécessaire. Ils n'avaient d'autre raison, si non que c'était un service que Rome rendait aux nations. Ils craignaient que cette cour ne parut trop faite pour instruire, & que les peuples en recevant des loix dans l'astronomie, n'en reçussent dans la réligion. L'empereur dans une diéte à Augsbourg est obligé d'ordonner que la chambre impériale conservera l'ancien stile de Jules César, qui était bon du tems de César, mais que le tems avait rendu mauvais.

Un événement tout nouveau inquiète cette année l'Empire. Gebhard de Truchsès archevêque de Cologne, qui n'était pas prêtre, avait embrassé la confession d'Augsbourg, & s'était marié secrétement à Bonn avec Agnès de Mansfeld rélligieuse du monaftére de Guerichen. Ce n'était pas une chose bien extraordinaire, qu'un évêque marié; mais cet évêque était électeur : il voulait épouser sa femme publiquement, & garder son électorat. Un électorat est incontestablement une dignité séculière. Il pouvait arriver très-aifément que l'électorat de Cologne fut séparé de l'archevêché, ou que le prélat fut à la fois évêque luthérien, & électeur. Alors il n'y aurait eu d'électeur catholique, que le roi de Bohéme, & les archevêques de Mayence & de Tréves. L'Empire serait bientôt tombé dans les mains d'un protestant, & cela seul pouvait donner à l'Europe une face nouvelle.

Gebhard de Truchsès essaïait de rendre Cologne luthérienne. Il n'y réuffit pas. Le chapitre, & le sénat étaient d'autant plus attachés à la rélligion catholique, qu'ils partageaient en beaucoup de choses la souveraineté avec l'électeur, & qu'ils craignaient de la perdre. En éffet l'électeur quoique souverain, était bien loin d'être absolu. Cologne est une ville libre impériale, qui se gouverne par ses magistrats On léva des soldats de part & d'autre, & l'archevêque fit d'abord la guerre avec succès pour sa maîtresse.

1583.

Les princes protestans prirent le parti de l'électeur

lecteur de **Cologne**. L'électeur Palatin, ceux de Saxe & de Brandebourg écrivirent en sa faveur à l'empereur, au chapitre, au sénat de Cologne, mais ils s'en tinrent là ; & comme ils n'avaient point un intérêt personel & présent à faire la guerre pour le mariage d'une rélligieuse, ils ne la firent point.

Truchses ne fut secouru que par des princes peu puissants. L'archevêque de Brême, marié comme lui, amena de la cavalerie à son secours. Le comte de Solms, & quelques gentilhommes luthériens de Westphalie, donnèrent des troupes dans la prémière chaleur de l'événement. Le prince de Parme d'un autre côté en envoïait au chapitre. Un chanoine de l'ancienne maison de Saxe, qui est la même que celle de Brunswick, commandait l'armée du chapitre, & prétendait que c'était une guerre sainte.

L'électeur de Cologne n'aïant plus rien à ménager, célébra publiquement son mariage à Rosendal au milieu de cette petite guerre.

L'empereur Rodolphe ne s'en mêle, qu'en exhortant l'archevêque à quitter son église & son électorat, s'il veut garder sa nouvelle rélligion, & sa rélligieuse.

Le pape Gregoire XIII. l'excommunie comme un *membre pourri*, & ordonne qu'on élise un nouvel archevêque. Cette bulle du pape révolte les princes protestans, mais ils ne font que des instances. Ernest de Bavière évêque de Liége, de Frisingue, & d'Hildesheim, est élu électeur de Cologne, & soutient son droit par la voïe des armes.

Il n'y eut alors que le prince Palatin Casimir, qui secourut l'électeur dépossédé, mais ce fut pour très-peu de tems. Il ne resta bientôt plus à Truchsès que la ville de Bonn. Les troupes envoïées par le duc de Parme, jointes à celles de son compétiteur en firent le siége, & Bonn se rendit bientôt.

1584.

L'ancien électeur luttait encor contre sa mauvaise fortune. Il lui restait quelques troupes qui furent défaites ; & enfin n'aïant pû être ni assez habile, ni assez heureux pour armer de grands princes en sa faveur, il n'eut d'autre ressource que d'aller vivre à la Haye, dans un état au dessous de la médiocrité sous la protection du prince d'Orange.

L'intérieur de l'Empire resta paisible. Le nouveau calendrier romain fut reçu par les catholiques. La tréve avec les turcs fut prolongée. C'était à la vérité à la charge d'un tribut ; & Rodolphe se croïait encor trop heureux d'acheter la paix d'Amurath III.

1585.

L'exemple de Gebhard de Truchsés engage deux évêques à quitter leurs évêchés. L'un est un fils de Guillaume duc de Cléves, qui renonce à l'évêché de Münster pour se marier ; l'autre est un évêque de Minden de la maison de Brunswick.

1586.

Le fanatisme délivre Philippe II. du prince d'Orange,

range, ce que dix ans de guerre n'avaient pû faire. Cet illuftre fondateur de la liberté des provinces unies eft affaffiné par Balthafar Gérard francomtois : il l'avait deja été auparavant par un nommé Jaurigni bifcaïen, mais il était guéri de fa bleffure. Salcede avait confpiré contre fa vie, & on obferva que Jaurigni, & Gerard avaient communié pour fe préparer à cette action.

Maurice fon fecond fils lui fuccède à l'âge de dixhuit ans. C'eft lui qui devint le plus célèbre général de l'Europe. Les princes proteftans d'Allemagne ne le fecoururent pas, quoique ce fût l'intérêt de leur réligion, mais ils envoïèrent des troupes en France au roi de Navarre qui fut depuis Henri IV. C'eft que le parti des calviniftes de France était affez riche pour foudoïer fes troupes, & que Maurice ne l'était pas.

1587.

Le prince Maurice continue toujours la guerre dans les Païs-bas contre Alexandre Farnèfe. Il fait quelques levées aux dépends des états chez les proteftans d'Allemagne : c'eft tout le fecours qu'il en tire.

Un nouveau trône s'offrit alors à la maifon d'Autriche, mais cet honneur ne devint qu'une nouvelle preuve du peu de crédit de Rodolphe.

Le roi de Pologne Etienne Battori vaivode de Tranfilvanie étant mort le 13. décembre 1586. le Czar de Mofcovie Fédor fe met fur les rangs, mais il eft unanimement refufé. Une faction élit Sigifmond roi de Suède, fils de Jean III. & d'une princeffe du fang des Jagellons. Une autre faction proclame Maximilien, frere de l'empereur. Tous deux se rendent en Pologne à la tête de quelques troupes. Maximilien est défait, il se retire en Siléfie, & son compétiteur est couronné.

1588.

Maximilien est vaincu une seconde fois par le général de la Pologne Zamoski. Il est enfermé dans un château auprès de Lublin; & tout ce que fait en sa faveur l'empereur Rodolphe son frere, c'est de prier Philippe II. d'engager le pape Sixte V. à écrire en faveur du prisonnier.

1589.

Maximilien est enfin élargi, après avoir renoncé au roïaume de Pologne. Il voit le roi Sigismond avant de partir. On remarque qu'il ne lui donna point te titre de *majesté* parce qu'en Allemagne on ne le donnait qu'à l'empereur.

1590.

Le seul événement qui peut regarder l'Empire c'est la guerre des Païs-bas, qui désole les frontières du côté du Rhin & de la Westphalie. Les Cercles de ces provinces se contentent de s'en plaindre aux deux partis. L'Allemagne était alors dans une langueur que le chef avait communiquée aux membres.

1591.

Henri IV. qui avait son roïaume de France à
con-

conquérir, envoie le vicomte de Turenne en Allemagne négocier des troupes avec les princes protestans. L'empereur s'y oppose en vain ; l'électeur de Saxe Christiern excité par le vicomte de Turenne, prêta de l'argent & des troupes, mais il mourut lorsque cette armée était déja en chemin, & il n'en arriva en France qu'une petite partie. C'est tout ce qui se passait alors de considérable en Allemagne.

1592.

La nomination à l'évêché de Strasbourg cause une guerre civile, comme à Cologne, mais pour un autre sujet. La ville de Strasbourg était protestante. L'évêque catholique résidant à Saverne, était mort. Les protestans élisent Jean George de Brandebourg luthérien ; les catholiques nomment le cardinal de Lorraine. L'empereur Rodolphe donne en vain l'administration à l'archiduc Ferdinand l'un de ses freres, avec une commission pour appaiser ce différend. Ni les catholiques, ni les protestans ne le reçoivent. Le cardinal de Lorraine soutient son droit avec dix-mille hommes. Les cantons de Berne, de Zurich, & de Bâle donnent des troupes à l'évêque protestant ; elles sont jointes par un prince d'Anhalt, qui revenait de France, où il avait servi inutilement Henri IV. Ce prince d'Anhalt défait le cardinal de Lorraine. Cette affaire est mise en arbitrage l'année suivante ; & il fut enfin convenu en 1603. que le cardinal de Lorraine resterait évêque de Strasbourg, mais en païant cent-trente mille écus d'or au prince de Brandebourg Jean George. On ne peut guères acheter un évéché plus cher.

1593.

Une affaire plus confidérable réveillait l'indifference de Rodolphe. Amurath III. rompait la tréve, & les turcs ravageaient déja la haute Hongrie. Il n'y eut que le duc de Baviére, & l'archevêque de Saltzbourg, qui fournirent d'abord des fecours. Ils joignirent leurs troupes à celles des états heréditaires de l'empereur.

Ferdinand frere de Rodolphe avait un fils nommé Charles d'Autriche qu'il avait eu d'un premier mariage avec la fille d'un fénateur d'Augfbourg. Ce fils n'était point reconnu prince, mais il méritait de l'être. Il commandait un corps confidérable. Un comte Montecuculi en commandait un autre ; ceux qui ont porté ce nom, ont été déftinés à combattre heureufement pour la maifon d'Autriche. Les Serin, les Nadafti, les Palfi, étaient à la tête des milices hongroifes. Les turcs furent vaincus dans plufieurs combats, la haute Hongrie fut en fureté, mais Bude refta toujours aux ottomans.

1594.

Les turcs étaient en campagne, & Rodolphe tenait une diète à Augsbourg au mois de juin, pour 'oppofer à eux. Croirait-on qu'il fut ordonné de mettre un tronc à la porte de toutes les églifes d'Allemagne, pour recevoir des contributions volontaires ? C'eft la premiére fois qu'on a fait la guerre avec des aumônes. Cependant les troupes
impé-

impériales & hongroises, quoique mal païées, combatirent toujours avec courage. L'archiduc Mathias voulut commander l'armée, & la commanda. L'archiduc Maximilien qui gouvernait la Carinthie & la Croatie au nom de l'empereur son frere, se joint à lui : mais ils ne peuvent empêcher les turcs de prendre la ville de Javarin.

1595.

Par bonheur pour les impériaux, Sigismond Battori Vaivode de Transilvanie secouë le joug des ottomans pour prendre celui de Vienne. On voit souvent ces princes passer tour à tour d'un parti à l'autre ; Destinée des faibles obligés de choisir entre deux protecteurs trop puissants. Battori s'engage à prêter foi & hommage à l'empereur pour la Transilvanie, & pour quelques places de Hongrie, dont il était en possession. Il stipule que s'il meurt sans enfans mâles, l'empereur comme roi de Hongrie, se mettra en possession de son état, & on lui promet en recompense, Christine fille de l'archiduc Charles, le titre d'*Illustrissimus*, & l'ordre de la Toison d'or.

La campagne fut heureuse, mais les troncs établis à la porte des églises pour païer l'armée, n'étant pas assez remplis, les troupes impériales se revolterent & pillérent une partie du païs qu'ils étaient venus déffendre.

1596.

L'archiduc Maximilien commande cette année contre les turcs. Mahomet III. nouveau sultan vient en personne dans la Hongrie. Il assiége Agria qui se rend à composition, mais la garnison est massacrée en sortant de la ville. Mahomet indigné contre l'Aga des janissaires, qui avait permis cette perfidie, lui fait trancher la tête.

Mahomet défait Maximilien dans une bataille le 26. octobre.

Pendant que l'empereur Rodolphe reste dans Vienne, s'occupe à distiler, à tourner, à chercher la pierre philosophale, que Maximilien son frere est battu par les turcs, que Mathias songe déja à profiter de l'inaction de Rodolphe pour s'élever; Albert l'un de ses freres qui était cardinal, & dont on n'avait point entendu parler encore, était depuis peu gouverneur de la partie des Païsbas restée à Philippe II. Il avait succedé dans ce gouvernement à un autre de ses freres l'archiduc Ernest, qui venait de mourir après l'avoir possedé deux années sans avoir rien fait de mémorable. Il n'en fût pas de même du cardinal Albert d'Autriche. Il faisait la guerre à Henri IV. que Philippe II. avait toujours inquieté depuis la mort de Henri III. Il prit Calais & Ardres.

Henri IV. à peine vainqueur de la ligue, demande du secours aux princes protestans; il n'en obtient pas & se défend lui-même.

1597.

Les turcs sont toujours dans la Hongrie. Les païsans de l'Autriche foulés par les troupes impériale périales, se soulevent, & mettent eux-mêmes le comble à la désolation de ce païs. On est obligé d'envoyer contre eux une partie de l'armée. C'était une bien favorable occasion pour les turcs; mais par une fatalité singuliére, la haute Hongrie a presque toujours été le terme de leurs progrès, & cette année les révoltes des janissaires firent le salut de l'armée impériale.

1598.

Le comté de Simeren retombe par la mort du dernier comte, à l'électeur Palatin.

Le roi d'Espagne Philippe II. meurt à 72. ans après quarante deux de regne. Il avait troublé une partie de l'Europe, sans que jamais ni son oncle Ferdinand, ni son cousin Maximilien, ni son neveu Rodolphe eussent servi à ses desseins, ni qu'il eût contribué à leur grandeur. Il avait donné avant sa mort les Païs-bas à l'infante Isabelle sa fille; ce fut sa dot en épousant le cardinal archiduc Albert. C'était priver son fils Philippe III. & la couronne d'Espagne, d'une belle province; mais les troubles qui la déchiraient, la rendaient onéreuse à l'Espagne; & ce païs devait revenir à la couronne espagnole, en cas que l'archiduc Albert n'eût point d'enfans mâles, ce qui arriva en éffet.

Il s'agissait de chasser les turcs de la haute Hongrie. La diéte accorde vingt mois romains pendant trois ans pour cette guerre.

Le même Sigismond Battori qui avait quitté les turcs, & fait hommage de la Transilvanie à l'empereur, se repent de ces deux démarches. On lui avait donné en échange de sa souveraineté & de la Valachie les mêmes terres qu'à la reine mere d'Etienne Jean Sigismond, c'est-à-dire Opelen & Ratibor en Silésie. Il ne fut pas plus content de son marché que cette reine. Il quitte la Silésie, il rentre dans ses états. Mais toujours inconstant & faible, il les céde à un cardinal son cousin. Ce cardinal André Battori se met aussitôt sous la protection des turcs, reçoit du sultan une veste, comme un gage de la faveur qu'il demande. Semblable à Martinusius, il se met comme lui à la tête d'une armée, mais il est tué en combatant contre les impériaux.

1599.

Par la mort du cardinal Battori, & par la fuite de Sigismond, la Transilvanie reste à l'empereur; mais la Hongrie ne cesse d'être dévastée par les turcs. Ceux qui s'étonnent aujourd'hui que ce païs si fertile soit si dépeuplé, en trouveront aisément la raison dans le nombre d'esclaves des deux sexes, que les turcs ont si souvent enlevés.

L'empereur dans cette année se résolut à affranchir enfin le Virtemberg de l'inféodation de l'Autriche. Le Virtemberg ne releva plus que de l'Empire, mais il doit toujours revenir à la maison d'Autriche au défaut d'héritiers.

1600.

Les turcs s'avancent jusqu'à Canise sur la Drave vers la Stirie. Le duc de Mercœur célèbre prince de la maison de Lorraine, ne put empêcher la prise de cette forte place. Alors les peuples de Transilvanie & de Valachie refusent de reconnaître l'Empereur.

1601.

1601.

La fortune de Sigismond Battori est aussi inconstante que lui-même : il rentre en Transilvanie, mais il y est défait par le parti des impériaux. Ce ne sont que des révolutions continuelles dans ces provinces. Heureusement ce même duc de Mercœur, qui n'avait pû ni défendre ni reprendre Canise, prend sur les turcs Albe Royale.

1602.

Enfin l'Archiduc Mathias plus agissant que son frere, & secondé du duc de Mercœur, pénétre jusqu'à Bude, mais il l'assiège inutilement. Tout cela ne fait qu'une guerre ruineuse à charge à l'empereur & à l'Empire.

Sigismond Battori beaucoup plus malheureux, & méprisé par les turcs qui ne le secouraient pas, va se rendre enfin aux troupes impériales sans aucune condition ; & ce prince qui devait épouser une archiduchesse, est alors trop heureux d'être baron en Bohéme avec une pension très-modique.

1603.

Il y a toujours une fatalité qui arrête les conquêtes des turcs. Mahomet III. qui menaçait de venir commander en personne une armée formidable, meurt à la fleur de son âge. Il laisse sur le trône des ottomans son fils Acmet âgé de treize ans. Les factions troublent le serrail, & la guerre de Hongrie languit.

La diète de Ratisbonne promet cette fois

quatrevingt mois romains. Jamais l'Empire n'avait encor donné un si puissant secours, mais il ne fut guères fourni qu'en paroles.

Dans cette année Lubeck, Dantzig, Cologne, Hambourg & Bréme, villes de l'ancienne Hanse d'Allemagne, obtiennent en France des priviléges que ces villes prétendaient avoir eus, & que le tems avait abolis. Les négociants de ces villes furent exemptés du droit d'aubaine, & le sont encore. Ce ne sont pas-là des événemens d'éclat, mais ils contribuent au bien public, & presque tous ceux qu'on a vû, le détruisent.

1604.

L'empereur est sur le point de perdre la partie de la haute Hongrie qui lui restait. Les éxactions d'un gouverneur de Cassovie en sont cause. Ce gouverneur aïant éxigé de l'argent d'un seigneur hongrois nommé Botskai, ce hongrois se soulève, fait révolter une partie de l'armée, & se déclare seigneur de la haute Hongrie, sans oser prendre le titre de roi.

1605.

Il ne reste à l'empereur en Hongrie que Presbourg. Les turcs, & le révolté Botskai avaient le reste. L'archiduc Mathias était dans Presbourg avec une armée, mais le grand-visir était dans la ville de Pest. Botskai se fait proclamer prince de Transilvanie, & reçoit solemnellement dans Pest la couronne de Hongrie par les mains du grandvisir. L'archiduc Mathias est obligé de s'accomoder avec les seigneurs hongrois, pour conserver ce qui reste de ce païs. Il fut stipulé que dans la suite les états de Hongrie, qui avaient toujours élu leur roi, éliraient eux-mêmes leur gouverneur au nom de leur roi. La nomination aux évêchés était un droit de la couronne, mais les états éxigérent qu'on ne nommerait jamais que des hongrois, & que les évêques nommés par l'empereur n'auraient point de part au gouvernement du roïaume. Moïennant ces concessions & quelques autres, l'archiduc Mathias obtint que Botskai cederait la Transilvanie, & qu'il ne garderait de la Hongrie que la couronne d'or qu'il avait reçu du grand-visir. Les hongrois stipulérent expressément que les rélligions luthérienne & calviniste feraient autorisées.

Sous ce gouvernement faible de Rodolphe l'Allemagne n'etait pourtant pas troublée. Il n'y avait alors que de très petites guerres intestines, comme celle du duc de Brunswick qui voulait soumettre la ville de Brunswick; & du duc Bavière qui voulait subjuguer Donavert. Le duc de Bavière riche & puissant vint à bout de Donavert, mais le duc de Brunswick ne put prévaloir contre Brunswick, qui resta longtems encor libre & impériale. Elle était soutenue par la Hanse teutonique. Les grandes villes commerçantes pouvaient alors se déffendre aisément contre les princes. On ne levait, comme on sait, de troupes qu'en cas de guerre. Ces milices nouvelles des princes & des villes étaient également mauvaises. Mais depuis que les princes se sont appliqués à tenir en tout tems des troupes disciplinées, les choses ont bien changé.

L'allemagne d'ailleurs fut tranquile malgré trois
rélli-

rélligions opposées l'une à l'autre, malgré les guerres des Païs-bas, qui inquiétaient sans cesse les frontiéres, malgré les troubles de la Hongrie & de la Transilvanie. La faiblesse de Rodolphe en Allemagne n'eut pas le même sort que celle de Henri III. en France. Tous les seigneurs sous Henri III voulurent devenir indépendans & puissants ; ils troublérent tout. Mais les seigneurs allemands étaient ce que les seigneurs français voulaient être.

1606.

L'archiduc Mathias traite avec les turcs, mais sans éffet. Tant de traités avec les turcs, avec les hongrois, avec les transilvains, ne sont que de nouvelles semences de troubles. Les transilvains après la mort de Botskai élisent Sigismond Ragoski pour vaivode malgré les traités faits avec l'empereur ; & l'empereur le souffre.

1607   1608.

Rodolphe qui achetait si cherement la paix chez lui, négocie pour l'établir enfin dans les Païs-bas ; on ne pouvait l'avoir qu'aux dépends de la branche d'Autriche Espagnole, comme il l'avait à ses dépends en Hongrie. La fameuse Union d'Utrecht de 1579. était trop puissante pour ceder. Il fallait reconnaître les états généraux des sept provinces unies, libres & independants. C'était principalement de l'Espagne que les sept provinces éxigeaient cette reconnaissance autentique. Rodolphe leur écrit, *vous êtes des états mouvants de l'Empire. Votre constitution ne peut chan-*

changer sans le consentement de l'empereur votre chef. Les états généraux ne firent pas seulement de réponse à cette lettre. Ils continuent à traiter avec l'Espagne, qui reconnut enfin en 1609. leur indépendance.

Cependant cette philosophie tranquile, & indifférente de Rodolphe plus convenable à un homme privé qu'à un empereur, enhardit enfin l'ambition de l'archiduc Mathias son frere; il songe à ne lui laisser que le titre d'empereur, & à se faire souverain de la Hongrie, de l'Autriche, de la Bohême, dont Rodolphe négligeait le gouvernement. La Hongrie était envahie presque tout entière par les turcs, & déchirée par ses factions; l'Autriche exposée; la Bohême mécontente. L'inconstant Battori par une nouvelle vicissitude de sa fortune venait encor d'être rétabli en Transilvanie par les suffrages de la nation, & par la protection du Sultan. Mathias négociait avec Battori, avec les turcs, avec les mécontents de la Hongrie. Les états d'Autriche lui avaient fourni beaucoup d'argent. Il était à la tête d'une armée; il prenait sur lui tous les soins, & voulait en recueillir le fruit.

L'empereur retiré dans Prague apprend les desseins de son frere, il craint pour sa sureté. Il ordonne quelques-levées à la hâte. Mathias son frere léve le masque, il marche vers Prague. Les protestans de la Bohême prennent ce tems de crise pour demander de nouveaux priviléges à Rodolphe qu'ils ménacent d'abandonner. Ils obtiennent que le clergé catholique ne se mêlera plus

des

des affaires civiles, qu'il ne fera aucune acquisition de terres sans le consentement des états, que les protestans seront admis à toutes les charges. Cette condéscendance de l'empereur irrite les catholiques; il se voit réduit à recevoir la loi de son frere.

Il lui cede le 11. mai la Hongrie, l'Autriche, la Moravie, & il se reserve seulement dans ce triste acord l'usufruit de la Bohéme, & la suzeraineté de la Silésie. Il se dépouillait de ce qu'il avait gouverné avec faiblesse, & qu'il ne pouvait plus garder. Son frere n'acquerait d'abord en effet que de nouveaux embarras. Il avait à se concilier les protestans de l'Autriche, qui demandaient les armes à la main à leur nouveau maître l'exercice libre de leur rélligion, & auxquels il fallut l'accorder, du moins hors des villes. Il avait à ménager les hongrois, qui ne voulaient pas qu'aucun allemand eût chez eux de charge publique. Mathias fut obligé d'ôter aux allemans leurs emplois en Hongrie. Voilà comme il tachait de s'affermir, pour être en état de résister enfin à la puissance ottomane.

1609.

Plus la rélligion protestante gagnait de terrain dans les domaines autrichiens, plus elle devenait puissante en Allemagne. La succession de Cleves & de Juliers mit aux mains les deux partis qui s'étaient longtems ménagés depuis la paix de Passau. Elle fit renaître une ligue protestante plus dangereuse que celle de Smalcalde, & produisit une ligue catholique. Ces deux factions furent prêtes de ruiner l'Empire.

l'Em-

Les maisons de Brandebourg, de Neubourg, de Deux-ponts, de Saxe, & enfin Charles d'Autriche marquis de Burgau, se disputaient l'héritage de Jean Guillaume dernier duc de Cleves, Berg, & Juliers, mort sans enfans.

L'empereur crut mettre la paix entre les prétendants, en sequestrant les états que l'on disputait. Il envoie l'archiduc Léopold son cousin prendre possession du duché de Cleves ; mais d'abord l'électeur de Brandebourg Jean Sigismond s'accorde avec le duc de Neubourg son compétiteur pour s'y opposer. L'affaire devient bientôt une querelle des princes protestans avec la maison d'Autriche. Les princes de Brandebourg & de Neubourg deja en possession & unis par le danger en attendant que l'intérêt les divisât, soutenus de l'électeur Palatin Fréderic IV. implorent le secours de Henri IV. roi de France.

Alors se formérent les deux ligues opposées ; La protestante qui soutenait les maisons de Brandebourg & de Neubourg ; la catholique qui prenait le parti de la maison d'Autriche. L'électeur Palatin Fréderic IV. quoique calviniste, était à la tête de tous les confédérés de la confession d'Augsbourg ; c'était le duc de Virtemberg, le landgrave de Hesse-Cassel, le margrave d'Anspach, le margrave de Badé-Dourlach, le prince d'Anhalt, plusieurs villes impériales. Ce parti prit le nom d'*Union évangelique*.

Les chefs de la ligue catholique oposée étaient Maximilien duc de Baviére, les électeurs catholiques, & tous les princes de cette communion. L'électeur de Saxe même se mit dans ce parti tout luthé-

luthérien qu'il était, dans l'éspérance de l'inveftiture des duchés de Cleves & de Juliers. Le landgrave de Heffe-Darmftadt proteftant était auffi de
la ligue catholique. Il n'y avait aucune raifon qui
pût faire de cette querelle une querelle de réligion; mais les deux partis fe fervaient de ce nom
pour animer les peuples. La ligue catholique mit
le pape Paul V. & le roi d'Efpagne Philippe III.
dans fon parti. *L'Union évangelique* mit Henri IV.
dans le fien. Mais le pape & le roi d'Efpagne ne
donnaient que leur nom; & Henri IV. allait marcher en Allemagne à la tête d'une armée difcipli-
née & victorieufe, avec laquelle il avait deja détruit une ligue catholique.

1610.

Ces mots de ralliment *catholique*, *évangelique*,
ce nom du *pape* dans une querelle toute profane,
furent la véritable & unique caufe de l'affaffinat
du grand Henri IV. tué comme on fait, le 14.
mai au milieu de Paris par un fanatique imbécile
& furieux. On ne peut en douter; l'interrogatoire
de Ravaillac ci-devant moine porte qu'il affaffina
Henri IV. parce qu'on difait par tout *qu'il allait
faire la guerre au pape*.

Les grands deffeins de Henri IV. périrent avec
lui. Cependant il refta encor quelque refsort de
cette grande machine qu'il avait mife en mouvement. La ligue proteftante ne fut pas détruite.
Quelques troupes françaifes fous le commandement
du maréchal de la Châtre foutinrent le parti de
Brandebourg & de Neubourg.

En-

En vain l'empereur adjuge Cleves & Juliers par provision à l'électeur de Saxe, à condition qu'il prouvera son droit. Le maréchal de la Châtre n'en prend pas moins Juliers, & n'en chasse pas moins les troupes de l'archiduc Léopold. Juliers reste en commun pour quelque tems à Brandebourg & à Neubourg.

1611.

L'extrême confusion où était alors l'Allemagne, montre ce que Henri IV. aurait fait s'il eût vécu. Rodolphe philosophe est dans Prague. L'archiduc Léopold chassé de Juliers avec son armée mal païée, va en Bohême la faire subsister de pillage. Il y usurpe toute l'autorité de l'empereur, qui se voit dépouillé de tous côtés par les princes de son sang. Mathias qui avait deja forcé son frere à lui céder tant d'états, ne veut pas qu'un autre que lui dépouille le chef de la maison. Il vient à Prague avec des troupes, & y force son frere à prier les états de le couronner *par excès d'affection fraternelle.*

Mathias est sacré roi de Bohême le 21. mai; il ne reste à Rodolphe que le titre de roi, aussi vain pour lui que celui d'empereur.

1612.

Rodolphe meurt le 20. janvier à compter selon le nouveau calendrier. Il n'avait jamais voulu se marier. Sa maison dont on avait tant craint la vaste puissance, n'eut presque aucune considération de son tems, en Europe depuis le commencement du dix-septiéme siécle. Sa nonchalance & la faibleſſe de Philippe III. en Espagne en furent la cauſe. Rodolphe avait perdu ſes états, & conſervé de l'argent comptant. On prétend qu'on trouva dans ſon épargne quatorze millions d'écus. Cela découvre une ame petite. Avec ces quatorze millions & du courage il eût pû reprendre Bude ſur les turcs, & rendre l'Empire reſpectable. Mais ſon caractère le fit vivre en homme privé ſur le trône, & il fut plus heureux que ceux qui le dépouillèrent & le mépriſèrent.

MATHIAS
Quarante-cinquieme Empereur.
1612.

Mathias frere de Rodolphe eſt élu unanimement, & cette unanimité ſurprend l'Europe. Mais les tréſors de ſon frere l'avaient enrichi, & le voiſinage des turcs rendait néceſſaire l'élection d'un prince de la maiſon d'Autriche, roi de Hongrie.

La capitulation de Charlequint n'avait point juſques-là été augmentée. Elle le fut de quelques articles pour Mathias, dont l'ambition s'était aſſez manifeſtée.

La Hongrie & la Tranſilvanie étaient toujours dans le même état. L'empereur avait peu de terrain par de-là Presbourg; & le nouveau prince de Tranſilvanie Gabriel Battori était vaſſal du ſultan.

1613.

1613.

Ces deux grandes ligues la protestante & la catholique qui avaient menacé l'Allemagne d'une guerre civile, s'étaient comme dissipées elles mêmes après la mort de Henri IV. Les protestans se contentaient seulement de refuser de l'argent à l'empereur dans les diétes. La querelle sur la succession de Juliers qu'on croïait qui embraferait l'Europe, ne devint plus qu'une de ces petites guerres particuliéres qui ont troublé de tout tems quelques cantons d'Allemagne sans diffoudre le corps germanique.

Le duc de Neubourg, & l'électeur de Brandebourg s'étant mis en possession de Cleves & de Juliers devaient être nécessairement brouillés pour le partage. Un soufflet donné par l'électeur de Brandebourg au duc de Neubourg ne pacifia pas le différend. Les deux princes se firent la guerre. Le duc de Neubourg se fit catholique pour avoir la protection de l'empereur & du roi d'Espagne. L'électeur de Brandebourg introduisit le calvinisme dans le païs pour animer la ligue protestante en sa faveur.

Cependant les autres princes demeuraient dans l'inaction; & l'électeur de Saxe lui-même malgré le jugement impérial rendu en sa faveur, ne rémuait pas. Les Païs-bas espagnols & hollandais se mélaient de la querelle. Deux grands généraux, le marquis de Spinola de la part de l'Espagne secourait Neubourg; le comte Maurice de la part des

des états généraux était armé pour Brandebourg. C'eſt une ſuite de la conſtitution de l'Allemagne, que des puiſſances étrangères puſſent prendre plus de part à ces querelles inteſtines, que l'Allemagne même. L'interieur du corps germanique n'en était point ébranlé. Cette paix interieure était ſouvent troublée par les fréquents démelés d'une ville avec une autre, des princes avec les villes, des princes avec les princes. Mais le corps germanique ſubſiſtait par ces diviſions mêmes, qui mettaient une balance à peu près égale entre ſes membres.

1614.

Il n'en était pas de même en Hongrie & en Tranſilvanie. L'empereur Mathias ſe préparait contre le turc. Le Vaivode de Tranſilvanie Gabriel Battori ſe ménageait entre l'empereur chrétien, & l'empereur muſulman. Les turcs pourſuivent Battori. Il eſt abandonné de ſes ſujets; L'empereur ne peut le ſecourir, Battori ſe fait donner la mort par un de ſes ſoldats. Exemple unique parmi les princes modernes.

Un Pacha inveſtit Bethléem-Gabor de la Tranſilvanie. Cette province ſemblait à jamais perdue pour la maiſon d'Autriche. Le nouveau ſultan Acmeth, maître d'une ſi grande partie de la Hongrie, jeune, & ambitieux, faiſait craindre que Presbourg ou Vienne ne fît les limites des deux empires. On avait été toujours dans ces allarmes ſur la fin du regne de Rodolphe; mais la vaſte étendue de l'Empire ottoman, qui depuis ſi longtems inquiétait

les

les chrétiens, fut ce qui les sauva. Les turcs étaient souvent en guerre avec les persans. Leurs frontiéres du côté de la mer noire, souffraient beaucoup des révoltes de georgiens, & des mingreliens. On contenait difficilement les arabes ; & il arrivait souvent que dans le tems même qu'on craignait en Hongrie, & en Italie une nouvelle inondation de turcs, ils étaient obligés de faire une paix même désavantageuse pour la déffense de leur propre païs.

1615.

L'empereur Mathias a le bonheur de conclure avec le sultan Acmeth un traité plus favorable que la guerre n'eût pû l'être. Il stipule sans tirer l'épée la restitution d'Agria, de Canise, d'Albe roïale, de Pest, & même de Bude : ainsi il est en possession de presque toute la Hongrie, en laissant toujours la Transilvanie & Bethléem-Gabor sous la protection des ottomans. Ce traité augmente la puissance de Mathias. L'affaire de la succession de Juliers est presque la seule chose qui inquiete l'interieur de l'Empire ; mais Mathias ménage les princes protestants en laissant toujours ce païs partagé entre la maison palatine de Neubourg, & celle de Brandebourg. Il avait besoin de ces ménagements pour perpétuer l'Empire dans la maison d'Autriche.

1616.

Cette année & les suivantes sont remplies de négociations & d'intrigues. Mathias était sans enfans, & avait perdu fa fanté & fon activité. Il fallait pour affurer l'Empire à fa maifon commencer par lui affurer la Bohéme & la Hongrie. Les conjonctures étaient délicates ; les états de ces deux roïaumes étaient jaloux du droit d'élection; l'efprit de parti y regnait, & l'efprit d'indépendance encor plus : la différence des relligions y nourriffait la difcorde : mais les proteftans & les catholiques aimaient également leurs priviléges. Les princes d'Allemagne paraiffaient encor moins difpofez à choifir un empereur autrichien & l'union évang lique toujours fubfiftante laiffait peu d'efpérance à cette maifon.

Il lui faut donc commencer par affurer la fucceffion de la Bohéme & de la Hongrie. Il avait ravi ces états à fon frere, il n'en fait point paffer l'héritage aux freres qui lui reftent, Maximilien & Albert. Il n'y a guères d'apparence qu'ils y aient tous deux renoncé de bon gré. Albert furtout à qui le roi d'Efpagne avait laiffé les Païs-bas, aurait été plus qu'un autre en état de foutenir la dignité impériale s'il eût regné fur la Hongrie & fur la Bohéme. C'eft fur un coufin, fur Ferdinand de Grats duc de St rie que Mathias veut faire tomber ces couronnes. Le droit du fang fut donc peu confulté.

1617.

Ferdinand eft élu & reconnu fucceffeur au roïaume de Bohéme par les états, & couronné en cette qualité le 29. juin. L'Union évangelique
com-

commence à s'éfaroucher de voir ces premiers pas de Ferdinand de Grats vers l'Empire. Mathias & Ferdinand ménagent plus que jamais l'électeur de Saxe qui n'eſt point de l'Union évangelique, & qui dans l'eſpérance d'avoir Cleves, Berg & Juliers, embraſſe toujours le parti de la maiſon d'Autriche. La maiſon palatine aïant des intérêts tout contraires, eſt toujours à la tête des proteſtants. Et c'eſt-là l'origine de la funeſte guerre entre Ferdinand & la maiſon palatine : c'eſt celle de la guerre de trente ans qui déſola tant de provinces, qui fit venir les ſuédois au milieu de l'Allemagne, & qui produiſit enfin le traitté de Weſtphalie ; & donna une nouvelle face à l'Empire.

Mathias engage la branche d'Autriche eſpagnole à céder les prétentions qu'elle peut avoir ſur la Hongrie & ſur la Bohéme. Philippe III. roi d'Eſpagne abandonne ſes droits ſur ces roiaumes à Ferdinand à condition qu'au défaut de la poſterité mâle de Ferdinand, la Hongrie & la Bohéme apartiendront aux fils de Philippe III. ou à ſes filles, & aux enfans de ſes filles ſelon l'ordre de la primogéniture. Par ce pacte de famille ces états pouvaient aiſément tomber à la maiſon de France : car ſi une fille heritiére de Philippe III. épouſait un roi de France, le fils ainé de ce roi acquerait un droit à la Hongrie & à la Bohéme.

Ce pacte de famille était évidemment contraire au teſtament de l'empereur Ferdinand I. Les diſpoſitions des hommes pour établir la paix dans l'avenir préparent preſque toujours la diviſion. Enfin ce nouveau traitté révoltait les hongrois & les bohémiens qui voïaient qu'on difpofait d'eux fans les confulter. Les proteftans de Bohéme commencent par fe conféderer à l'exemple de l'Union évangelique. Bientôt ils entrainent les catholiques dans leur parti parce qu'il s'agit des droits de l'état & non de la relligion. La Siléfie ce grand fief de la Bohéme fe joint à elle. La guerre civile eft allumée. Un comte de Turm ou de la Tour homme de génie eft à la tête des conféderéz ; il fait la guerre reguliérement & avec avantage ; fes partis vont jufqu'aux portes de Vienne.

1619.

L'empereur Mathias meurt au mois de mars au milieu de cette révolution fubite fans pouvoir prévoir quel fera le déftin de fa maifon.

Son coufin Ferdinand de Grats eft affez heureux d'abord pour ne point éprouver de grandes contradictions en Hongrie dont il avait chaffé les turcs par un traitté qui le rendait agréable au roiaume ; mais il voit la Bohéme, la Siléfie, la Moravie, la Luzace liguées contre lui, les proteftans de l'Autriche prêts à éclater, & ceux de l'Allemagne peu difpofez à l'élever à l'Empire. La maifon d'Autriche n'avait point encor eu de moment plus critique. D'un côté quatre électeurs offrent la couronne impériale à Maximilien duc de Baviére, de l'autre la Bohéme offre fa fouveraineté dabord au duc de Savoie trop éloigné pour l'accepter, & enfuite à l'électeur Palatin, Fréderic V. qui l'obtint

pour

pour son malheur. Cependant on s'assemble à Francfort pour élire un roi des romains, un roi d'Allemagne, un empereur. Presque toutes les cours de l'Europe sont en mouvement pour cette grande affaire ; les états de la Bohême députent à Francfort pour faire exclure Ferdinand du droit de suffrage. Ils ne le reconnaissaient pas pour roi ; & conséquemment ils ne voulaient pas qu'il eût de voix. Non seulement il était menacé de n'être pas empereur, mais même de n'être pas électeur. Il fut l'un & l'autre. Il se donna sa voix pour l'Empire, il eut celles des catholiques & même des protestans. Chaque électeur fut tellement ménagé, que chacun crut voir son intérêt particulier dans l'élevation de Ferdinand de Grats. L'électeur Palatin lui-même à qui la Bohême déferait sa couronne, fut obligé de donner sa voix dont le refus aurait été inutile. Cette élection fut faite le 19. août 1619. il est couronné à Aix-la-Chapelle le 9. septembre, il signe auparavant une capitulation un peu plus étendue que celle de ses prédécesseurs.

FERDINAND II.
QUARANTE-SIXIEME EMPEREUR.

1619.

Dans le tems-même que Ferdinand II. est couronné empereur, les états de Bohême nomment pour roi l'électeur Palatin. Cet honneur était devenu plus dangereux qu'auparavant par la nomination de Ferdinand à l'Empire. C'était le tems d'une grande crise pour le parti protestant. Si Frederic eut été secouru par son beaupere Jacques roi d'Angleterre, le succès paraissait assuré. Mais Jacques ne lui donna que des conseils, & ces conseils furent de refuser. Il ne les crut pas & s'abandonna à la fortune.

Il est solemnellement couronné dans Prague le 4. novembre avec l'électrice princesse d'Angleterre, mais il est couronné par l'administrateur des hussites, non par l'archevêque de Prague.

Cela seul annonçait une guerre de réllligion aussi-bien que de politique. Tous les princes protestans hors l'électeur de Saxe étaient pour lui. Il avait dans son armée quelques troupes anglaises que des seigneurs d'Angleterre lui avaient amenées, par amitié pour lui & par haine pour la réllligion catholique & par la gloire de faire ce que son beau-pere Jacques I. ne faisait pas. Il était secondé par le Vaivode de Transilvanie Bethléem Gabor, qui attaquait le même ennemi en Hongrie. Gabor pénetra même jusqu'aux portes de Vienne. Et de là il retourna sur ses pas prendre Presbourg. La Silésie était toute soulevée contre l'empereur; le comte de Mansfelt soutenait en Bohême le parti du Palatin; les protestans même de l'Autriche inquiétaient l'empereur. Si la maison Bavaroise avait été réunie comme celle d'Autriche le fut toujours, le parti du nouveau roi de Bohême aurait été le plus fort: mais le duc

de

de Bavière riche & puissant était loin de contribuer à la grandeur de la branche ainée de sa maison. La jalousie, l'ambition, la rélligion le jettèrent dans le parti de l'empereur, desorte qu'il arriva à la maison Bavaroise sous Ferdinand de Grats ce qui était arrivé à la maison de Saxe sous Charlequint.

La ligue protestante & la ligue catholique étaient à peu près également puissantes dans l'Allemagne, mais l'Espagne & l'Italie apuiaient Ferdinand. Elles lui fournissaient de l'argent levé sur le clergé, & des troupes. La France qui n'était pas encor gouvernée par le cardinal de Richelieu, oubliait ses anciens intérêts. La Cour de Louis XIII. faible & orageuse semblait avoir des vuës (supposé qu'elle en eût) toutes contraires aux desseins du grand Henri IV.

1620.

Louis XIII. envoie en Allemagne le duc d'Angoulême à la tête d'une ambassade solemnelle pour offrir ses bons offices, au lieu d'y marcher avec un armée. Les princes assemblez à Ulm écoutent le duc d'Angoulême & ne concluent rien. La guerre en Bohéme continuë. Bethléem-Gabor se fait reconnaître roi en Hongrie comme le Palatin Frédéric V. en Bohéme. Un ambassadeur de la Porte & un de Venise favorisent cette revolution des états de Hongrie dans la ville de Neuhausel. On n'était pas accoutumé à voir ainsi les turcs & les venitiens réünis ; mais Venise avait tant de démelés avec la branche d'Autriche espagnole qu'elle déclarait ouvertement ses sentiments contre toute la maison.

Toute l'Europe était partagée dans cette querelle, mais plutôt par des voeux que par des effets. Et l'empereur était bien mieux secondé en Allemagne que l'électeur Palatin.

D'un côté l'électeur de Saxe déclaré pour l'empereur entre dans la Luzace : de l'autre le duc de Baviére pénètre en Bohême avec une puissante armée : tandis que les armes de l'empereur resistent au moins en Hongrie contre Bethléem-Gabor.

Le Palatin est attaqué à la fois & dans son nouveau roïaume de Bohême & dans son électorat. Henri Fréderic de Nassau frere & depuis successeur de Maurice le Stadhouder des provinces unies, y combatait pour lui. Il y avait encor des anglais. Mais contre lui était le célebre Spinola, avec l'élite des troupes des Païs-bas espagnols. Le Palatinat est ravagé. Une bataille décide en Bohême du fort de la maison d'Autriche & de la maison Palatine.

Fréderic est entiérement défait le 19. novembre auprès de Prague par son parent Maximilien de Baviére ; il fuit dabord en Silésie avec sa femme & deux de ses enfans, & perd en un jour les états de ses ayeux & ceux qu'il avait acquis.

1621.

1621.

Le roi d'Angleterre Jacques négocie en faveur de son malheureux gendre aussi infructueusement qu'il s'était conduit faiblement.

L'empereur met l'électeur Palatin au ban de l'Empire par un arrêt de son conseil aulique le 20. janvier. Il proscrit le duc de Jagendorff en Silésie, le prince d'Anhalt, les comtes de Höenlo, de Mansfelt, de la Tour, tous ceux qui ont pris les armes pour Fréderic.

Ce prince vaincu n'a pour lui que des intercesseurs & point de vangeur. Le roi de Dannemarck presse l'empereur d'user de clémence. Ferdinand n'en fait pas moins passer par la main du bourreau un grand nombre de gentilshommes bohémiens.

Un de ses généraux le comte de Buquoy acheve de soumettre ce qui reste de rebelles en Bohéme, & de la il court assurer la haute Hongrie contre Bethléem-Gabor. Buquoy est tué dans cette campagne; & Ferdinand s'accomode bientôt avec le transilvain auquel il céde un grand terrain pour être plus sûr du reste.

Cependant l'électeur Palatin se réfugie de Silésie en Dannemarck & de Dannemarck en Hollande. Le duc de Baviére s'empare du haut Palatinat, tandis que le marquis de Spinola répand dans le

Palatinat les troupes espagnoles fournies par l'archi-duc gouverneur des Païs bas.

Le Palatin n'avait pû obtenir de son beau-pere le roi Jacques & du roi de Dannemarck que de bons offices & des ambassades inutiles à Vienne. Il n'obtenait rien de la France dont l'intérêt était de prendre son parti. Ses seules ressources étaient alors dans deux hommes qui devaient naturellement l'abandonner. C'était le duc de Jagendorff en Silésie & le comte de Mansfelt dans le Palatinat, tous deux proscrits par l'empereur & pouvant mériter leur grace en quittant son parti. Ils firent pour lui des efforts incroïables. Mansfelt surtout fut toujours à la tête d'une petite armée, qu'il conserva malgré la puissance autrichienne. Elle n'avait pour toute solde que l'art de Mansfelt, de faire la guerre en partisan habile, art assez en usage alors dans un tems où l'on ne connaissait pas ces grandes armées toujours subsistantes, & où un chef résolu pouvait se maintenir quelque tems à la faveur des troubles. Mansfelt réveillait & encourageait les princes protestants voisins.

Il y avait surtout un prince de Brunswick nommé Christiern, administrateur, ce qui au fond ne veut dire qu'usurpateur de l'évêché d'Halberstadt, qui se joignit à Mansfelt. Ce Christiern s'intitulait, *ami de Dieu & ennemi des prêtres*, il n'était pas moins ennemi des peuples dont il ravageait le territoire. Mansfelt & lui firent beaucoup de mal au païs sans faire du bien à l'électeur Palatin.

Les

Les princes d'Orange & les Provinces unies qui faifaient la guerre contre les éfpagnols au Païsbas, étaient obligés d'y emploier toutes leurs forces, & n'étaient pas en état de donner au Palatin des fecours éfficaces. Son parti était accablé, mais il ne laiffait pas de donner de tems en tems de violentes fecouffes : & à la moindre occafion il fe trouvait quelque prince proteftant qui armait en fa faveur. Le landgrave de Heffe - Caffel difputait quelques terres au landgrave de Darmftadt. Piqué contre l'empereur qui favorifait fon compétiteur; il foutenait autant qu'il le pouvait le parti de l'électeur Palatin. Le marck-grave de Bade-Dourlack s'uniffait avec Mansfelt; & en général tous les princes proteftants craignant de fe voir bientôt forcés de reftituer les bien écléfiaftiques, paraiffaient difpofés à prendre les armes dés qu'ils feraient fecondés de quelques puiffances.

1622.

C'eft toujours le duc de Baviére qui fait le bonheur de Ferdinand. Ce font fes généraux & fes troupes qui achévent de ruiner le parti du Palatin fon parent. Tilli général Bavarois qui depuis fut un des plus grands généraux de l'empereur, défait entierement auprès d'Afchaffenbourg ce prince de Brunfwick, furnommé à bon droit *l'ennemi des prêtres*, puifqu'il venait de piller l'Abaïe de Fulde, & toutes les terres écléfiaftiques de cette partie de l'Allemagne.

Il ne reftait plus que Mansfelt qui pût déffendre encor

encor le Palatinat & il en était capable étant à la tête d'une petite armée qui avec les débris de celle de Brunfwick allait jufqu'à dix-mille hommes. Mansfelt était un homme extraordinaire; Bâtard d'un comte de ce nom, n'aïant de fortune que fon courage & fon habileté, fecouru en fécret des princes d'Orange, & des autres proteftans, il fe trouvait général d'une armée qui n'appartenait qu'à lui.

Le malheureux Fréderic fut affez mal confeillé pour renoncer à ce fecours dans l'efpérance qu'il obtiendrait de l'empereur des conditions favorables qu'il ne pouvait obtenir que par la force. Il preffa lui-même Brunfwick & Mansfelt de l'abandonner. Ces deux chefs érrants paffent en Lorraine & en Alface, & cherchent de nouveaux païs à ravager.

Alors Ferdinand II. pour tout accommodement avec l'électeur Palatin, envoie Tilli victorieux prendre Heidelberg, Manheim & le refte du païs; tout ce qui appartenait à l'électeur fut regardé comme le bien d'un profcrit. Il avait la plus nombreufe & la plus belle bibliothéque d'Allemagne furtout en manufcripts; elle fut tranfportée chez le duc de Bavière qui l'envoia par eau à Rome. Plus du tiers fut perdu par un naufrage, & le refte eft confervé encor dans le vatican.

La rélligion & l'amour de la liberté excitent toujour quelques troubles en Bohéme. Mais ce ne font plus que des féditions qui finiffent par des

des suplices. L'empereur fait sortir de Prague tous les ministres luthériens, & fait fermer leurs temples. Il donne aux jésuites l'administration de l'université de Prague. Il n'y avait plus alors que la Hongrie qui pût inquiéter la prospérité de l'empereur. Il achéve de s'assurer la paix avec PetléemGabor en le reconnaissant souverain de la Transilvanie & en lui cédant sur les frontières de son état sept comtés qui composent cinquante lieuës de païs. Le reste de la Hongrie, théatre éternel de la guerre ravagé depuis longtems sans interruption, n'était encor à la maison d'Autriche d'aucune ressource, mais c'était toujours un boulevard des états autrichiens.

1623.

L'empereur affermi en Allemagne assemble une diéte à Ratisbonne dans laquelle il déclare " que l'électeur Palatin s'étant rendu criminel de „ Leze-Majesté, ses états, ses biens & ses digni- „ tés sont dévolues au domaine impérial, mais „ que ne voulant pas diminuer le nombre des „ électeurs il veut, commande, & ordonne que „ Maximilien duc de Bavière soit investi dans „ cette diéte de l'électorat Palatin. „ C'était parler en maître. Les princes catholiques accédèrent tous à la volonté de l'empereur. Les protestans firent quelques remontrances publiques. L'électeur de Brandebourg, les ducs de Brunswick, de Holstein, de Mecklenbourg, les villes de Brême, de Hambourg, de Lubeck, & d'autres renouvellérent la ligue évangélique. Le roi
de

de Dannemarck se joignit à eux; mais cette ligue n'étant que défensive, laissa l'empereur en pleine liberté d'agir.

Le 25. février Ferdinand sur son trône investit le duc de Bavière de l'électorat Palatin. Le vice-chancelier dit expressément, que *l'empereur lui confère cette dignité de sa pleine puissance.*

On ne donna point par cette investiture les terres du Palatinat au duc de Bavière; c'était un article important qui faisait encor de grandes difficultés.

Jean George de Hohenzollern l'aîné de la maison de Brandebourg, est fait prince de l'Empire à cette diéte.

Brunswick *l'ennemi des prêtres*, & le fameux général Mansfelt, toujours secrettement appuyés par les princes protestans, reparaissent dans l'Allemagne. Brunswick s'établit d'abord dans la basse-Saxe, & ensuite dans la Westphalie. Le comte de Tilli défait son armée & la disperse. Mansfelt demeure toujours inébranlable, & invincible. C'était le seul appui qu'eût alors le Palatin; & cet appui ne suffisait pas pour lui faire rendre ses domaines.

1624.

La ligue protestante couvait toujours un feu prêt à éclater contre l'empereur. Le roi d'Angleterre

terre Jacques I. n'aïant pû rien obtenir en faveur du Palatin son gendre par les négociations, s'unit enfin avec la ligue de la basse-Saxe, & le roi de Dannemarck Christiern IV. est declaré chef de la ligue; mais ce n'était pas encor là le chef qu'il fallait pour tenir tête à la fortune de Ferdinand II.

Le roi d'Angleterre fournit de l'argent, le roi de Dannemarck Christiern IV. améne des troupes. Le fameux Mansfelt grossit sa petite armée, & on se prépare à la guerre.

1625.

A peine le roi d'Angleterre a-t-il pris enfin la résolution de secourir éfficacement son gendre, & de se déclarer contre la maison d'Autriche, qu'il meurt au mois de mars, & laisse les confédérés privés de leur plus puissant secours.

Ce n'était qu'une partie de l'union évangelique qui avait levé l'étendart. La Basse-Saxe était le théatre de la guerre.

1626.

Les deux grands généraux de l'empereur, Tilli & Walstein, arrêtent les progrès du roi de Dannemarck, & des conféderés. Tilli défait le roi de Dannemarck en bataille rangée près de Northeim dans le païs de Brunswick. Cette victoire parait laisser le Palatin sans ressources. Mansfelt qui ne perdait jamais courage, transporte ailleurs le théatre de la guerre, & va par le Brandebourg, la Silésie la Moravie attaquer en Hongrie l'empereur. Betléem Gabor avec qui l'empereur n'avait pas tenu tous ses engagements, reprend les armes, se joint à Mansfelt & lui amène dix-mille hommes. Il arme les turcs qui étaient toujours maîtres de Bude; mais ce projet si grand & si hardi avorte sans qu'il en coûte de peine à Ferdinand. Les maladies détruisent l'armée de Mansfeld. Il meurt de la contagion à la fleur de son âge, en exhortant ce qui lui reste de soldats à sacrifier leur vie pour la liberté germanique.

Le prince de Brunswick, cet autre soutien de l'électeur Palatin, était mort quelque tems auparavant. La fortune ôtait au Palatin tous les secours, & favorisait en tout Ferdinand : il venait de faire élire son fils Ferdinand Ernest roi de Hongrie. Bethléem-Gabor veut en vain soutenir ses droits sur ce roiaume; les turcs dans la minorité du sultan Amurath IV. ne peuvent le secourir; il désole à la verité la Styrie, mais Walstein le repousse comme il a repoussé les danois ; enfin l'empereur heureux par ses ministres comme par ses généraux, contient Betléem Gabor par un traité qui en lui laissant la Transilvanie, & les sept comtés adjacents, assure le tout à l'Autriche après la mort de Gabor.

1627.

Tout réussit à Ferdinand sans qu'il ait d'autre soin que de souhaiter & d'ordonner. Le comte
de

de Tilli poursuit le roi de Dannemarck & les confederés. Ce roi se retire dans ses états. Les ducs de Holstein & de Brunswick désarment presque aussitôt qu'ils ont armé. L'électeur de Brandebourg qui avait seulement permis que ses sujets s'enrôlassent au service du Dannemarck, les rappelle, & rompt toute association. Le comte de Tilli & Walstein devenu duc de Friedland font vivre partout à discretion leurs troupes victorieuses.

Ferdinand joignant les intérêts de la réligion à ceux de sa politique veut retirer l'évêché de Halberstadt des mains de la maison de Brunswick, & les archevêchés de Magdebourg & de Brême des mains de la maison de Saxe pour les donner à un de ses fils avec plusieurs abbayes.

Il avait fait élire son fils Ferdinand Ernest roi de Hongrie : il le fait couronner roi de Bohême sans élection, car les hongrois voisins des turcs & de Betléem Gabor devaient être ménagés. Mais la Bohême était regardée comme asservie.

1628.

Ferdinand jouit alors de l'autorité absoluë.

Les princes protestants & le roi de Dannemarck Christiern IV. s'adressent secrettement au ministère de France que le cardinal de Richelieu commençait à rendre respéctable dans l'Europe. Ils se flattaient avec raison que ce cardinal qui voulait écraser les protestants de France, soutiendrait ceux
d'Al-

d'Allemagne. Le cardinal de Richelieu fait donner de l'argent au roi de Dannemarck, & encourage les princes proteſtants. Les danois marchent vers l'Elbe. Mais la ligue proteſtante effraïée n'oſe ſe déclarer ouvertement pour lui, & le bonheur de l'empereur n'eſt point encor interrompu. Il proſcrit le duc de Mecklenbourg, que les danois avaient forcé à ſe déclarer pour eux. Il donne ſon duché à Walſtein.

1629.

Le roi de Dannemarck toujours malheureux eſt obligé de faire ſa paix avec l'empereur au mois de juin. Jamais Ferdinand n'eut plus de puiſſance & ne la fit plus valoir.

Chriſtiern IV. qui avait des démêlez avec le duc de Holſtein, ravageait le duché de Sléswich avec ſes troupes qui ne ſervaient plus contre Ferdinand. La cour de Vienne lui envoie des lettres monitoriales comme à un membre de l'Empire, & lui enjoint d'évacuer les terres de Sléswich. Le roi de Dannemarck répond que jamais ce duché n'a été un fief impérial comme celui de Holſtein: La cour de Vienne replique, que le roïaume de Dannemarck lui-même eſt un fief de l'Empire. Le roi eſt enfin obligé de ſe conformer à la volonté de l'empereur. On ne pouvait guere ſoutenir les prétentions de l'Empire du coté du nord avec plus de grandeur.

Juſques-là l'Empire avait paru comme entierement

ment détaché de l'Italie depuis Charlequint. La mort d'un duc de Mantouë marquis de Monferrat, fit revivre ces anciens droits qu'on avait été hors de portée d'exercer. Ce duc de Mantouë Vincent II. était mort fans enfans. Son gendre Charles de Gonzague duc de Nevers prétendait la fucceffion en vertu de fes conventions matrimoniales. Son parent Céfar Gonzague, duc de Guaftalle avait reçu de l'empereur l'inveftiture éventuelle.

Le duc de Savoye, troifiéme prétendant voulait exclure les deux autres, & le roi d'Efpagne voulait les exclure tous trois. Le duc de Nevers avait deja pris poffeffion & fe faifait reconnaître duc de Mantouë, mais le roi d'Efpagne & le duc de Savoye s'uniffent enfemble pour s'emparer dans le Montferrat de ce qui peut leur convenir.

L'empereur éxerce alors pour la premiere fois fon autorité en Italie. Il envoie le comte de Naffau en qualité de commiffaire impérial pour mettre en féqueftre le Mantouan & le Montferrat jufqu'à ce que le procès foit jugé à Vienne.

Ces procédures étaient inoüies en Italie depuis foixante ans. Il était vifible que l'empereur voulait à la fois foutenir les anciens droits de l'Empire & enrichir la branche Autriche efpagnole de ces dépouilles.

Le miniftére de France qui épiait toutes les ocafions de mettre une digue à la puiffance au-
tri-

trichienne, secourt le duc de Mantouë. Elle s'était déja mêlée des affaires de la Valteline; elle avait empêché la branche d'Autriche espagnole de s'emparer de ce païs qui eût ouvert une communication du Milanez au Tirol & qui eût rejoint les deux branches d'Autriche par les Alpes, comme elles l'etaient vers le Rhin, par les Païs-bas. Le cardinal de Richelieu prend donc dans cet esprit le parti du duc de Mantouë

Les venitiens plus voisins & plus exposés envoient dans le Mantouan une armée de quinze mille hommes. L'empereur déclare rebelles tous les vassaux de l'Empire en Italie qui prendront parti pour le duc. Le pape Urbain VIII. est obligé de favoriser ces décrêts.

Le pontificat alors était dépendant de la maison d'Autriche, & Ferdinand qui se voïait à la tête de cette maison par sa dignité impériale, était regardé comme le plus puissant prince de l'Europe.

Les troupes allemandes avec quelques regimens espagnols prennent Mantouë d'assaut, & la ville est livrée au pillage.

Ferdinand heureux partout croit enfin que le tems est venu de rendre la puissance impériale despotique & la relligion catholique entiérement dominante. Par un édit de son conseil il ordonne que les protestants restituent tous les biens ecclésiastiques dont ils s'étaient emparés depuis le traité de Passau signé par Charlequint. C'était porter le

plus

plus grand coup au parti proteſtant. Il fallait rendre les archevêchés de Magdebourg & de Brême, les évêchés de Brandebourg, de Lebus, de Camin, d'Havelberg, de Lubeck, de Miſnie, de Naumbourg, de Merſebourg de Schwerin, de Minden, de Verden, de Halberſtadt, une foule de benefices. Il n'y avait point de prince ſoit luthérien ſoit calviniſte qui n'eût des biens de l'égliſe.

Alors les proteſtants n'ont plus de meſures à garder. L'électeur de Saxe que l'eſpérance d'avoir Clèves & Juliers avait longtems retenu, éclate enfin ; cette eſpérance s'affaibliſſait d'autant plus que l'électeur de Brandebourg & le duc de Neubourg s'étaient accordés : le premier jouiſſait de Clèves paiſiblement & le ſecond de Juliers ſans que l'empereur les inquiétat. Ainſi le duc de Saxe voiait ces provinces lui échaper, & allait perdre Magdebourg & le revenu de pluſieurs évêchez.

L'empereur alors avait près de cent cinquante mille hommes en armes. La ligue catholique en avait environ trente mille. Les deux maiſons d'Autriche étaient intimement unies. Le pape & toutes les égliſes catholiques encourageaient l'empereur dans ſon projet : la France ne pouvait encor s'y oppoſer ouvertement : & il ne paraiſſait pas qu'aucune puiſſance de l'Europe fût en état de le traverſer. Le duc de Walſtein à la tête d'une puiſſante armée, commença par faire exécuter l'édict de l'empereur dans la Suabe , & dans le duché de Virtemberg. Mais les égliſes catholiques gagnaient peu à ces reſtitutions : on prenait beau-

coup

coup aux protestants, les officiers de Walstein s'enrichissaient, & ses troupes vivaient aux dépends des deux partis qui se plaignirent également.

1630.

Ferdinand se voiait précisément dans le cas de Charlequint au tems de la ligue de Smalcalde. Il fallait ou que tous les princes de l'Empire fussent entiérement soumis, ou qu'il succombât. L'électeur de Saxe se repentait alors d'avoir aidé à accabler le Palatin; & ce fut lui qui de concert avec les autres princes protestants, engagea secrétement Gustaphe Adolphe roi de Suéde à venir en Allemagne, au lieu du roi de Dannemarck dont le secours avait été si inutile.

L'électeur de Bavière n'était guères plus attaché alors à l'empereur. Il aurait voulu toujours commander les armées de l'Empire, & par-là tenir Ferdinand lui-même dans la dépendance. Enfin il aspirait à se faire élire un jour roi des romains, & négociait en secret avec la France, tandis que les protestants appellaient le roi de Suéde.

Ferdinand assemble une diéte à Ratisbonne. Son dessein était de faire élire roi des romains Ferdinand Ernest son fils; il voulait engager l'Empire à le seconder contre Gustave Adolphe, si ce roi venait en Allemagne, & contre la France en cas qu'elle continuât à protéger contre lui le duc de Mantouë: mais malgré sa puissance il trouve si peu de bonne volonté dans l'esprit des électeurs, qu'il n'ose pas même proposer l'élection de son fils.

Les

Les électeurs de Saxe & de Brandebourg n'étant point venus à cette assemblée y exposent leurs griefs par des députés. L'électeur de Baviére même est le prémier à dire, *qu'on ne peut déliberer librement dans les dietes tant que l'empereur aura cent cinquante-mille hommes.* Les électeurs ecclesiastiques, & les évêques qui sont à la diéte, pressent la restitution des biens de l'église. Ce projet ne peut se consommer qu'en conservant l'armée; & l'armée ne peut se conserver qu'aux dépends de l'Empire qui murmure. L'électeur de Baviére qui veut la commander, éxige de Ferdinand la déposition du duc de Walstein. Ferdinand pouvait commander lui même, & ôter ainsi tout prétexte à l'électeur de Baviére. Il ne prit point ce parti glorieux. Il ôta le commandement à Walstein, & le donna à Tilli. Par là il acheva d'aliéner le Bavarois; il eut des soldats & n'eut plus d'amis.

La puissance de Ferdinand II. qui faisait craindre aux états d'Allemagne leur perte prochaine, inquiétait en même tems la France, Venise, & jusqu'au pape. Le cardinal de Richelieu négociait alors avec l'empereur au sujet de Mantoüe, mais il rompt le traité, dès qu'il aprend que Gustave Adolphe se prépare à entrer en Allemagne. Il traite alors avec ce monarque. L'Angleterre & les provinces unies en font autant. L'électeur Palatin qui était un moment auparavant abandonnné de tout le monde, se trouve tout d'un coup, prêt d'être sécouru par toutes ces puissances. Le roi de Dannemark affaibli par ses pertes précedentes, & jaloux du roi de Suéde, reste dans l'inaction.

Guſtave part enfin de Suéde le 13. juin, s'embarque avec treize-mille hommes, & aborde en Poméranie. Il prétendait déja cette province en tout ou en partie pour le fruit de ſes expéditions. Le dernier duc de Poméranie qui regnait alors, n'avait point d'enfans. Ses états par des actes de confraternité devaient revenir à l'électeur de Brandebourg. Guſtave ſtipula qu'au cas de la mort du dernier duc, il garderait la province en ſequeſtre juſqu'au rembourſement des fraix de la guerre.

1631.

Le cardinal de Richelieu ne conſomme l'alliance de la France avec Guſtave, que lorſque ce roi eſt en Poméranie. Il n'en coûte à la France que trois-cent-mille livres une fois païées, & douze-cent-mille par an. Ce traité eſt un des plus habiles qu'on ait jamais faits. On y ſtipule la neutralité pour l'électeur de Baviére qui pouvait être le plus grand ſupport de l'empereur. On y ſtipule celle de tous les états de la ligue catholique, qui n'aideront pas l'empereur contre les ſuédois; & on a ſoin de faire promettre en même tems à Guſtave de conſerver tous les droits de l'égliſe romaine dans tous les lieux où elle ſubſiſte. Par-là on évite de faire de cette guerre, une guerre de réligion; & on donne un prétexte ſpécieux aux catholiques mêmes d'Allemagne de ne pas ſecourir l'empereur. Cette ligue eſt ſignée le 23. janvier dans le Brandebourg.

Les états proteſtans encouragez s'aſſemblent à Leipzig

Leipzig. Ils y réfolvent de faire de très humbles remontrances à Ferdinand, & d'appuïer leur requête de quarante-mille hommes pour rétablir la paix dans l'Empire. Guftave avance en augmentant toujours fon armée. Il eft à Francfort fur l'Oder: il ne peut de là empêcher le général Tilli de prendre Magdebourg d'affaut le 20. mai. La ville eft réduite en cendres. Les habitans périffent par le fer & par les flammes: Evenement horrible, mais confondu aujourd'hui dans la foule des calamitez de ce tems-là. Tilli maître de l'Elbe, comptait empêcher le roi de Suéde de pénétrer plus avant.

L'empereur après s'être accomodé enfin avec la France au fujet du duc de Mantoüe, rappellait toutes fes troupes d'Italie. La fupériorité était encor toute entiére de fon coté. L'électeur de Saxe qui le prémier avait appellé Guftave Adolphe, eft alors très embaraffé; & l'électeur de Brandebourg fe trouvant précifément entre les armées impériale & fuedoife, eft très-irrefolu.

Guftave force les armes à la main, l'électeur de Brandebourg à fe joindre à lui. L'électeur George Guillaume lui livre la fortéreffe de Spandau pour tout le tems de la guerre, lui affure tous les paffages, le laiffant recruter dans le Brandebourg, & fe ménageant auprès de l'empereur la reffource de s'excufer fur la contrainte.

L'électeur de Saxe donne à Guftave fes propres troupes à commander. Le roi de Suede s'avance à Leipzig. Tilli marche au devant de lui & de l'électeur de Saxe à une lieuë de la ville. Les deux armées étaient chacune d'environ trente mille combattans. Les troupes de Saxe nouvellement levées, ne font aucune réfistance, & l'électeur de Saxe eft entrainé dans leur fuite. La difcipline fuédoife répara ce malheur. Guftave commençait à faire de la guerre un art nouveau. Il avait accoutumé fon armée à un ordre, & à des monœuvres qui n'étaient point connus ailleurs; & quoi que Tilli fut regardé comme un des meilleurs généraux de l'Europe, il fut vaincu d'une manière complette: cette bataille fe donna le 17. feptembre.

Le vainqueur pourfuit les impériaux dans la Franconie; tout fe foumet à lui depuis l'Elbe jufqu'au Rhin. Toutes les places lui ouvrent leurs portes, pendant que l'électeur de Saxe va jufques dans la Bohéme, & dans la Siléfie. Guftave rétablit tout d'un coup le duc de Mecklenbourg dans fes états à un bout de l'Allemagne, & il eft déja à l'autre bout dans le Palatinat après avoir pris Mayence.

L'électeur Palatin dépoffedé vient l'y trouver, pour combattre avec fon protecteur. Les fuédois vont jufqu'en Alface. L'électeur de Saxe de fon coté fe rend maître de la capitale de la Bohéme, & fait la conquête de la Luzace. Tout le parti proteftant eft en armes dans l'Allemagne, & profite des victoires de Guftave. Le comte de Tilli reftait dans la Weftphalie avec les débris de
fon

son armée, renforcée des troupes que le duc de Lorraine lui amenait ; mais il ne faisait aucun mouvement pour s'oppofer à tant de progrès rapides.

L'empereur tombé en moins d'une année de ce haut degré de grandeur qui avait paru fi redoutable, eut enfin recours à ce duc de Valftein, qu'il avait privé du généralat, & lui remit le commandement de fes troupes avec le pouvoir le plus abfolu, qu'on ait jamais donné à un général. Valftein accepta le commandement, & on ne laiffa à Tilli que quelques troupes pour fe tenir au moins fur la défenfive. La protection que le roi de Suéde donnait à l'électeur Palatin, rendait à la vérité l'électeur de Baviére à l'empereur ; mais le bavarois ne fe raprocha de Ferdinand dans ces premiers tems critiques, que comme un prince qui le menageait, & non comme un ami qui le défendait.

L'empereur n'avait plus dequoi entretenir fes nombreufes armées, qui l'avaient rendu fi formidable ; elles avaient fubfifté aux dépens des états catholiques & proteftans avant la bataille de Leipzig ; mais depuis ce tems il n'avait plus les mêmes reffources. C'était à Walftein à former, à recruter, & à conferver fon armée comme il pouvait.

Ferdinand fut réduit alors à demander au pape Urbain VIII. de l'argent & des troupes. On lui refufa l'un & l'autre. Il voulut engager la cour de Rome à publier une croifade contre Guftave ;

le

le st. pere promit un jubilé au lieu de croisade.

1632.

Cependant le roi de Suéde repasse des bords du Rhin vers la Franconie. Nuremberg lui ouvre ses portes ; il marche à Donavert vers le Danube ; il rend à la ville son ancienne liberté & la soustrait au domaine du duc de Baviére. Il met à contribution dans la Suabe tout ce qui appartient aux maisons d'Autriche & de Baviére. Il force le passage du Leck malgré Tilli qui est blessé à mort dans la retraite. Il entre dans Augsbourg en vainqueur, & y rétablit la réligion protestante. On ne peut guères pousser plus loin les droits de la victoire. Les Magistrats d'Augsbourg lui prêtèrent serment de fidélité. Le duc de Baviére qui alors était comme neutre, & qui n'était armé ni pour l'empereur ni pour lui-même, est obligé de quitter Munich, qui se rend au conquérant le 7. mai, & qui lui païe trois-cent-mille risdales pour se racheter du pillage. Le Palatin eut du moins la consolation d'entrer avec Gustave dans le palais de celui qui l'avait dépossédé.

Les affaires de l'empereur & de l'Allemagne semblaient désespérées. Tilli grand général, qui n'avait été malheureux que contre Gustave, était mort. Le duc de Baviére mécontent de l'empereur était sa victime, & se voïait chassé de sa capitale. Le duc de Fridland Valstein plus mécontent encor du duc de Baviére son ennemi déclaré, avait refusé de marcher à son secours:

&

& l'empereur Ferdinand qui n'avait jamais voulu paraître en campagne, attendait fa deftinée de ce Valftein qu'il n'aimait pas, & dont il était en défiance. Valftein s'occupait alors à reprendre la Bohême fur l'électeur de Saxe, & il avait autant d'avantage fur les faxons, que Guftave en avait fur les impériaux.

Enfin l'électeur de Baviére Maximilien obtient avec peine que Valftein fe joigne à lui. L'armée bavaroife levée en partie aux dépens de l'électeur, & en partie aux dépens de la ligue catholique, était d'environ vingt-cinq-mille hommes. Celle de Valftein était de près de trente-mille vieux foldats. Le roi de Suéde n'en avait pas vingt-mille; mais on lui amène des renforts de tous côtés. Le landgrave de Heffe-Caffel, Guillaume, & Bernard de Saxe-Veimar, le prince palatin de Birckenfeld fe joignent à lui. Son général Banier lui amène de nouvelles troupes. Il marche auprès de Nuremberg avec plus de cinquante-mille combattans au camp retranché du duc de Baviére & de Valftein. Ils donnent une bataille qui n'eft point décifive. Guftave reporte la guerre dans la Baviére; Valftein la reporte dans la Saxe, & tous ces différents mouvements achévent le ravage de ces provinces.

Guftave revole vers la Saxe en laiffant douze-mille hommes dans la Baviére. Il arrive près de Leipzig par des marches précipitées, & fe trouve devant Valftein qui ne s'y attendait pas. A peine eft-il arrivé qu'il fe prépare à donner bataille.

Il la donne dans la grande plaine de Lützen le 15. novembre. La victoire eſt longtemps diſputée. Les Suédois la remportent ; mais ils perdent leur roi, dont le corps fut trouvé parmi les morts percé de deux balles & de deux coups d'épée. Le duc Bernard de Saxe-Veimar acheva la victoire. Que n'a-t-on pas débité ſur la mort de ce grand homme ? on accuſa un prince de l'Empire qui ſervait dans ſon armée de l'avoir aſſaſſiné. On imputa ſa mort au cardinal de Richelieu qui avait beſoin de ſa vie. N'eſt-il donc pas naturel qu'un roi qui s'expoſait en ſoldat, ſoit mort en ſoldat?

Cette perte fut fatale au Palatin qui attendait de Guſtave ſon rétabliſſement. Il était malade alors à Mayence. Cette nouvelle augmenta ſa maladie dont il mourut le 19. novembre.

Valſtein après la journée de Lützen ſe retire dans la Bohéme. On s'attendait dans l'Europe que les ſuédois n'aïant plus Guſtave à leur tête, ſortiraient bientôt de l'Allemagne ; mais le général Banier les conduiſit en Bohéme. Il faiſait porter au milieu d'eux le corps de leur roi pour les exciter à le vanger.

1633.

Guſtave laiſſait ſur le trône de Suéde une fille âgée de ſix ans, & par conſéquent des diviſions dans le gouvernement. La même diviſion ſe trouvait dans la ligue proteſtante par la mort de celui qui en avait été le chef & le ſoutien. Tout le fruit

fruit de tant de victoires devait être perdu, & ne le fut pourtant pas. La véritable raison peut-être d'un événement si extraordinaire, c'est que l'empereur n'agissait que de son cabinet, dans le tems qu'il eût dû faire les derniers efforts à la tête de ses armées. Le sénat de Suède chargea le chancelier Oxenstiern de suivre en Allemagne les vuës du grand Gustave, & lui donna un pouvoir absolu. Oxenstiern alors joua le plus beau rôle que jamais particulier ait eu en Europe. Il se trouva à la tête de tous les princes Protestans d'Allemagne.

Ces princes s'assemblent à Heilbron le 19. mars. Les ambassadeurs de France, d'Angleterre, des états généraux, se rendent à l'assemblée. Oxenstiern en fait l'ouverture dans sa maison, & il se signale d'abord en faisant restituer le haut & le bas Palatinat à Charles Louis fils du Palatin dépossédé. Le prince Charles Louis parut comme électeur dans une des assemblées, mais cette cerémonie ne lui rendait pas ses états.

Oxenstiern renouvelle avec le cardinal de Richelieu, le traité de Gustave Adolphe, mais on ne lui donne qu'un million de subsides par an, au lieu de douze-cent-mille livres qu'on avait donné à son maitre.

Ferdinand négocie avec chaque prince protestant. Il veut les diviser, il ne reussit pas. La guerre continue toujours avec des succès balancez dans l'Allemagne désolée. L'Autriche est le seul païs qui n'en fut pas le théatre ni du tems de Guſtave ni après lui. La branche d'Autriche eſpagnole n'avait encor ſecouru que faiblement la branche impériale : elle fait enfin un éffort ; elle envoie le duc de Feria d'Italie en Allemagne avec environ vingt-mille hommes, mais il perd une grande partie de ſon armée dans ſes marches & dans ſes manœuvres.

L'électeur de Tréves evêque de Spire avait bâti & fortifié Philisbourg. Les troupes impériales s'en étaient emparées malgré lui. Oxenſtiern la fait rendre à l'électeur par les armes des ſuédois, malgré le duc de Feria qui veut envain faire lever le ſiége. Cette ſage politique tendait à faire voir à l'Europe que ce n'était pas à la réligion catholique qu'on en voulait, & que la Suéde toujours victorieuſe même après la mort de ſon roi, protégeait également les proteſtans & les catholiques; conduite qui mettait encor plus le pape en droit de refuſer à l'empereur des troupes, de l'argent & une croiſade.

1634.

La France n'était encor qu'une partie ſecrette dans ce grand démelé: il ne lui en coutait qu'un ſubſide médiocre pour voir le trone de Ferdinand ébranlé par les armes ſuédoiſes : mais le cardinal de Richelieu ſongeait déja à profiter de leurs conquêtes. Il avait voulu envain avoir Philipsbourg en ſequeſtre : mais à chaque occaſion qui ſe préſentait, la France ſe rendait maîtreſſe de quelques villes

villes en Alsace, comme de Haguenau, de Saverne, qu'elle force le comte de Salms administrateur de Strasbourg à lui céder par un traité. Louis XIII. qui ne déclarait point la guerre à la maison d'Autriche, la déclarait au duc de Lorraine Charles parce qu'il était partisan de cette maison. Le Ministére de France n'osait pas encor attaquer ouvertement l'empereur & l'Espagne qui pouvaient se déffendre, & tombait sur la faible Lorraine. Le duc dépossédé était Charles III. qu'on appelle communement Charles IV. prince célèbre par ses bizarreries, ses amours, ses mariages, & ses infortunes.

Les français avaient une armée dans la Lorraine & des troupes dans l'Alsace prêtes d'agir ouvertement contre l'empereur & de se joindre aux suédois à la premiere occasion qui pourait justifier cette conduite.

Le duc de Feria poursuivi par les suédois jusqu'en Bavière, était mort après la dispersion presque entiere de son armée.

Le duc de Valstein au milieu de ces troubles & de ces malheurs s'occupait du projet de faire servir l'armée qu'il commandait dans la Bohême à sa propre grandeur, & à se rendre indépendant d'un empereur qui semblait ne se pas assez secourir lui même, & qui était toujours en défiance de ses généraux. On prétend que Walstein négociait avec les princes protestants & même avec la Suéde & la France. Mais ces intrigues dont on l'accusa, ne furent jamais

mais manifestées. La conspiration de Walstein est au rang des histoires reçues ; & on ignore absolument quelle était cette conspiration. On devinait ses projets. Son véritable crime était d'attacher son armée à sa personne, & de vouloir s'en rendre le maître absolu. Le tems & les occasions eussent fait le reste. Il se fit prêter serment par les principaux officiers de cette armée qui lui étaient le plus dévoués : Ce serment consistait à promettre *de déffendre sa personne, & de s'attacher à sa fortune*. Quoi que cette démarche pût se justifier par les amples pouvoirs que l'empereur avait donnés à Walstein, elle devait allarmer le Conseil de Vienne. Walstein avait contre lui dans cette cour le parti d'Espagne & le parti Bavarois. Ferdinand prend la résolution de faire assassiner Walstein, & ses principaux amis. On charge de cet assassinat Butler irlandais à qui Walstein avait donné un regiment de dragons, un écossais nommé Lescy qui était capitaine de ses gardes, & un autre écossais nommé Gordon. Ces trois étrangers aiant reçu leur commission dans Egra où Walstein se trouvait pour lors, font égorger d'abord dans un souper quatre officiers qui étaient les principaux amis du duc, & vont ensuite l'assassiner lui-même dans le chateau le 15. février. Si Ferdinand II. fut obligé d'en venir à cette extremité odieuse, il faut la compter parmi ses malheurs.

Tout le fruit de cet assassinat fut d'aigrir tous les esprits en Bohême & en Silésie. La Bohême ne remua pas, parce qu'on sut la contenir par l'armée ; mais les siléfiens se révoltèrent & s'unirent aux suedois. Les

Ferdinand II.

Les armées de Suede tenaient toute l'Allemagne en échec comme du tems de leur roi: le général Bannier dominait sur tout le cours de l'Oder, le maréchal de Horn vers le Rhin, le duc Bernard de Weimar vers le Danube, l'électeur de Saxe dans la Bohéme & dans la Lusace. L'empereur restait toujours dans Vienne. Son bonheur voulut que les turcs ne l'ataquaffent pas dans ces funestes conjonctures. Amurat IV. était occupé contre les persans, & Behléem-Gabor était mort.

Ferdinand assuré de ce côté, tirait toujours des secours de l'Autriche, de la Carinthie, de la Carniole, du Tirol. Le roi d'Espagne lui fournissait quelque argent; la ligue catholique quelques troupes; & enfin l'électeur de Baviére, à qui les suedois ôtaient le palatinat, était dans la nécessité de prendre le parti du chef de l'Empire. Les autrichiens, les bavarois reünis soutenaient la fortune de l'Allemagne vers le Danube. Ferdinand Ernest roi de Hongrie fils de l'empereur ranimait les autrichiens en se mettant à leur tête. Il prend Ratisbonne à la veuë du duc de Saxe Weimar. Ce prince & le maréchal de Horn qui le joint alors, font ferme à l'entrée de la Suabe, & ils livrent aux impériaux la bataille mémorable de Norlingue le 5. septembre. Le roi de Hongrie commandait l'armée; L'électeur de Baviére était à la tête de ses troupes, le cardinal Infant, gouverneur des Païsbas conduisait quelques regiments espagnols. Le duc de Lorraine Charles IV. dépouillé de ses états par la France y commandait la petite armée de dix à douze mille hommes,

qu'il

qu'il menait fervir tantôt l'empereur, tantôt les efpagnols, & qu'il faifait fubfifter aux dépends des amis & des ennemis. Il y avait de grands généraux dans cette armée combinée tels que Picolomini & Jean de Vert. La bataille dura tout le jour & le lendemain encor jufqu'à midi. Ce fut une des plus fanglantes; prefque toute l'armée de Veimar fut détruite; & les impériaux foumirent la Suabe & la Franconie, où ils vécurent à difcretion.

Ce malheur commun à la Suéde, aux proteftants d'Allemagne, & à la France, fut précifément ce qui donna la fupériorité au roi très-chrétien & qui lui valut enfin la poffeffion de l'Alface. Le chancelier Oxenftiern n'avait point voulu jufqueslà que la France s'agrandît trop dans ces païs; il voulait que tout le fruit de la guerre fût pour les fuédois qui en avaient tout le fardeau. Auffi Louis XIII. ne s'était point déclaré ouvertement contre l'empereur. Mais après la bataille de Norlingue, il fallut que les fuédois priaffent le miniftere de France de vouloir bien fe mettre en poffeffion de l'Alface, fous le nom de protecteur, à condition que les princes & les états proteftants ne feraient ni paix, ni tréve avec l'empereur que du confentement de la France & de la Suéde. Ce traité eft figné à Paris le 1. novembre.

1635.

En conféquence le roi de France envoye une armée en Alface, met garnifon dans toutes les villes

villes excepté dans Strasbourg, qui fait le perſonnage d'un allié conſidérable. L'électeur de Tréves était ſous la protection de la France. L'empereur le fit enlever: ce fut une raiſon de déclarer enfin la guerre à l'empereur. Cet électeur était en priſon à Bruxelles, ſous la garde du cardinal Infant, & ce fut encor un prétexte de déclarer la guerre à la branche autrichienne eſpagnole.

La France n'unit donc ſes armes à celles des ſuédois que quand les ſuédois furent malheureux, & lorſque la victoire de Norlingue relévait le parti impérial. Le cardinal de Richelieu partageait déja en idée la conquête des Païs-bas eſpagnols avec les hollandais: il comptait alors y aller commander lui même & avoir un prince d'Orange (Fréderic Henri) ſous ſes ordres. Il avait en Allemagne vers le Rhin, Bernard de Weimar à ſa ſolde: L'armée de Weimar, qu'on appellait les troupes Weimariennes, était devenuë comme celle de Charles IV. de Lorraine, & celle de Mansfelt, une armée iſolée, indépendante, apartenante à ſon chef: on l'a fit paſſer pour l'armée des cercles de Suabe, de Franconie, du haut & bas Rhin, quoi que ces cercles ne l'entretinſſent pas & que la France la païât.

C'eſt-là le fort de la guerre de trente ans. On voit d'un coté toute la maiſon d'Autriche, la Baviére la ligue catholique, & de l'autre la France, la Suede, la Hollande & la ligue proteſtante.

L'empereur ne pouvait pas négliger de déſunir

cette

cette ligue proteſtante aprés la victoire de Norlingue : & il y a grande apparence que la France s'y prit trop tard pour déclarer la guerre. Si elle l'eût faite dans le tems que Guſtave Adolphe débarquait en Allemagne, les troupes françaiſes entraient alors ſans reſiſtance dans un païs mécontent & éffarouché de la domination de Ferdinand; mais aprés la mort de Guſtave, aprés Norlingue elles venaient dans un tems où l'Allemagne était laſſe des dévaſtations des ſuédois, & où le parti impérial reprenait la ſupériorité.

Dans le tems même que la France ſe déclarait, l'empereur ne manquait pas de faire avec la plûpart des princes proteſtants un accommodement néceſſaire. L'électeur de Saxe, celui-là même qui avait appellé le premier les ſuédois, fut le premier à les abandonner par ce traité, qui s'appelle la paix de Prague. Peu de traités font mieux voir combien la réligion ſert de prétexte aux politiques, comme on s'en jouë, & comme on la ſacrifie dans le beſoin.

L'empereur avait mis l'Allemagne en feu pour la reſtitution des bénéfices; & dans la paix de Prague il commence par abandonner l'archevêché de Magdebourg, & tous les biens eccléſiaſtiques à l'électeur de Saxe luthérien moïennant une penſion qu'on païera ſur ces mêmes bénéfices à l'électeur de Brandbourg calviniſte. Les intérêts de la maiſon Palatine qui avaient allumé cette longue guerre, furent le moindre objet de ce traité. L'électeur de Bavière devait ſeulement donner

une

une subsistance à la veuve de celui qui avait été roi de Bohéme, & au Palatin son fils quand il se serait soumis à l'autorité impériale.

L'empereur s'engageait d'ailleurs à rendre tout ce qu'il avait pris sur les confédérés de la ligue protestante qui accéderaient à ce traité ; & ceux-ci devaient rendre tout ce quils avaient pris sur la maison d'Autriche ; ce qui était peu de chose, puis que les terres de la maison impériale, excepté l'Autriche antérieure, n'avaient jamais été exposées dans cette guerre.

Une partie de la maison de Brunswick, le duc de Mecklembourg, la maison d'Anhalt, la branche de Saxe établie à Gotha, & le propre frere du duc Bernard de Saxe-Weimar, signent le traité ainsi que plusieurs villes impériales ; les autres négocient encor, & attendent les plus grands avantages.

Le fardeau de la guerre que les français avaient laissé porter tout entier à Gustave Adolphe, retomba donc sur eux en 1635. & cette guerre qui s'était faite des bords de la mer balthique jusqu'au fond de la Suabe, fut portée en Alsace, en Lorraine, en Franche-comtè, sur les frontiéres de la France. Louis XIII. qui n'avait paié que douze-cent mille francs de subsides à Gustave Adolphe, donnait quatre millions à Bernard de Weimar pour entretenir les troupes Weimariennes : & encor le ministére français cede-t-il à ce duc toutes ses prétentions sur l'Alsace, &

on

on lui promet qu'à la paix on le fera déclarer Land-grave de cette province.

Il faut avouër que si ce n'était pas le cardinal de Richelieu qui eût fait ce traité, on le trouverait bien étrange. Comment donnait-il à un jeune prince allemand qui pouvait avoir des enfans, cette province d'Alsace qui était si fort à la bienséance de la France, & dont elle possédait déja quelques villes ? il est bien probable que le cardinal de Richelieu n'avait point compté d'abord garder l'Alsace. Il n'espérait pas non plus annèxer à la France la Lorraine sur laquelle on n'avait aucun droit, & qu'il fallait bien rendre à la paix. La conquête de la Franche-comté paraissait plus naturelle, mais on ne fit de ce côté que de faibles efforts. L'espérance de partager les Païs-bas avec les hollandais, était le principal objet du Cardinal de Richelieu ; & c'était-là ce quil avait tellement à cœur, qu'il avait resolu, si sa santé & les affaires le lui eussent permis, d'y aller commander en personne. Cependant l'objet des Païs-bas fut celui dans lequel il fut le plus malheureux ; & l'Alsace qu'il donnait si libéralement à Bernard de Weimar, fut après la mort de ce cardinal le partage de la France. Voilà comme les événemens trompent presque toujours les plus grands politiques ; à moins qu'on ne dise que l'intention du ministère de France était de garder l'Alsace sous le nom du duc de Weimar, comme elle avait une armée sous le nom de ce grand capitaine.

1636.

1636.

L'Italie entrait encor dans cette grande querelle, mais non pas comme du tems des maisons impériales de Saxe & de Suabe pour déffendre sa liberté contre les armes allemandes. C'était à la branche Autrichienne d'Espagne dominante dans l'Italie qu'on voulait disputer en dela des Alpes cette même superiorité qu'on disputait à l'autre branche en dela du Rhin. Le ministère de France avait alors pour lui la Savoye; il venait de chasser les espagnols de la Valteline: on attaquait de tous cotés ces deux vastes corps autrichiens.

La France seule envoiait à la fois cinq armées, & attaquait ou se soutenait vers le Piémont, vers le Rhin, sur les frontiéres de la Flandre, sur celles de la Franche-comté & sur celles d'Espagne. François I. avait fait autrefois un pareil éffort: & la France n'avait jamais montré depuis tant de ressources.

Au milieu de tous ces orages, dans cette confusion de puissances qui se choquent de tous les cotés, tandis que l'électeur de Saxe après avoir appellé les suédois en Allemagne, mene contre eux les troupes impériales, & qu'il est défait dans la Westphalie par le général Bannier, que tout est ravagé dans la Hesse, dans la Saxe, & dans cette Westphalie; Ferdinand toujours uniquement occupé de sa politique fait enfin déclarer son fils Ferdinand Ernest roi des romains dans la diette de Ratisbonne le 12. decembre. Ce prince est couronné

ronné le 20. Tous les ennemis de l'Autriche crient que cette élection eft nulle. L'électeur de Tréves, difent-ils, était prifonnier: Charles Louis fils du Palatin roi de Bohême Fréderic n'eft point rentré dans les droits de fon Palatinat: Les électeurs de Mayence & de Cologne font penfionnaires de l'empereur: tout cela, difait-on, eft contre la bulle d'or. Il eft pourtant vrai que la bulle d'or n'avait fpécifié aucun de ces cas, & que l'élection de Ferdinand III. faite à la pluralité des voix était auffi légitime qu'aucune autre élection d'un roi des romains faite du vivant d'un empereur, efpece dont la bulle d'or ne parle point du tout.

1637.

Ferdinand II. meurt le 15. février à cinquante-neuf ans après dixhuit ans d'un règne toujours troublé par des guerres inteftines & étrangéres, n'ayant jamais combattu que de fon cabinet. Il fut très-malheureux puifque dans fes fuccès il fe crut obligé d'être fanguinaire, & qu'il fallut foutenir enfuite de grands revers. L'Allemagne était plus malheureufe que lui; ravagée tour à tour par elle même, par les fuédois & par les français, éprouvant la famine, la difette, & plongée dans la barbarie, fuite inévitable d'une guerre fi longue & fi malheureufe.

FERDINAND III.
Quarante-septieme Empereur.
1637.

Ferdinand III. monta fur le trône de l'Allemagne dans un temps où les peuples fatigués commençaient à efpérer quelque repos. Mais ils s'en flattaient bien vainement. On avait indiqué un congrès à Cologne & à Hambourg pour donner au moins au public les apparences de la reconciliation prochaine. Mais ni le confeil autrichien ni le cardinal de Richelieu ne voulait la paix. Chaque parti efpérait des avantages qui le mettraient en état de donner la loi.

Cette longue & funefte guerre fondée fur tant d'intérêts divers fe continuait donc parce qu'elle était entreprife. Le général Suédois Bannier défolait la haute Saxe; le duc Bernard de Weimar les bords du Rhin; les éfpagnols étaient entrez dans le Languedoc après avoir pris auparavant les Isles ste Marguerite: & ils avaient pénétré par les Païs-bas jufqu'à Pontoife. Le vicomte de Turenne fe fignalait déja dans les Païs-bas contre le cardinal Infant. Tant de dévaftations n'avaient plus le même objet que dans le commencement des troubles. Les ligues catholique & proteftante, & la caufe de l'électeur Palatin les avaient excitez. Mais alors l'objet était la fupériorité

riorité que la France voulait arracher à la maison d'Autriche : & le but des suédois était de conserver une partie de leurs conquêtes en Allemagne. On négociait, & on était en armes dans ces deux vues.

1638.

Le duc Bernard de Weimar devient un ennemi aussi dangereux pour Ferdinand III. que Gustave Adolphe l'avait été pour Ferdinand II. Il donne deux batailles en quinze jours auprès de Rheinfeld l'une des quatre villes forestiéres dont il se rend maître ; & à la seconde bataille il détruit toutte l'armée de Jean de Werth célèbre général de l'empereur ; il le fait prisonnier avec tous les officiers generaux. Jean de Werth est envoié à Paris. Weimar assiége Brisac, il gagne une troisiéme bataille aidé du maréchal de Guebriant & du vicomte de Turenne, contre le général Gœuts. Il en gagne une quatriéme contre le duc de Lorraine Charles IV. qui comme Weimar n'avait pour tout état que son armée.

Aprés avoir remporté quatre victoires en moins de quatre mois il prend le 18. décembre la forteresse de Brisac, regardée alors comme la clef de l'Alsace.

Le comte palatin Charles Louis qui avait enfin rassemblé quelques troupes, & qui brulait de devoir son rétablissement à son épée, n'est pas si heureux en Westphalie où les impériaux défont sa faible armée. Mais les suédois sous le général
Ban-

Bannier font de nouvelles conquêtes en Poméranie. La premiere année du règne de Ferdinand III. n'eſt preſque célébre que par des diſgraces.

1639.

La fortune de la maiſon d'Autriche la délivre de Bernard de Weimar, comme elle l'avait délivrée de Guſtave Adolphe. Il meurt de maladie à la fleur de ſon âge le 18. juillet. Il n'était âgé que de trente-cinq ans.

Il laiſſait pour héritage ſon armée & ſes conquêtes. Cette armée était à la vérité ſoudoiée ſecrettement par la France ; mais elle appartenait à Weimar : elle n'avait fait ſerment qu'à lui. Il faut négocier avec cette armée pour qu'elle paſſe au ſervice de la France & non à celui de la Suède. La laiſſer aux Suédois c'était dépendre de ſon allié. Le maréchal de Guébriant achete le ſerment de ces troupes. Et Louis XIII. eſt le maitre de cette armée Weimarienne, de l'Alſace & du Briſgau à peu de choſe près.

Les traités & l'argent faiſaient tout pour lui. Il diſpoſait de la Heſſe entiere, province qui fournit de bons ſoldats. La célébre Amélie de Hanau landgrave doüairiere, l'héroïne de ſon tems entretenait à l'aide de quelques ſubſides de la France une armée de dix-mille hommes dans ce païs ruiné qu'elle avait rétabli ; jouïſſant à la fois de cette conſidération que donnent toutes les vertus de ſon ſexe, & de la gloire d'être un chef de parti redoutable.

La

La Hollande à la vérité était neutre dans la querelle de l'empereur ; mais elle occupait toujours l'Espagne dans les Païs-bas, & par là opérait une diversion considérable.

Le général Bannier était vainqueur dans tous les combats qu'il donnait ; il soumettait la Turinge & la Saxe, après s'être assuré de toute la Poméranie.

Mais le principal objet de tant de troubles, le rétablissement de la maison Palatine, était ce qu'il y avait de plus négligé ; & par une fatalité singuliére, ce prince fut mis en prison par les français mêmes, qui depuis si longtems semblaient vouloir le placer sur le siége électoral. Le comte Palatin à la mort du duc de Weimar avait conçu un dessein très-beau & très-raisonnable ; c'était de rentrer dans ses états avec l'armée Weimarienne, qu'il voulait acheter avec l'argent de l'Angleterre. Il passa en effet à Londres, il y obtint de l'argent ; il retourna par la France ; mais le cardinal de Richelieu qui voulait bien le protéger, & non le voir indépendant, le fit arrêter ; & ne le relâcha que quand Brizac & les trouppes Weimariennes furent assurées à la France. Alors il lui donna un appuy, que ce prince fut contraint d'accepter.

1640.

Les progrès des français & des suédois continuent. Le duc de Longueville & le maréchal Guébriant, se joignent au général Bannier. Les trou-

troupes de Hesse & de Lunébourg augmentent encor cette armée.

Sans le general Picolomini on marchait à Vienne, mais il arrêta tant de progrès par des marches savantes. Il était d'ailleurs très difficile à des armées nombreuses d'avancer en présence de l'ennemi, dans des païs ruinés depuis si longtems; & où tout manquait aux soldats comme aux peuples.

La fin de cette année 1640. est encor très fatale à la maison d'Autriche. La Catalogne se souléve & se donne à la France. Le Portugal qui depuis Philippe II. n'était qu'une province d'Espagne appauvrie, chasse le gouvernement autrichien & devient bientôt pour jamais un roïaume séparé & florissant.

Ferdinand commence alors à vouloir traiter sérieusement de la paix, mais en même tems il demande à la diette de Ratisbonne une armée de quatrevingt-dix mille hommes pour soutenir la guerre.

1641.

Tandis que l'empereur est à la diette de Ratisbonne, le général Bannier est sur le point de l'enléver lui & tous les deputés. Il marchait avec son armée sur le Danube glacé : & sans un dégel qui survint, il prenait Ferdinand dans Ratisbonne qu'il foudroïa de son canon.

La même fortune qui avait fait périr & Guſtave & Weimar au milieu de leurs conquêtes, délivre encor les impériaux de ce fameux général Bannier : il meurt dans le tems qu'il était le plus à craindre ; une maladie l'emporte le 20. may à l'age de quarante ans dans Halberſtadt. Aucun des généraux ſuédois n'eut une longue carriére.

On négociait toujours ; le cardinal de Richelieu pouvait donner la paix & ne le voulait pas : il ſentait trop les avantages de la France ; & il voulait ſe rendre néceſſaire pendant la vie & après la mort de Louis XIII. dont il prevoiait la fin prochaine. Il ne prévoiait pas que lui même mourrait avant le roi. Il conclut donc avec la reine de Suéde Chriſtine un nouveau traité d'alliance offenſive pour préliminaires de cette paix, dont on flattait les peuples oppreſſez. Et il augmenta le ſubſide de la Suéde de deux-cent-mille livres.

Le comte de Torſtenſon ſuccède au général Bannier dans le commandement de l'armée ſuédoiſe qui était en éffet une armée d'allemands. Preſque tous les ſuédois qui avaient combattu ſous Guſtave & ſous Bannier étaient morts ; & c'était ſous le nom de la Suéde que les allemans combataient contre leur patrie. Torſtenſon éleve du grand Guſtave ſe montre dabord digne d'un tel maître. Le marechal de Guebriant & lui défont encor les impériaux prés de Volfembutel.

Cependant malgré tant de victoires l'Autriche n'eſt

n'eſt jamais entamée. L'empereur réſiſte toujours. L'Allemagne depuis le Mein juſqu'à la mer baltique était toute ruinée. On ne porta jamais la guerre dans l'Autriche. On n'avait donc pas aſſez de forces : ces victoires tant vantées n'étaient donc pas entiérement déciſives : on ne pouvait donc pourſuivre à la fois tant d'entrepriſes, & attaquer puiſſamment un coté ſans dégarnir l'autre.

1642.

Le nouvel électeur de Brandebourg Fréderic Guillaume traitte avec la France & avec la Suéde dans l'eſperance d'obtenir le duché de Jagendorff en Siléſie : duché donné autrefois par Ferdinand I. à un prince de la maiſon de Brandebourg qui avait été ſon gouverneur, confiſqué depuis par Ferdinand II. après la victoire de Prague & après le malheur de la maiſon Palatine. L'électeur de Brandebourg eſpérait de rentrer dans cette terre dont ſon grand oncle avait été privé.

Le duc de Lorraine implore auſſi la faveur de la France pour rentrer dans ſes états. On les lui rend en retenant les villes de guerre, c'eſt encor un apui qu'on enléve à l'empereur.

Malgré tant de pertes Ferdinand III. réſiſte toujours : La Saxe, la Baviére ſont toujours dans ſon parti : Les provinces héreditaires lui fourniſſent des ſoldats. Torſtenſon défait encor en Siléſie ſes troupes commandées par l'archi-duc Léopold, par le duc de Saxe Lavembourg, & Picolomini. Mais cette victoire n'a point de suitte, il repaſſe l'Elbe; il rentre en Saxe, il aſſiége Leipzig. Il gagne encor une bataille ſignalée dans ce païs où les ſuédois avaient toujours été vainqueurs. Léopold eſt vaincu dans les plaines de Breitenfelt le 2. novembre. Torſtenſon entre dans Leipzig le quinze decembre. Tout cela eſt funeſte à la vérité pour la Saxe, pour les provinces de l'Allemagne. Mais on ne penétre jamais juſqu'au centre, juſqu'à l'empereur, & après plus de vingt défaittes il ſe ſoutient,

Le cardinal de Richelieu meurt le 4. decembre; ſa mort donne des eſpérances à la maiſon d'Autiche.

1643.

Les ſuédois dans le cours de cette guerre étaient pluſieurs fois entrez en Bohéme, en Siléſie, en Moravie & en étaient ſortis pour ſe rejetter vers les provinces de l'occident. Torſtenſon veut entrer en Bohéme & n'en peut venir à bout malgré toutes ſes victoires.

On négocie toujours très lentement à Hambourg pendant qu'on fait la guerre vivement. Louis XIII. meurt le 14. mai. L'empereur en eſt plus éloigné d'une paix generale. Il ſe flatte de détacher les ſuédois de la France dans les troubles d'une minorité. Mais dans cette minorité de Louis XIV. quoi que très orageuſe, il arriva la même choſe que dans celle de Chriſtine: la guerre continua ux dépends de l'Allemagne.

Da-

Dabord le parti de l'empereur se fortifie du duc de Lorraine qui revient à lui après la mort de Louis XIII.

C'est encor une ressource pour Ferdinand que la mort du maréchal de Guebriant qui est tué en assiégeant Rothuel : c'est le quatrieme grand général qui périt au milieu de ses victoires contre les impériaux. Le bonheur de l'empereur veut encor que le maréchal de Rantzau successeur de Guebriant soit défait à Dutlingen en Suabe par le général Mercy.

Ces vicissitudes de la guerre retardent les conférences de la paix à Munster & à Osnabrug où le congrez était enfin fixé.

Ce qui contribue encor à faire réspirer Ferdinand III. c'est que la Suéde & le Dannemarck se font la guerre pour quelques vaisseaux que les danois avaient saisi aux suédois. Cet accident pouvait rendre la supériorité à l'empereur. Il montra quelles étaient ses ressources en faisant marcher Galas à la tête d'un petit corps d'armée au sécours du Dannemarck. Mais cette diversion ne sert qu'à ruiner le Holstein, théatre de cette guerre passagére ; & c'est dans l'Allemagne une province des plus ravagée. Les hostilités entre la Suéde & le Dannemarck surprirent d'autant plus l'Europe que le Dannemarck s'était porté pour médiateur de la paix générale. Il fut exclus, & dès lors Rome & Venise ont seules la médiation de cette paix encor très éloignée.

Le prémier pas que fait le comte d'Avaux, plénipotentiaire à Munster pour cette paix, y met dabord le plus grand obstacle. Il écrit aux princes, aux états de l'Empire assemblez à Ratisbonne pour les engager à soutenir leurs prérogatives, à partager avec l'empereur & les électeurs le droit de la paix & de la guerre. C'était un droit toujours contesté entre les électeurs & les autres états impériaux. Ces états insistaient à la diette sur leur droit d'être reçus aux conférences de la paix comme parties contractantes : ils avaient en cela prévenu les ministres de France. Mais ces ministres se servirent dans leur lettre de termes injurieux à Ferdinand. Ils revoltèrent à la fois l'empereur & les électeurs ; ils les mirent en droit de se plaindre, & de faire retomber sur la France le reproche de la continuation des troubles de l'Europe.

Heureusement pour les plénipotentiaires de France, on aprend dans le même tems que le duc d'Anguien, (le grand Condé) vient de remporter à Rocroi sur l'armée d'Autriche espagnole la plus mémorable victoire, & qu'il a détruit dans cette journée la célèbre infanterie Castillane & Vallone, qui avait tant de réputation. Des plénipotentiaires soutenus par de telles victoires peuvent écrire ce qu'ils veulent.

1644.

L'empereur pouvait au moins se flatter de voir le Dannemarck déclaré pour lui. On lui ote encor cette ressource. Le cardinal Mazarin, successeur feur de Richelieu se hâte de réunir le Dannemarck & la Suéde. Ce n'est pas tout. Le roi de Dannemarck s'engage encor à ne secourir aucun des ennemis de la France.

Les négociations & la guerre sont également malheureuses pour les autrichiens. Le duc d'Anguien qui avait vaincu les espagnols l'année précedente, donne vers Fribourg trois combats de suitte en quatre jours du cinq au neuviéme août, contre le général Mercy; & vainqueur toutes les trois fois, il se rend maître de tout le païs, de Mayence jusqu'à Landau, païs dont Mercy s'était emparé.

Le cardinal Mazarin & le chancelier Oxenstiern pour se rendre plus maîtres des négociations suscitent encor un nouvel ennemi à Ferdinand III. Ils encouragent Ragotsky (souverain de Transilvanie depuis 1626.) à lever enfin l'Etendart contre Ferdinand. Ils lui ménagent la protection de la Porte. Ragotsky ne manquait pas de prétextes ni même de raisons. Les protestans hongrois persécutez, les priviléges des peuples méprisez, quelques infractions aux anciens traittés forment le manifeste de Ragotsky, & l'argent de la France lui met les armes à la main.

Pendant ce tems là même Torstenson poursuit les impériaux dans la Franconie: le général Galas fuit partout devant lui & devant le comte de Konigsmarg, qui marchait deja sur les traces des grands capitaines suédois.

1645.

Ferdinand & l'archi-duc Léopold fon parent étaient dans Prague. Torftenfon victorieux entre dans la Bohéme. L'empereur & l'archi-duc fe refugient à Vienne.

Torftenfon pourfuit l'armée impériale à Tabor. Cette armée était commandée par le général Gœuts, & par ce même Jean de Werth racheté de prifon. Gœuts eft tué, Jean de Werth fuit. C'eft une défaitte complette.

Le vainqueur marche à Brinn, l'affiége, & Vienne enfin eft menacée.

Il y a toujours dans cette longue fuitte de défaftres quelque circonftance qui fauve l'empereur. Le fiége de Brinn traine en longueur; & au l'eu que les français devaient alors marcher en vainqueurs vers le Danube, & aller donner la main aux fuédois; le vicomte de Turenne au commencement de fa route eft battu par le général Mercy à Mariendal & fe retire dans la Heffe.

Le grand Condé acourt contre Mercy & il a la gloire de réparer la défaitte de Turenne par une victoire fignalée dans la même plaine de Norlingue où les fuédois avaient été vaincus après la mort de Guftave. Turenne contribua autant que Condé au gain de cette bataille meurtriére. Mais plus elle eft fanglante des deux côtés, moins elle eft décifive. L'empereur rétire en hate fes

trou-

FERDINAND III.   321

troupes de la Hongrie & traitte avec Ragotsky pour empêcher les français d'aller à Vienne par la Baviére, tandis que les suédois menaçaient d'y aller par la Moravie..

Il est à croire que dans ce torrent de prosperités des armes françaises & suédoises il y eut toujours un vice radical qui empêcha de receuillir tout le fruit de tant de progrès. La crainte mutuelle qu'un des deux alliez ne prît trop de supériorité sur l'autre, le manque d'argent, le defaut de recrues, tout cela mettait un terme à chaque succez.

Après la célébre bataille de Norlingue on ne s'attendait pas que les autrichiens & les bavarois regagneraient tout d'un coup le païs perdu par cette bataille, & qu'ils poursuivraient jusqu'au Neker l'armée victorieuse où Condé n'était plus, mais où était Turenne. De telles vicissitudes ont été fréquentes dans cette guerre.

Cependant l'empereur fatigué de tant de secousses pense serieusement à la paix. Il rend la liberté enfin à l'électeur de Treves dont la prison avait servi de prétexte à la déclaration de guerre de la France. Mais ce sont les français qui rétablissent cet électeur dans sa capitale. Turenne en chasse la garnison impériale : Et l'électeur de Tréves s'unit à la France comme à sa bienfaictrice. L'électeur Palatin eût pû lui avoir les mêmes obligations, mais la France ne faisait encor pour lui rien de décisif.

Ce qui avait fait principalement le salut de l'empereur, c'était la Saxe & la Baviére sur qui le fardeau de la guerre avait presque toujours porté. Mais enfin l'électeur de Saxe épuisé fait une Treve avec les suédois.

Ferdinand n'a donc plus pour lui que la Baviére. Les turcs menaçaient de venir en Hongrie. Tout eut été perdu. Il s'empresse de satisfaire Ragotsky pour ne se pas attirer les armes ottomannes. Il le reconnait prince souverain de Transilvanie, prince de l'Empire, & lui rend tout ce qu'il avait donné à son prédecesseur Bethléem Gabor. Il perd ainsi à tous les traittés & presse la conclusion de la paix de Westphalie où il doit perdre d'avantage.

1646.

Le pape Innocent X. était le premier médiateur de cette paix dans laquelle les catholiques devaient faire de si grandes pertes. La république de Venise était la seconde médiatrice. Le cardinal Chigi, depuis le pape Alexandre VII. présidait dans Munster au nom du pape, Contarini au nom de Venise. Chaque puissance intéressée faisait des propositions selon ses espérances & ses craintes. Mais ce sont les victoires qui font les traittez.

Pendant ces premières négociations le maréchal de Turenne par une marche imprévuë & hardie se joint à l'armée suédoise vers le Neckre à la vuë de l'archiduc Léopold. Il s'avance jusqu'à Munich, & augmente les allarmes de l'Autriche. Un autre corps de suédois va encor ravager la Silésie. Mais toutes ces expéditions ne font que des courses. Si la guerre s'était faite pied à pied, fous un feul chef qui eût fuivi toujours opiniâtrement le même deffein, l'empereur n'eut pas été en état dans ce tems-là même de faire couronner fon fils ainé Ferdinand à Prague au mois d'aouft, & enfuite à Presbourg. Ce jeune roi mourut enfuite fans jouir de ces états. D'ailleurs fon pere ne pouvait donner alors que des trônes bien chancelants.

1647.

L'empereur en voulant affurer des roïaumes à fon fils, parait plus que jamais prêt de tout perdre. L'électeur de Saxe avait été forcé par les malheurs de la guerre, de l'abandonner. L'électeur Maximilien de Bavière fon beau-frere eft enfin obligé d'en faire autant. L'électeur de Cologne fuit cet exemple. Ils fignent un traité de neutralité avec la France. Le maréchal de Turenne met auffi l'électeur de Mayence dans la néceffité de prendre ce parti. Le landgrave de Heffe-Darmftad fait le même traité par la même crainte. L'empereur refte feul, & aucun prince n'ofe prendre fa querelle. Exemple unique jufques-là dans une guerre de l'Empire.

Alors un nouveau général fuédois, Wrangel, qui avait fuccedé à Torftenfon, prend Egra. La Bohême tant de fois faccagée l'eft encore. Le danger parut fi grand que l'électeur de Bavière malgré fon grand âge, & le peril où il mettait fes états

états, ne put laisser le chef de l'Empire sans secours, & rompit son traité avec la France. La guerre se faisait toujours dans plusieurs endroits à la fois, selon qu'on y pouvait subsister. Au moindre avantage qu'avait l'empereur, ses ministres au congrès demandaient des conditions favorables, mais au moindre échec, ils essuiaient des propositions plus dures.

1648.

Le retour du duc de Baviére à la maison d'Autriche n'est pas heureux. Turenne & Wrangel battent ses troupes, & les autrichiennes à Summerhausen & à Lawingen près du Danube, malgré la belle resistance d'un prince de Wirtemberg & de ce Montecuculi qui était déja digne d'être opposé à Turenne. Le vainqueur s'empare de la Baviére; l'électeur se réfugie à Saltzbourg.

En même tems le comte de Konismarck à la tête des suédois surprend en Bohême la ville de Prague. Ce fut le coup décisif: Il était tems enfin de faire la paix : Il fallait en recevoir les conditions, ou risquer l'Empire. Les français & les suédois n'avaient plus dans l'Allemagne d'autre ennemi que l'empereur. Tout le reste était allié ou soumis, & on attendait les loix que l'assemblée de Munster & d'Osnabrug donnerait à l'Empire.

PAIX DE WESTPHALIE.

Cette paix de Westphalie signée enfin à Munster & à Osnabruck le 14. octobre 1648. fut convenue, donnée, & reçuë *comme une loi fondamentale & perpetuelle :* ce sont les propres termes du traité. Elle doit servir de baze aux capitulations impériales. C'est une loi aussi reçuë, aussi sacrée jusqu'à présent que la bulle d'or ; & bien supérieure à cette bulle par le détail de tous les intérêts divers que ce traité embrasse, de tous les droits qu'il assure, & des changemens faits dans l'état civil & dans la réligion.

On travaillait dans Munster & dans Osnabruck depuis six ans presque sans relâche à cet ouvrage. On avait d'abord perdu beaucoup de tems dans les disputes du cérémonial. L'empereur ne voulait point donner le titre de *Majesté* aux rois ses vainqueurs. Son ministre Lutzau dans le premier acte de 1641. qui établissait les saufs conduits & les conferences, parle des préliminaires *entre sa sacrée Majesté Cesarienne, & le serenissime roi très-chrétien.* Le roi de France de son côté refusait de reconnaître Ferdinand pour empereur ; & la cour de France avait eu de la peine à donner le titre de *Majesté* au grand Gustave qui croïait tous les rois égaux, & qui n'admettait de superiorité que celle de la victoire. Les ministres suédois au congrès de Westphalie affectaient l'égalité avec ceux de France. Les plénipotentiaires d'Espagne avaient voulu envain qu'on nommât leur roi immediatement après l'empereur. Le nouvel état des Provinces unies demandait à être traité comme les rois. Le terme d'*excellence* commençait à être en usage. Les ministres se l'attribuaient ; & il fallait de longues négociations pour savoir à qui on le donnerait. Dans

Dans le fameux traité de Munster on nomme sa sacrée Majesté impériale, sa sacrée Majesté très-chrétienne, & sa sacrée Majesté roïale de Suéde.

Le titre d'excellence ne fut donné dans le cours des conférences à aucun plénipotentiaire des électeurs. Les ambassadeurs de France ne cédaient pas même le pas aux électeurs chez ces princes; & le comte d'Avaux écrivait à l'électeur de Brandebourg, *monsieur j'ai fait ce que j'ai pû pour vous servir*. On qualifiait d'ordinaire les états généraux des provinces unies, *les sieurs états*, quand c'était le roi de France qui parlait; & même quand le comte d'Avaux alla de Munster en Hollande en 1644. il ne les appella jamais que *messieurs*. Ils ne purent obtenir que leurs plénipotentiaires eussent le titre d'excellence. Le comte d'Avaux avait refusé même ce nouveau titre à un ambassadeur de Venise, & ne le donna à Contarini que parce qu'il était médiateur. Les affaires furent retardées par ces prétentions & ces refus que les romains nommaient *gloriole*, que tout le monde condamne quand on est sans caractère, & sur lesquels on insiste dès qu'on en a un.

Ces usages, ces titres, ces cérémonies, les dessus des lettres, les subscriptions, les formules ont varié dans tous les tems. Souvent la négligence d'un secrétaire suffit pour fonder un titre. Les langues dans lesquelles on écrit établissent des formules qui passent ensuite dans d'autres langues où elles prennent un air étranger. Les empereurs qui envoïaient avant Rodolphe I. tous leurs mandats en latin, tutoyaient tous les princes dans cette langue

langue qui admet cette grammaire. Ils ont continué à tutoïer les comtes de l'Empire dans la langue allemande qui réprouve ces expreſſions. On trouve par tout de tels exemples, & ils ne tirent plus aujourd'hui à conſéquence.

Les miniſtres médiateurs furent plûtôt témoins qu'arbitres, ſurtout le nonce Chigi qui ne fut là que pour voir l'égliſe ſacrifiée. Il vit donner à la ſuede lutherienne les Dioceſes de Brême & de Verden; Ceux de Magdebourg, d'Alberſtad, de Minden, de Camin à l'électeur de Brandebourg.

Les évêchés de Ratsbourg & de Schwering ne furent plus que des fiefs du duc de Meckelbourg.

Les évêchés d'Oſnabruck & de Lubeck ne furent pas à la vérité ſécularifés, mais alternativement deſtinés à un évêque lutherien & à un évêque catholique; reglement délicat qui n'aurait jamais pû avoir lieu dans les premiers troubles de réligion, mais qui ne s'eſt pas démenti chez une nation naturellement tranquile, dans laquelle la fureur du fanatiſme était éteinte.

La liberté de conſcience fut établie dans toute l'Allemagne. Les ſujets lutheriens de l'empereur en Siléſie eurent le droit de faire bâtir de nouvelles égliſes; & l'empereur fut obligé d'admettre des proteſtans dans ſon conſeil aulique.

Les commanderies de Malthe, les abbayes, les bénéfices dans les païs proteſtans furent donnés

nés aux princes, aux seigneurs, qu'il fallait indemniser des fraix de la guerre.

Ces concessions étaient bien différentes de l'édit de Ferdinand second qui avait ordonné la restitution des biens écclesiastiques dans le tems de ses prosperités. La nécessité, le repos de l'Empire lui firent la loi. Le nonce protesta, fulmina. On n'avait jamais vû encor de médiateur condamner le traité auquel il avait présidé, mais il ne lui sieait pas de faire une autre démarche. Le pape par sa Bulle *casse de sa pleine puissance, annulle tous les articles de la paix de Westphalie concernant la réligion;* mais s'il avait été à la place de Ferdinand III. il eut ratifié le traité.

Cette révolution pacifique dans la réligion était accompagnée d'une autre dans l'état. La Suéde devenait membre de l'Empire. Elle eut toute la Poméranie citerieure, & la plus belle, la plus utile partie de l'autre, la pincipauté de Rugen, la Ville de Vismar beaucoup de baillages voisins, le duché de Brême, & de Verden. Le duc de Holstein y gagna aussi quelques terres.

L'électeur de Brandebourg perdait à la vérité beaucoup dans la Pomeranie citerieure, mais il acquerait le fertile païs de Magdebourg qui valait mieux que son margraviat. Il avait Camin, Halberstad, la principauté de Minden.

Le duc de Meckelbourg perdait Vismar, mais il gagnait le territoire de Ratsbourg, & de Schwerin.   En

Enfin on donnait aux Suédois cinq millions d'écus d'Allemagne que sept cercles devaient païer. On donnait à la princesse landgrave de Hesse six-cent-mille écus; & c'était sur les biens des archevêchés de Mayence, de Cologne, de Paderborn, de Munster, & de l'abbaye de Fulde que cette somme devait être païée. L'Allemagne s'apauvrissant par cette paix, comme par la guerre, ne pouvait gueres païer plus cher ses protecteurs.

Ces playes étaient adoucies par les réglements utiles qu'on fit pour le commerce, & pour la justice; par les soins qu'on prit de remedier aux griefs de toutes les villes, de tous les gentils-hommes qui présentèrent leur droits au Congrès comme à une cour suprême qui reglait le sort de tout le monde. Le détail en fut prodigieux.

La France s'assura pour toujours la possession des trois évêchés, & l'acquisition de l'Alsace, excepté Strasbourg. Mais au lieu de recevoir de l'argent comme la Suéde, elle en donna. Les archiducs de la branche du Tirol eurent trois millions de livres pour la cession de leur droits sur l'Alsace, & sur le Sundgau. La France paya la guerre & la paix, mais elle n'acheta pas cher une si belle province. Elle eut encor l'ancien Brizac & ses dépendances, & le droit de mettre garnison dans Philisbourg. Ces deux avantages ont été perdus depuis: mais l'Alsace est demeurée, & Strasbourg en se donnant à la France a achevé d'incorporer l'Alsace à ce roïaume.

Il y a peu de publicistes qui ne condamnent l'énoncé de cette cession de l'Alsace dans ce fameux traité de Munster. Ils en trouvent les expressions équivoques. En effet céder *toute sorte de jurisdiction & de souveraineté* & céder *la préfecture de dix villes libres impériales* sont deux choses différentes. Il y a grande apparence que les plénipotentiaires virent cette difficulté, & ne voulurent pas l'approfondir, sachant bien qu'il y a des choses qu'il faut laisser derriére un voile que le temps & la puissance font tomber.

La maison Palatine fut enfin rétablie dans tous ses droits, excepté dans le haut Palatinat qui demeura à la branche de Bavière. On créa un huitiéme électorat en faveur du Palatin. On entra avec tant d'attention dans tous les droits, & dans tous les griefs qu'on alla jusqu'à stipuler vingt-mille écus que l'empereur devait donner à la mere du Comte Palatin Charles Louis, & dix-mille à chacune de ses sœurs. Le moindre gentilhomme fut bien reçu à demander la restitution de quelques arpens de terre. Tout fut discuté & réglé. Il y eut cent-quarante restitutions ordonnées. On remit à un arbitrage la restitution de la Lorraine, & l'affaire de Juliers. L'Allemagne eut la paix après trente ans de guerres, mais la France ne l'eut pas.

Les troubles de Paris en 1637. enchardirent l'Espagne à s'en prévaloir; elle ne voulut plus entrer dans les négociations générales. Les états généraux qui devaient ainsi que l'Espagne traiter à Munster, firent une paix particuliére avec l'Espagne, malgré toutes les obligations qu'ils avaient à la France, malgré les traités qui les liaient, & malgré les intérêts qui semblaient les attacher encor à leurs anciens protecteurs. Le ministére espagnol se servit d'une ruse singuliére pour engager les états à ce manque de foi. Il leur persuada qu'il était prêt de donner l'infante à Louis XIV. avec les païs-bas en dot. Les états tremblérent, & se hâtérent de signer. Cette ruse n'était qu'un mensonge, mais la politique est-elle autre chose que l'art de mentir à propos ?

Dans cet important traité de Westphalie il ne fut presque point question de l'Empire Romain. La Suéde n'avait d'intérêt à démêler qu'avec le roi d'Allemagne & non avec le suzerain de l'Italie. Mais la France eut quelques points à régler sur les quels Ferdinand ne pouvait transiger que comme empereur. Il s'agissait de Pignerol, de la succession de Mantoüe, & du Montferrat. Ce sont des fiefs de l'Empire. Il fut réglé que le roi de France païerait encor environ six cent-mille livres *à Monsieur le duc de Mantoüe à la décharge de Monsieur le duc de Savoye* moïennnant quoi il garderait Pignerol & Casal en pleine souveraineté indépendante de l'Empire. Ces possessions ont été perdues depuis pour la France comme Brême, Verden, & une partie de la Pomeranie ont été enlevés à la Suéde. Mais le traité de Westphalie en ce qui concerne la legislation de l'Allemagne a toujours été réputé, & est toujours demeuré inviolable.

TABLEAU DE L'ALLEMAGNE
depuis la paix de Weſtphalie juſqu'à la mort de FERDINAND III.

Ce cahos du gouvernement allemand ne fut dont bien débrouillé qu'après ſept-cent ans à compter du regne de Henri *l'oiſeleur*. Et avant le temps de Henri il n'avait pas été un gouvernement. Les prérogatives des rois d'Allemagne ne furent reſtraintes dans des bornes connuës, la plûpart des droits des électeurs, des princes, de la nobleſſe immédiate & des villes, ne furent fixés & inconteſtables que par les traités de Weſtphalie. L'Allemagne fut une grande *ariſtocratie* à la tête de la quelle était un roi à peu près, comme en Angleterre, en Suède, en Pologne, & comme anciennement tous les états fondés par les peuples venus du nord & de l'orient furent gouvernés. La diette tenait lieu de parlement. Les villes impériales y eurent droit de ſuffrage pour réſoudre la paix & la guerre.

Ces villes impériales jouiſſent de tous les droits régaliens comme les princes d'Allemagne; elles ſont états de l'Empire, & non de l'empereur; elles ne païent pas la moindre impoſition; & ne contribuent aux beſoins de l'Empire que dans les cas urgents. Leur taxe eſt réglée par la matricule générale. Si elles avaient le droit de juger en dernier reſſort, qu'on appelle *de non apellando*, elles ſeraient des états abſolument ſouverains. Cépendant avec tant de droits elles ont très peu de puiſſance, parce qu'elles ſont en-
tou-

tourées de princes qui en ont beaucoup. Les inconvenients attachés à un gouvernement si mixte & si compliqué dans une si grande étendue de païs, ont subsisté; mais l'état aussi. La multiplicité des souverainetés sert à tenir la balance jusqu'à ce qu'il se forme dans le sein de l'Allemagne une puissance assez grande pour engloutir les autres.

Ce vaste païs après la paix de Westphalie répara insensiblement ses pertes. Les campagnes furent cultivées, les villes rebâties. Ce furent-là les plus grands événements des années suivantes dans un corps percé & déchiré de toutes parts, qui se rétablissait des blessures que lui-même s'était faites pendant trente années.

Quand on dit que l'Allemagne fut libre alors, il faut l'entendre des princes, & des villes impériales; car pour les villes médiates elles sont sujettes des grands vassaux auxquels elles appartiennent : & les habitans des campagnes forment un état mitoyen entre l'esclave & le sujet, sourtout en Suabe, & en Bohéme.

La Hongrie était comme l'Allemagne, respirant à peine après ses guerres intestines & les invasions si fréquentes des turcs, aïant besoin d'être défendue, repeuplée, policée, mais toujours jalouse de son droit d'élire son souverain, & de conserver sous lui ses priviléges. Quand Ferdinand III. fit élire en 1654. son fils Léopold âgé de 17. ans, roi de Hongrie, on fit signer à *sa sé-*

renité (car le mot de Majesté n'était pas donné par les hongrois à qui n'était pas empereur ou roi des romains) on lui fit signer, dis-je, une capitulation aussi restreignante que celle des empereurs. Mais les seigneurs hongrois n'étaient pas aussi puissants que les princes d'Allemagne. Ils n'avaient point les français & les suédois pour garants de leurs privilèges. Ils étaient plûtôt opprimés que soutenus par les ottomans. C'est pourquoi la Hongrie à été enfin entierement soumise de nos jours après de nouvelles guerres intestines.

L'empereur après la paix de Westphalie se trouva paisible possesseur de la Bohéme devenuë son patrimoine, de la Hongrie qu'il regardait aussi comme un héritage, mais que les hongrois regardaient comme un roïaume électif, & de toutes ses provinces jusqu'à l'extrémité du Tirol. Il ne possedait aucun terrain en Italie.

Le nom de saint Empire romain subsistait toujours. Il était difficile de définir ce que c'était que l'Allemagne, & ce que c'était que cet Empire. Charlequint avait bien prévu que si son fils Philippe II. n'était pas sur le trône impérial, si la même tête ne portait pas les couronnes d'Espagne, d'Allemagne, de Naples, de Milan, il ne resterait guéres que ce nom d'Empire. En effet quand le grand fief de Milan fut aussi bien que Naples entre les mains de la branche espagnole, cette branche se trouva à la fois vassale titulaire de l'Empire & du pape, en protegeant l'un, & en donnant des loix à l'autre. La Toscane, les
prin-

principales villes d'Italie s'affermirent dans leur ancienne indépendance des empereurs. Un Cefar qui n'avait pas en Italie un feul domaine, & qui n'était en Allemagne que le chef d'une république de princes & de villes, ne pouvait pas ordonner comme un Charlemagne & un Oton.

On voit dans tout le cours de cette hiftoire deux grands deffeins foutenus pendant huit cent années, celui des papes d'empêcher les empereurs de regner dans Rome, & celui des feigneurs allemans de conferver & d'augmenter leurs priviléges.

Ce fut dans cet état que Ferdinand III. laiffa l'Empire à fa mort en 1657. pendant que la maifon d'Autriche éfpagnole foutenait encor contre la France cette longue guerre qui finit par le traité des pirenées & par le mariage de l'infante Marie Terefe avec Louis XIV.

Tous ces événements font fi récents, fi connus, écrits par tant d'hiftoriens qu'on ne répetera pas ici ce qu'on trouve partout ailleurs. On finira par fe retracer une idée génerale de l'Empire depuis ce tems jufqu'à nos jours.

ETAT DE L'EMPIRE
Depuis LEOPOLD
QUARANTIEME EMPEREUR.

On peut dabord confidérer qu'après la mort de Ferdinand III. l'Empire fut prêt de fortir de la maifon d'Autriche, mais que les électeurs fe crurent enfin obligés de choifir en 1658. Léopold Ignace fils de Ferdinand; il n'avait que dixhuit ans. Mais le bien de l'état, le voifinage des turcs, les jaloufies particuliéres contribuérent à l'élection d'un prince dont la maifon était affez puiffante pour foutenir l'Allemagne & pas affez pour l'afiervir. On avait autrefois élu Rodolphe de Hasbourg parce qu'il n'avait prefque point de domaine. L'Empire était continué à fa race par ce qu'elle en avait beaucoup.

Les turcs toujours maîtres de Bude, les françcais poffeffeurs de l'Alface, les fuédois de la Pomeranie & de Bréme rendaient néceffaire cette élection, tant l'idée de l'équilibre eft naturelle chez les hommes. Dix empereurs de fuitte dans la maifon de Léopold étaient encor en fa faveur autant de follicitations qui font toujours écoutées, quand on ne croit point la liberté publique en danger. C'eft ainfi que le trône toujours électif en Pologne fut toujours hereditaire dans la race de Jagellons.

L'Italie ne pouvait être un objet pour le minifere

stère de Léopold il n'était plus queſtion de demander une couronne à Rome, encor moins de faire ſentir ſes droits de ſuzerain à la branche d'Autriche qui avait Naples & Milan. Mais la France, la Suéde, la Turquie occupèrent toujours les allemands ſous ce regne. Ces trois puiſſances furent l'une après l'autre, ou contenues ou repouſſées ou vaincues, ſans que Léopold tirât l'épée.

Ce prince le moins guerrier de ſon tems, attaqua toujours Louis XIV. dans les tems les plus floriſſants de la France; dabord après l'invaſion de la Hollande, lorſqu'il donna aux provinces unies un ſecours qu'il n'avait pas donné à ſa propre maiſon dans l'invaſion de la Flandre; enſuitte quelques années après la paix de Nimegue lorſqu'il fit cette fameuſe ligue d'Augsbourg contre Louis XIV; enfin à l'avénement étonnant du petit fils du roi de France au trône d'Eſpagne.

Léopold ſut dans toutes ces guerres intéreſſer le corps de l'Allemagne, & les faire déclarer ce qu'on appelle guerres de l'Empire. La prémiere fut aſſez malheureuſe & l'empereur reçut la loi à la paix de Nimegue. L'intérieur de l'Allemagne ne fut pas ſaccagé par ces guerres comme il l'avait été dans celle de trente ans. Mais les frontières du côté du Rhin furent maltraittées. Louis XIV. eut toujours la ſupériorité; cela ne pouvait arriver autrement: des miniſtres habiles, de très grands généraux, un roïaume dont toutes les parties étaient réunies & toutes les places fortifiées, des armées diſciplinées, une artillerie formidable, d'excellents ingenieurs devaient néceſſairement

P

l'em-

l'emporter fur un païs à qui tout cela manqua? Il eft même furprenant que la France ne remportât pas de plus grands avantages contre des armées levées à la hâte, fouvent mal païées & mal pourvuës, & furtout contre des corps de troupes commandés par des princes qui s'accordaient peu, & qui avaient des intérêts différents. La France dans cette guerre terminée par la paix de Nimegue, triompha par la fupériorité de fon gouvernement, de l'Allemagne, de l'Efpagne, de la Hollande réunies, mais mal réunies.

La fortune fut moins inégale dans la feconde guerre produite par la ligue d'Augsbourg. Louis XIV. eut alors contre lui l'Angleterre jointe à l'Allemagne & à l'Efpagne. Le duc de Savoye entra dans la ligue. La Suéde fi longtems alliée de la France l'abandonna, & fournit même des troupes contre elle en qualité de membre de l'Empire. Cependant tout ce que tant d'alliez purent faire, ce fut de fe déffendre. On ne put même à la paix de Rifvick arracher Strasbourg à Louis XIV.

La troifiéme guerre fut la plus heureufe pour Léopold & pour l'Allemagne, quand le roi de France était p'us puiffant que jamais, quand il gouvernait l'Efpagne fous le nom de fon petit fils, qu'il avait pour lui tous les Païs-bas efpagnols & la Baviére, que fes armées étaient au milieu de l'Italie & de l'Allemagne. La mémorable bataille d'Ocfted changea tout. Léopold mourut l'année fuivante en 1705. avec l'idée que la France ferait bientôt accablée & que l'Alface ferait réunie à l'Allemagne.

Ce

Ce qui servit le mieux Léopold dans tout le cours de son regne, ce fut la grandeur même de Louis XIV. Cette grandeur se produisit avec tant de faste, avec tant de fierté, qu'elle irrita tous ses voisins, surtout les anglais, plus qu'elle ne les intimida.

On lui imputait l'idée de la monarchie universelle. Mais si Léopold avait eu la succession de l'Autriche espagnole comme il fut longtems vraisemblable qu'il l'aurait, alors c'était cet empereur qui maître absolu de la Hongrie dont les bornes étaient reculées, devenu presque tout puissant en Allemagne, possédant l'Espagne, le domaine direct de la moitié de l'Italie, souverain de la moitié du nouveau monde, & en état de faire valoir les droits ou les prétentions de l'Empire, se serait vû en effet assez près de cette monarchie universelle. On affecta de la craindre dans Louis XIV. lorsqu'il voulut après la paix de Nimegue faire dépendre des trois évêchés quelques terres qui rélevaient de l'Empire; & on ne la craignit ni dans Léopold ni dans ses enfans, lorsqu'ils furent prêts de dominer sur l'Allemagne, l'Espagne, & l'Italie. Louis XIV. en éffarouchant trop ses voisins, fit plus de bien à la maison d'Autriche qu'il ne lui avait fait de mal par sa puissance.

DE LA HONGRIE ET DES TURCS
du tems de LEOPOLD.

Dans les guerres que Léopold fit de son cabinet à Louis XIV. il ne risqua jamais rien. L'Allemagne & ses alliez portaient tout le fardeau & deffendaient ses pays héreditaires. Mais du côté de la Hongrie & des turcs il n'y eut que du trouble & du danger. Les hongrois étaient les restes d'une nation nombreuse échapés aux guerres civiles & au sabre des ottomans; ils labouraient les armes à la main des campagnes arrosées du sang de leur peres. Les seigneurs de ces cantons malheureux voulaient à la fois déffendre leurs priviléges contre l'autorité de leur roi, & leur liberté contre le turc, qui protégeait la Hongrie & la dévastait. Le turc faisait précisément en Hongrie ce que les suédois & les français avaient fait en Allemagne, mais il fut plus dangereux; & les hongrois furent plus malheureux que les allemands.

Cent mille turcs marchent jusqu'à Neuhausel en 1663. il est vrai qu'ils sont vaincus l'année d'après à st. Godarth sur le Raab par le fameux Montceculli. On vante beaucoup cette victoire; mais certainement elle ne fut pas décisive. Quel fruit d'une victoire, qu'une tréve honteuse par laquelle on céde au sultan la Transilvanie, avec tout le terrain de Neuhausel, & on rase jusqu'aux fondements les citadelles voisines!

Le turc donna où plutôt confirma la Transilvanie à Abaffi & dévasta toujours la Hongrie malgré la Trêve.

Léopold n'avait alors d'enfans que l'archi-duchesse qui fut depuis électrice de Baviére. Les seigneurs hongrois songent à se donner un roi de leur nation en cas que Léopold meure.

Leurs

Leurs projets leur fermeté à soutenir leurs droits & enfin leurs complots coutent la tête à Sérini, à Frangipani, à Nadasti, à Tattenback. Les impériaux s'emparent des châteaux de tous les amis de ces infortunés. On supprime les dignités de Palatin de Hongrie, de juge du roïaume, de ban de Croatie, & le pillage est exercé avec les formes de la justice. Cet excès de séverité produit dabord la consternation & ensuitte le désespoir. Emerick Tekéli se met à la tête des mécontents, tout est en combustion dans la haute Hongrie.

Tekéli traite avec la Porte. Alors la cour de Vienne ménage les esprits irrités. Elle rétablit la charge de Palatin, elle confirme tous les priviléges pour lesquels on combattait, elle promet de rendre les biens confisqués. Mais cette condescendance qui vient après tant de duretés, ne parait qu'un piége. Tekeli croit plus gagner à la cour ottomane qu'à celle de Vienne. Il est fait prince de Hongrie par les turcs, moïennant un tribut de quarante mille séquins. Déja en 1682. Tekéli aidé des troupes du Bacha de Bude ravageait la Silésie, & ce Bacha prenait Tokai & Eperies, tandis que le sultan Mahomet quatre préparait l'armement le plus formidable que jamais l'Empire ottoman ait déstiné contre les chrétiens.

Si les turcs eussent pris ce parti avant la paix de Nimegue, on ne voit pas ce que l'empereur eut pû leur opposer; car après la paix de Nimegue même il opposait peu de forces.

Le grand Visir Kara Mustapha traverse la Hongrie avec deux cent cinquante mille hommes d'infanterie, trente mille spahis, une artillerie, une bagage proportioné à cette multitude. Il pousse le duc de Lorraine Charles V. devant lui. Il met le siége sans résistance devant Vienne.

SIEGE de VIENNE, en 1683. & ses suites.

Ce siége de Vienne doit fixer les regards de la postérité. La ville était devenuë sous dix empereurs consécutifs de la maison d'Autriche la capitale de l'Empire romain en quelque sorte. Mais elle n'était ni forte ni grande. Cette capitale prise, il n'y avait jusqu'au Rhin aucune place capable de résistance.

Vienne & ses fauxbourgs contenaient environ cent mille citoiens, dont les deux tiers habitaient ces fauxbourgs sans déffense. Kara Mustapha s'avançait sur la droite du Danube suivi de trois cent trente mille hommes en comptant tout ce qui servait à cet armement formidable. On a prétendu que le dessein de ce grand Vizir était de prendre Vienne pour lui-même, & d'en faire la capitale d'un nouveau roïaume indépendant de son maître. Tekeli avec ses mécontents de Hongrie était vers l'autre rive du Danube. Toute la Hongrie était perduë, & Vienne menacée de tous côtés. Le duc Charles de Lorraine n'avait qu'environ vingt quatre mille combattans à opposer aux turcs qui précipitaient leur marche. Un petit com-

combat à Petronel non loin de Vienne venait encor de diminuer la faible armée de ce prince.

Le 7. juillet l'empereur Léopold, l'impératrice sa belle mere, l'impératrice sa femme, les archiducs, les archi-duchesses, toute leur maison abandonnent Vienne & se retirent à Lints. Les deux tiers des habitants suivent la cour en désordre. On ne voit que des fugitifs, des équipages, des chariots chargés de meubles. Et les derniers tombérent dans les mains des tartares. La retraite de l'empereur ne porte à Lints que la terreur & la désolation. La cour ne s'y croit pas en sureté. On se refugie de Lints à Passau. La consternation en augmente dans Vienne: il faut bruler les fauxbourgs les maisons de plaisance, fortifier en hâte le corps de la place, y faire entrer des munitions de guerre & de bouche. On ne s'était préparé à rien, & les turcs allaient ouvrir la tranchée. Elle fut en éffet ouverte le seize juillet au fauxbourg st. Ulric à cinquante pas de la contréscarpe.

Le comte de Staremberg gouverneur de la ville avait une garnison dont le fonds était de seize mille hommes mais qui n'en composait pas en effet plus de huit mille. On arma les bourgeois qui étaient restés dans Vienne : on arma jusqu'à l'université. Les professeurs les écoliers montérent la garde, & ils eurent un médecin pour major.

Pour comble de disgrace l'argent manquait. Et on eut de la peine à ramasser cent mille risdalers.

Le duc de Lorraine avait en vain tenté de conserver

ferver une communication de fa petite armée avec la ville, mais il n'avait pû que protéger la retraite de l'empereur. Forcé enfin de fe retirer par les ponts qu'il avait jettés fur le Danube, il était loin au feptentrion de la ville, tandis que les turcs qui l'environnaient, avançaient leurs tranchées au midi. Il faifait tête aux hongrois de Tekeli & déffendait la Moravie : mais la Moravie allait tomber avec Vienne au pouvoir des ottomans. L'empereur preffait les fecours de Baviére, de Saxe, & des cercles, & furtout celui du roi de Pologne Jean Sobiesky prince longtems la terreur des turcs tandis qu'il avait été général de la couronne, & qui devait fon trône à fes victoires. Mais ces fecours ne pouvaient arriver que lentement.

On était déja au mois de feptembre, & il y avait enfin une brèche de fix toifes au corps de la place. La ville paraiffait abfolument fans reffource. Elle devait tomber fous les turcs plus aifément que Conftantinople ; mais ce n'était pas un Mahomet fécond qui l'affiégeait. Le mépris brutal du grand Vizir pour les chrétiens, fon inactivité, fa molleffe firent languir le fiége.

Son parc, c'eft-à-dire l'enclos de fes tantes était auffi grand que la ville affiégée. Il y avait des bains, des jardins, des fontaines, on y voïait partout l'excez du luxe avant coureur de la ruine.

Enfin Jean Sobiesky aïant paffé le Danube quelques lieuës au deffus de Vienne, les troupes de

Saxe

Saxe de Baviére & des cercles étant arrivées, on fit du haut de la montagne de Calemberg des signaux aux assiégés. Tout commençait à leur manquer, & il ne leur restait plus que leur courage.

Les armées impériales & polonaises déscendirent du haut de cette montagne de Calemberg dont le grand Vizir avait négligé de s'emparer ; elles s'y étendirent en formant un vaste emphitéatre. Le roi de Pologne occupait la droite à la tête d'environ douze mille gensdarmes & de trois à quatre mille hommes de pied. Le prince Aléxandre son fils était auprès de lui. L'infanterie de l'empereur & de l'électeur de Saxe marchait à la gauche. Le duc Charles de Lorraine commandait les impériaux. Les troupes de Baviére montaient à dix mille hommes; celles de Saxe étaient à peu près au même nombre.

Jamais on ne vit plus de grands princes que dans cette journée. L'électeur de Saxe, Jean George III. était à la tête de ses saxons. Les bavarois n'étaient point conduits par l'électeur Marie Emanuël leur duc. Ce jeune prince voulut servir comme volontaire auprès du duc de Lorraine. Il avait reçu de l'empereur une épée enrichie de diamants & lorsque Léopold revint dans Vienne après sa délivrance, le jeune électeur le saluant avec cette même épée lui fit voir à quel usage il employait ses présents. C'est le même électeur qui fut mis depuis au ban de l'Empire.

Le prince de Saxe Lavembourg de l'ancienne &

malheureuse maison d'Ascanie ménait la cavalerie impériale ; le prince Herman de Bade l'infanterie; les troupes de Franconie au nombre d'environ sept mille marchaient sous le prince de Waldeck.

On distinguait parmi les volontaires trois princes de la maison d'Anhalt, deux de Hanovre, trois de la maison de Saxe, deux de Neubourg, deux de Virtemberg, tandis qu'un troisieme se signalait dans la ville, deux de Holstein, un prince de Hesse-Cassel, un prince de Hohenzollern ; il n'y manquait que l'empereur.

Cette armée montait à soixante & quatre mille combattans. Celle du grand Vizir était supérieure de plus du double ; ainsi cette bataille peut être comptée parmi celles qui font voir que le petit nombre l'a presque toujours emporté sur le grand; peut-être parce qu'il y a trop de confusion dans les armées immenses, & plus d'ordre dans les autres.

Ce fut le douze septembre que se donna cette bataille (si c'en est une) & que Vienne fut délivrée. Le grand Vizir laissa vingt mille hommes dans les tranchées, & fit donner un assaut à la place dans le tems même qu'il marchait contre l'armée chrétienne. Ce dernier assaut pouvait réussir contre des assiégés qui commençaient à manquer de poudre & dont les canons étaient démontés. Mais la vuë du secours ranima leurs forces. Cependant le roi de Pologne aiant harangué les troupes de rang en rang, marchait d'un

côté

poussé, la Transilvanie conquise, occupée par les impériaux. Enfin tandis que l'echaffaut d'Eperies subsistait encore, on convoqua les principaux de la noblesse de Hongrie à Vienne qui déclarerent au nom de la nation la couronne héréditaire. ensuitte les états assemblez à Presbourg en portérent le décrêt & on couronna Joseph à l'age de neuf ans roi héréditaire de Hongrie.

Léopold alors fut le plus puissant empereur depuis Charlequint. Un concours de circonstances heureuses le met en état de soutenir à la fois la guerre contre la France jusqu'à la paix de Riswick & contre la Turquie jusqu'à la paix de Carlowits concluë en 1699. Ces deux paix lui furent avantageuses. Il négocia avec Louis XIV. à Riswick sur un pied d'égalité qu'on n'attendait pas après la paix de Nimegue: & il traitta avec le turc en vainqueur. Ces succès donnérent à Léopold dans les diéttes d'Allemagne une supériorité qui n'ôta pas la liberté des suffrages, mais qui les rendit toujours dépendants de l'empereur.

DE L'EMPIRE ROMAIN
sous LEOPOLD.

Ce fut encor sous ce regne que l'Allemagne renoua la chaine dont elle tenait autrefois l'Italie. Car dans la guerre terminée à Riswick lorsque Léopold ligué avec le duc de Savoie ainsi qu'avec tant de princes contre la France envoia des troupes

pes vers le Po, il exigea des contributions de tout ce qui n'apartenait pas à l'Espagne. Les états de Toscane, de Venize en terre ferme, de Genes, du pape même païèrent p'us de trois-cent-mille pistoles. Quand il fallut au commencement du siècle disputer les provinces de la monarchie d'Espagne au petit fils de Louis XIV. Léopold exerça l'autorité impériale, en proscrivant le duc de Mantouë, en donnant le Montferrat mantouan au duc de Savoie. Ce fut encor en qualité d'empereur romain qu'il donna le titre de roi à l'électeur de Brandebourg. Car les nations ne sont pas convenuës que le roi d'Allemagne fasse des rois: mais un ancien usage a voulu que des princes reçussent le titre de roi de celui que cet usage même appellait le successeur des Césars.

Ainsi le chef de l'Allemagne aïant ce nom, donnait des noms; & Léopold fit un roi sans consulter les trois colléges. Mais quand il créa un neuviéme électorat en faveur du duc de Hanovre, il créa cette dignité allemande avec le suffrage de quatre électeurs, en qualité de chef de l'Allemagne. Encor ne put-il le faire admettre dans le Collége des électeurs, où le duc de Hanovre n'obtint séance qu'après la mort de Léopold.

Il est vrai que dans toutes les capitulations on appelle l'Allemagne, *l'Empire*. Mais c'est un abus des mots autorisé dès longtems. Les empereurs jurent dans leurs capitulations, *de ne faire entrer aucunes troupes dans l'Empire sans le consentement*

sentement des électeurs, princes & états. Mais il est clair qu'ils entendent alors par ce mot Empire, l'Allemagne & non Milan & Mantouë. Car l'empereur envoie des trouppes à Milan sans consulter personne. L'Allemagne est appellée l'Empire, comme siége de l'Empire romain : étrange revolution dont Auguste ne se doutait pas. Un seigneur italien s'adresse sans difficulté à la diéte de Ratisbonne; il s'adresse aux électeurs de Saxe, de Bavière & du Palatinat pendant la vacance du trône ; il en obtient des titres, & des terres quand personne ne s'y oppose. le pape à la vérité ne demande point à la diete la confirmation de son élection, mais le duc de Mantouë lui présenta requête quand Léopold l'eut mis au ban de l'Empire en 1700. Cet Empire est donc le droit du plus fort, le droit de l'opinion, fondé sur les heureuses incursions que Charlemagne & Oton le grand firent dans l'Italie.

La diéte de Ratisbonne est devenue perpétuelle sous ce même Léopold depuis 1664. il semble qu'elle devrait en avoir plus de puissance, mais c'est précisément ce qui l'a énervée. Les princes qui composaient autrefois ces célebres assemblées, n'y viennent pas plus que les électeurs n'assistent au sacre. Ils ont à la diéte des députés ; & tel député agit pour deux ou trois princes. Les grandes affaires ou ne s'y traitent plus ou languissent. Et l'Allemagne est en secret divisée sous l'apparence de l'union.

DE

DE L'ALLEMAGNE DU TEMPS de JOSEPH & de CHARLES VI.

L'empereur Joseph avait été élu roi des romains à l'âge de douze ans par tous les électeurs, en 1690. preuve évidente de l'autorité de Léopold son pere, preuve de la sécurité où les électeurs étaient sur tous leurs droits, qu'ils n'auraient pas voulu sacrifier ; preuve du concert de tous les états de l'Allemagne avec son chef que la puissance de Louis XIV. réunissait plus que jamais.

Il signa dans sa capitulation qu'il observerait les traités de Westphalie *excepté dans ce qui concernait l'avantage de la France.*

Le règne de Joseph fut encor plus heureux que celui de Léopold. L'argent des anglais & des hollandais, les victoires du prince Eugéne & du duc de Marlborough le rendirent partout victorieux & ce bonheur le rendit presque absolu. Il commença par mettre de son autorité au ban de l'Empire les électeurs de Baviére & de Cologne partisans de la France & s'empara de leurs états. Il donna le haut Palatinat à la branche Palatine qui l'avait perdu sous Ferdinand II. & qui le rendit ensuite à la branche de Baviére à la paix de Rastadt & de Bade.

Il agit véritablement en empereur romain dans l'Italie. Il confisqua tout le Mantouan à son profit, prit d'abord pour lui le Milanez qu'il donna ensuite à son frere l'archiduc, mais dont il garda
les

les places & les revenus, en démembrant de ce païs, Aléxandrie, Valenza, la Lomeline en faveur du duc de Savoie, auquel il donna encor l'inveſtiture du Montferrat pour le retenir dans ſes intérêts. Il dépouilla le duc de la Mirandole & fit préſent de ſon état au duc de Modéne ; Charlequint n'avait pas été plus ſouverain en Italie. Le pape Clément XI, fut auſſi allarmé que l'avait été Clément VII. Joſeph allait lui ôter le duché de Ferrare pour le rendre à la maiſon de Modéne que les papes en avaient privée.

Ses armées maîtreſſes de Naples au nom de l'archi-duc ſon frere, & maîtreſſes en ſon propre nom du Boulonais, du Ferrarais, d'une partie de la Romagne menaçaient déja Rome. C'était l'intérêt du pape qu'il y eût une balance en Italie ; mais la victoire avait briſé cette balance. On faiſait ſommer tous les princes, tous les poſſeſſeurs des fiefs de produire leurs titres.

On ne donna que quinze jours au duc de Parme qui relevait alors du ſt. ſiége pour faire hommage à l'empereur. On diſtribuait dans Rome un maniſeſte qui attaquait la puiſſance temporelle du pape & qui annullait toutes les donations des empereurs faites ſans l'intervention de l'Empire. Il eſt vrai que ſi par ce maniſeſte on ſoumettait le pape à l'empereur, on y faiſait dépendre auſſi les décrets impériaux du corps germanique. Mais on ſe ſert dans un temps des raiſons & des armes qu'on rejette dans un autre : & il ne s'agiſſait que de dominer en Italie à quelque titre & à quelque prix que ce fût. Tous

Tous les princes étaient consternés. On ne se serait pas attendu que trente-quatre cardinaux eussent eu alors la hardiesse & la générosité de faire ce que ni Venise, ni Florence, ni Génes, ni Parme n'osaient entreprendre. Ils leverent une petite armée à leurs dépens; l'un donna cent-mille écus, l'autre quatrevingt-mille, celui-ci cent chevaux, cet autre cinquante fantassins, les païsans furent armés. Mais tout le fruit de cette entreprise fut de se soumettre les armes à la main aux conditions que prescrivit Joseph. Le pape fut obligé de congédier son armée, de ne conserver que cinq-mille hommes dans tout l'état ecclésiastique, de nourrir les troupes impériales, de leur abandonner Comacchio, & de reconnaître l'archi-duc Charles pour roi d'Espagne. Amis & ennemis tout ressentit le pouvoir de Joseph; il ôte en 1709. le Vigenevasque & les fiefs de Langues au duc de Savoye & cependant ce prince n'ose quitter son parti.

Joseph meurt à trente-trois ans en 1711. dans le cours de ses prospérités.

CHARLES VI. son frere se trouve maître de presque toute la Hongrie soumise, des états héréditaires d'Allemagne florissants, du Milanais, du Mantouan, de Naples & Sicile, de neuf provinces des Païs-bas; & si on avait écouté en 1709. les propositions de la France alors accablée, ce même Charles VI. aurait eu encor l'Espagne & le nouveau monde. C'était alors qu'il n'y aurait point eu de balance en Europe. Les anglais qui

avaient

avaient combattu uniquement pour cette balance, murmurérent contre la reine Anne qui la rétablit par la paix d'Utrecht; tant la haine contre Louis XIV. prévalait fur les intérêts réels. Charles VI. resta encor le plus puissant prince de l'Europe après sa paix particuliere de Bade & de Rastadt.

Mais quelque puissant qu'il fût quand il prit possession de l'Empire, le corps germanique soutint plus que jamais ses droits, il les augmenta même. La capitulation de Charles VI. porte qu'aucun prince aucun état de l'Allemagne ne pourra être mis au ban de l'Empire que par un jugement des trois colléges &c. On rappelle encor dans cette capitulation les traités de Westphalie regardés toujours comme une loi fondamentale.

L'Allemagne fut tranquile & florissante sous ce dernier empereur de la maison d'Autriche. Car la guerre de 1716. contre les turcs ne se fit que sur les frontiéres de l'empire ottoman & rien ne fut plus glorieux.

Le prince Eugéne y acrut encor cette grande réputation qu'il s'était acquise en Italie, en Flandre, en Allemagne. La victoire de Petervaradin, la prise de Temiswar signalérent la campagne de 1716. & la suivante eut des succès encor plus étonnants: car le prince Eugéne en assiégeant Belgrade, se trouva lui-même assiégé dans son camp par cent cinquante mille turcs. Il était dans la même situation où fut César au siége d'Alexie, & où le Czar Pierre s'était trouvé au bord du

Pruth.

Pruth. Il n'imita point l'empereur ruſſe qui mandia la paix. Il fit comme Céſar ; il battit ſes nombreux ennemis, & prit la ville. Couvert de gloire il retourna à Vienne où l'on parlait de lui faire ſon procès pour avoir hazardé l'état qu'il avait ſauvé , & dont il avait reculé les bornes. Une paix avantageuſe fut le fruit de ces victoires. Le ſiſtéme de l'Allemagne ne fut dérangé ni par cette guerre, ni par cette paix qui augmentait les états de l'empereur : au contraire la conſtitution germanique s'affermiſſait. Les diſgraces du roi de Suéde Charles XII. accrurent les domaines des électeurs de Brandebourg & de Hanovre. Le corps de l'Allemagne en devenait plus conſidérable.

Les traités de Weſtphalie reçurent à la vérité une atteinte dans ces acquiſitions ; mais on conſerva tous les droits acquis aux états de l'Allemagne par ces traités , en enlevant des provinces aux ſuédois à qui on devait en partie ces droits mêmes dont on jouiſſait. Les trois rélligions établies dans l'Allemagne s'y maintirent paiſiblement à l'ombre de leurs priviléges , & les petits différends inévitables n'y cauſérent point de troubles civils.

Il faut ſurtout obſerver que l'Allemagne changea entierement de face du temps de Léopold, de Joſeph, & de Charles VI. les mœurs auparavant étaient rudes, la vie dure, les beaux arts preſque ignorés , la magnificence commode inconnue, preſque pas une ſeule ville agréablement bâtie, aucune maiſon d'une architecture réguliere

&

& noble, point de jardins, point de manufactures de choses prétieuses & de goût. Les provinces du Nord étaient entierement agrestes. La guerre de trente ans les avait ruinées. L'Allemagne en soixante années de temps a été plus différente d'elle-même, qu'elle ne le fut depuis les Otons jusqu'à Léopold.

Charles VI. fut constamment heureux jusqu'en 1734. Les célèbres victoires du prince Eugéne sur les turcs à Temiswar & à Belgrade avaient reculé les frontiéres de la Hongrie. L'empereur dominait dans l'Italie. Il y possédait le domaine direct de Naples & Sicile, du Milanais, du Mantouan. Le domaine impérial & suprême de la Toscane & de Parme & Plaisance si longtems contesté, lui était confirmé par l'investiture même qu'il donna de ces états à Don Carlos fils de Philippe V. qui par-là devenait son vassal. Les droits de l'Empire exercés en Italie par Léopold & par Joseph étaient donc encor en vigueur; & certainement si un empereur avait conservé en Italie tant d'états, tant de droits avec tant de prétentions, ce combat de sept cent années de la liberté italique contre la domination alllemande pouvait aisément finir par l'asservissement.

Ces prospérités eurent un terme par l'exercice même que Charles VI. fit de son crédit dans l'Europe en procurant conjointement avec la Russie le trone de Pologne à Auguste III.

Ce fut une singuliére révolution que celle qui
lui

lui fit perdre pour jamais Naples & Sicile & qui enrichit encor le roi de Sardaigne à ſes dépends pour avoir contribué à donner un roi aux polonais. Rien ne montre mieux quelle fatalité enchaine tous les événemens & ſe joue de la prévoiance des hommes. Son bonheur l'avait deux fois rendu victorieux de cent cinquante mille turcs, & Naples & Sicile lui furent enlévés par dix mille eſpagnols en une ſeule campagne. Aurait-on imaginé en 1700. que Stanislas aurait trente quatre ans après, la Lorraine pour avoir perdu la couronne de Pologne : & que pour cette raiſon là même la maiſon de Lorraine aurait la Toſcane ? ſi on réflechit à tous les événements qui ont troublé & changé les états, on trouvera que preſque rien n'eſt arrivé de ce que les peuples attendaient, & de ce que les politiques avaient préparé.

Les derniéres années de Charles VI. furent encor plus malheureuſes ; il crut que le prince Eugéne aïant défait les turcs avec des armées allemandes inférieures, il les vaincrait à plus forte raiſon quand l'Empire ottoman ſerait attaqué à la fois par les allemans & par les ruſſes. Mais il n'avait plus le prince Eugéne ; & tandis que les armées de la Czarine Anne prénaient la crimée, entraient dans la Valachie, & ſe propoſaient de pénétrer à Andrinople, les allemands furent vaincus. Une paix dommageable ſuivit leur défaite. Belgrade, Temiſwar, Orſova, tout le païs entre le Danube & la Save demeura aux ottomans, le fruit des conquêtes du prince Eugéne fut perdu ; & l'empereur n'eut que la reſſource cruelle de mettre en prison les généraux malheureux, de faire couper la téte à des officiers qui avaient rendu des villes, & de punir ceux qui se hâtérent de faire suivant ses ordres une paix nécessaire.

Il mourut bientôt après. Les révolutions qui suivirent sa mort sont du ressort d'une autre histoire. Et ces plaïes qui saignent encore, sont trop récentes pour les découvrir.

Un lecteur philosophe après avoir parcouru cette longue suitte d'empereurs poura faire réflexion qu'il n'y a eu que Fréderic III. qui ait passé soixante & quinze ans, comme parmi les rois de France, il n'y a eu que le seul Louis XIV. On voit au contraire un très-grand nombre de papes dont la carriére a été au delà de quatrevingt années. Ce n'est pas qu'en général les loix de la nature accordent une vie plus longue en Italie qu'en Allemagne & en France; mais c'est qu'en général les pontifes ont mené une vie plus sobre que les rois. Et qu'il y a plus de papes que d'empereurs & de rois de France.

La durée des regnes de tous les empereurs qui ont passé en révuë, sert à confirmer la regle qu'à donnée Neuton pour réformer l'ancienne cronologie. Il veut que les générations des anciens souverains se comptent à 21. ans environ l'une portant l'autre. En éffet les cinquante empereurs depuis Charlemagne jusqu'à Charles VII. composent une période de près de mille années ; ce qui donne à chacun d'eux vingt ans de regne. On peut même réduire encor beaucoup cette regle de Neuton dans les états sujets à des révolutions fréquentes. Sans remonter plus haut que l'Empire romain, on trouvera environ quatrevingt dix regnes depuis César jusqu'à Augustule dans l'espace de cinq cent années.

Une autre reflexion importante qui se présente, c'est que de tous ces empereurs on n'en voit presque pas un depuis Charlemagne dont on puisse dire qu'il a été heureux. Charlequint est celui dont l'éclat fait disparaître tous les autres devant lui, mais lassé des secousses continuelles de sa vie & fatigué des tourments d'une administration si composée, plus encor que détrompé du néant des grandeurs, il alla cacher dans une rétraitte une vieillesse prématurée.

Nous avons vu depuis peu un empereur plein de qualités respectables, essuier les plus violents revers de la fortune tandis que la nature le conduisait au tombeau par des maladies cruelles au milieu de sa carriére.

Cette histoire n'est donc presque autre chose qu'une vaste scene de faiblesses, de fautes, de crimes, d'infortunes, parmi lesquelles on voit quelques vertus & quelques succès comme on voit des vallées fertiles dans une longue chaine de rochers & de précipices. Et il en est ainsi des autres histoires.

Fautes

Fautes à corriger.

Tome Premier.

Dans la liste des papes, *Domus*, lisez, *Domnus*. *Calixte I.* lisez, *Calixte II.* conformément au corps des annales, & plus bas *Calixte II.* lisez, *Celestin II.*

Dans les vers tecniques au douziéme siécle *Lothaire de Suabe*, lisez, *Lothaire le Saxon*. Conformément au corps des annales. Le lecteur est prié d'excuser ces inadvertences.

Pag. 4. lig. 26. 651. lisez, 671.

pag. 31. lig. 3. *démasquinait* lisez, *damasquinait*.

pag. 40. l. 21. *étant*, lisez, *était*.

pag. 117. après la ligne 8. 945. lisez, 954.

pag. 147. l. 6. *decrés*, lisez, *dégrés*.

pag. 324. l. 6. *pour eux*, lisez, *pour lui*.

pag. 328. l. 6. *Asconie*, lisez, *Ascanie*.

pag. 339. l. 11. *Henri de Baviére*, lisez, *Louis de Baviére*.

Tome Second.

Page 26. ligne 18. Amédée fils du comte de Genêve, *lisez*, Robert fils d'Amédée III. comte de Genêve.

page 336. Quarantiéme empereur, *lisez*, Quarante-huitiéme empereur.

pag. 358. lig. 21. *maintirent*, lisez, *maintinrent*.

NB. Il y a à la fin de la page 192. & au commencement de la page 193. du tome second une phrase entiere répétée. C'est une inadvertence à laquelle le lecteur peut suppléer aisément.

ROIS

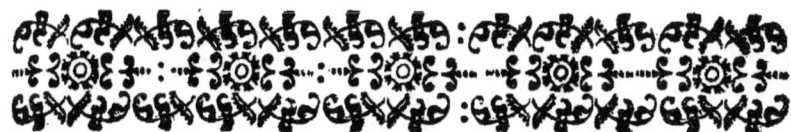

ROIS DE BOHEME

depuis la fin du 13me siécle.

OTTOCARE fils du roi Wenceslas le borgne, tué en 1280. dans la bataille contre l'empereur Rodolphe.

WENCESLAS le vieux est mis après la mort de son pere sous la tutelle d'Oton de Brandebourg m. 1305.

WENCESLAS le jeune mort de débauche un an après la mort de son pere.

HENRI duc de Carinthie, comte de Tirol beaufrere de Wenceslas le jeune dépouillé deux fois de son roïaume ; la premiere par Rodolphe d'Autriche fils d'Albert I. La seconde par Jean de Luxembourg fils de l'empereur Henri VII.

JEAN de Luxembourg maître de la Bohéme, de la Silésie & de la Lusace, tué en France à la bataille de Creci en 1346.

L'empereur CHARLES IV.

L'empereur WENCESLAS.

L'empereur SIGISMOND.

L'empereur ALBERT d'Autriche.

LADISLAS le posthume fils de l'empereur Albert d'Autriche mort en 1457. dans le tems que Madeleine fille du roi de France Charles VII. passait en Allemagne pour l'épouser.

GEORGE *Podibrad* vaincu par Mathias de Hongrie m. 1471.

LADISLAS *de Pologne* roi de Bohéme & de Hongrie m. 1516.

LOUIS fils de Ladislas aussi roi de Bohéme & de Hongrie tué à l'âge de 20. ans en combattant contre les turcs.

L'empereur FERDINAND I. & depuis lui les empereurs de la maison d'Autriche.

ELECTEURS DE MAYENCE,
depuis la fin du 13e. siécle.

VERNIER comte de Falkenstein celui qui soutint le plus ses prétentions sur la ville d'Erfort, m. 1284.

HENRI KENODERER moine franciscain confesseur de l'empereur Rodolphe. m. 1288.

GERARD baron d'Eppenstein qui combatit à la bataille où Adolphe de Nassau fut tué. m. 1305.

PIERRE AICHSPALT bourgeois de Tréves medecin de Henri de Luxembourg & qui guérit le pape Clément V. d'une maladie jugée mortelle. m. 1320.

MATHIAS comte de Burgeck, m. 1328.

BAUDOUIN frere de l'empereur Henri de Luxembourg eut Tréves & Mayence pendant trois ans c'est un éxemple unique.

HENRI comte de Virnebourg, excommunié par Clément VI. se soutient par la guerre. m. 1353.

GERLACH de Nassau m. 1371.

JEAN de Luxembourg comte de St. Paul, m. 1373.

ADOLPHE de Nassau à qui Charles IV. donna la petite ville d'Hœhst, m. 1390.

CONRAD de Vinsberg, il fit bruler des Vaudois m. 1396.

JEAN de Naſſau, c'eſt celui qui dépoſa l'empereur Wenceslas. m. 1419.

CONRAD comte de Rens battu par le Landgrave de Heſſe, m. 1431.

THEODORE d'Urback, il aurait dû contribuer à protéger l'imprimerie inventée de ſon temps à Mayence, m. 1459.

DITRICH comte d'Iſenbourg, & un ADOLPHE de Naſſau ſe diſputent longtemps l'archevêché à main armée. Iſenbourg cède l'électorat à ſon compétiteur Naſſau en 1463.

ADOLPHE de Naſſau m. 1475.

DITRICH remonte ſur le ſiége électoral, bâtit le château de Mayence. m. 1482.

ALBERT de Saxe m. 1484.

BERTOLD de Henneberg principal auteur de la ligue de Suabe, grand réformateur des couvents de rélligieuſes. m. 1504. Gualtieri prétend fauſſement qu'il mourut d'une maladie peu convenable à un archevêque.

JACQUES de Libenſtein m. 1508.

URIEL de Gueminguen m. 1514.

ALBERT

ALBERT de Brandebourg fils de l'électeur Jean archevêque de Mayence, de Magdebourg & d'Halberstadt à la fois voulut bien encor être cardinal. m. 1545.

SEBASTIEN de Hauenstein docteur és loix. De son temps un prince de Brandebourg brule Mayence. m. 1555.

DANIEL BRENDEL de HOMBOURG. Il laissa de lui une mémoire chere & respectée. m. 1582.

WOLFGANG de Dalbourg, il se priva de gibier parce que la chasse faisait tort aux campagnes de ses sujets. m. 1601.

JEAN ADAM de Bicken, il assista en France à la dispute du cardinal du Perron & de Mornai. m. 1604.

JEAN SCHWEIGHARD de Cronberg longtems persécuté par le prince de Brunswick, *l'ami de Dieu, & l'ennemi des prêtres*, délivré par les armes de Tilli. m. 1626.

GEORGE FREDERIC de Greiffenclau, principal auteur du fameux édit de la restitution des bénéfices qui causa la guerre de trente ans. m. 1629.

ANSELME CASIMIR WAMBOLD d'Umstadt, chassé par les suédois. m. 1647.

JEAN PHILIPPE de Schœnbron remit la ville d'Erfort fous fa puiffance par le fecours des armes françaifes & des diplomes de l'empereur Léopold. m. 1673.

LOTHAIRE FREDERIC de Metternich obligé de céder des terres à l'électeur Palatin. m. 1675.

DAMIEN HARTARD van der Leien, il fit bâtir le palais de Mayence. m. 1678.

CHARLES HENRI de Metternich m. 1629.

ANSELME FRANÇOIS d'Ingelheim. Les français s'emparérent de fa ville 1695.

LOTHAIRE FRANÇOIS de Schœnborn coadjuteur en 1694. éftimé de tous fes contemporains. m. 1729.

FRANÇOIS LOUIS comte Palatin, m. 1732.

PHILIPPE CHARLES d'Eltz m. 1743.

JEAN FREDERIC CHARLES comte d'Oftein.

ELECTEURS DE COLOGNE.

ENGELBERG comte de Valckenstein bon soldat & malheureux archevêque, pris en guerre par les habitans de Cologne, m. vers l'an 1274.

SIFROI comte de Vesterbuch non moins soldat & plus malheureux que son prédécesseur, prisonnier de guerre pendant sept ans, m. 1298.

VICKBOLD de Holt autre guerrier mais plus heureux, m. 1305.

HENRI comte de Vinnanbuch dispute l'électorat contre deux compétiteurs & l'emporte. m 1338.

VALRAME comte de Juliers prince pacifique, m. 1352.

GUILL de Geneppe qui amassa & laissa de grands trésors. m. 1362.

JEAN de Virnenbourg força le chapitre à l'élire, & dissipa tout l'argent du prédécesseur. m. 1363.

ADOLPHE comte de la Marche résigne l'archevêché en 1364. se fait comte de Cléves, & a des enfans.

ENGHELBERG comte de la Marche.

CONON de Falkenstein coadjuteur du précédent, & en même temps archevêque de Tréves, gouverne Cologne pendant trois ans, & est obligé de résigner Cologne en 1370. On apporta à Cologne sous son gouvernement le corps tout frais d'un des petits innocents qu'Herode avait autrefois fait massacrer, comme on fait; ce qui donna un nouveau relief aux reliques conservées dans la ville.

FREDERIC comte de Sarverde prince paisible, m. 1414.

THEODORE comte de Mœurs dispute l'archevêché à Guillaume de Ravensberg évêque de Paderborn, mais cet évêque de Paderborn s'étant marié, le comte de Mœurs eut les deux diocéses. Il eut encor Halberstadt. m. 1457.

ROBERT de Bavière se servit de Charles le *téméraire* duc de Bourgogne pour assujettir Cologne, obligé ensuite de s'enfuir. m. 1480.

HERMAN Landgrave de Hesse qui gouverna quelques années, du temps de Robert de Bavière m. 1508.

PHILIPPE comte d'Oberstein m. 1515.

HERMAN de Veda ou Neuvid après 32. ans d'épiscopat embrassa la réligion luthérienne, m. 1552. dans la retraite.

ADOL-

ADOLPHE de Schaumbourg un des plus savants hommes de son temps, coadjuteur du précédent archevêque luthérien, & ensuite son successeur, m. 1556.

ANTOINE frere d'Adolphe évêque de Liége & d'Utrecht. m. 1558.

JEAN comte de Mansfeldt né luthérien, m. 1562.

FREDERIC de Veda abdique en 1568. se reserve une pension de trois mille florins d'or qu'on ne lui paye point, & meurt de misére.

SALENTIN comte d'Isenbourg après avoir gouverné dix ans, assemble le chapitre & la noblesse, leur reproche les soins qu'il s'est donné pour eux, & l'ingratitude dont il a été payé, abdique l'archevêché & se marie à une comtesse de la Marche.

GHEBHARD Truchses de Walbourg quitta son archevêché pour la belle Agnès de Mansfeldt, que le Pere Kolbs appelle sa *sacrilége épouse*. Ce Pere Kolbs n'est pas poli. m. 1583.

ERNEST de Bavière, au lieu d'une femme, il eut les évêchés de Liége, Hildesheim, & Frisingue. Il fit longtemps la guerre & agrandit Cologne. m. 1612.

FERDINAND, ses états furent désolés par le grand Gustave, m. 1650.

MAXIMILIEN HENRI, il recueillit le cardinal Mazarin dans sa retraite, m. 1688.

JOSEPH *CLEMENT* qui l'emporta sur le cardinal de Furstemberg. m. 1723.

AUGUSTE CLEMENT.

ELECTEURS DE TREVES.

HENRI de Venstigen subjugue Coblentz, m.ʳ 1286.

BOEMOND de Vansberg détruit des châteaux de barons voleurs, m. 1299.

DITRICH de Nassau, cité à Rome pour répondre aux plaintes de son clergé qui lui refusa la sépulture, m. 1307.

BAUDOUIN de Luxembourg qui prit le parti de Philippe de Valois contre Edouard III. m. 1354.

BOHEMOND de Sarbruck qui eut dans sa vieillesse de grands démelés avec le palatinat, m. 1368.

CONRAD de Falkenstein, il fit de grandes fondations & résigna l'électorat à son neveu malgré les chanoines en 1388.

VERNIER de Kœnigsten neveu du precédent, réduisit Vezel avec de l'artillerie, & fit presque toujours la guerre, m. 1418.

OTON de Ziegenheym battu par les hussites, & mort dans cette expédition, 1430.

RABAN de Helmstadt en guerre avec ses voisins, engagea tout ce qu'il possedait, & mourut insolvable, m. 1439.

JACQUES de Sirek. L'électorat de Tréves ruiné ne fuffifait pour fa fubfiftance. Il eut l'évêché de Metz, m. 1456.

JEAN de Bade. Ce fut lui qui conclut le mariage de Maximilien & de Marie de Bourgogne, m. 1501.

JACQUES de Bade arbitre entre Cologne & l'archevêque, m. 1511.

RICHARD de Volfrat qui tint longtems le parti de François I. dans la concurrence de ce roi & de Charlequint pour l'Empire, m. 1531.

JEAN de Metzenhaufen fit fleurir les arts, & cultiva les vertus de fon état, m. 1540.

JEAN LOUIS de Hagen ou de la Haye, m. 1547.

JEAN d'Ifembourg. Sous lui Tréves fouffrit beaucoup des armes luthériennes, m. 1556.

JEAN de Leyen, il affiégea Tréves, m. 1567.

JACQUES d'Els, il foumit Tréves, m. 1581.

JEAN de Schœnberg. On trouve de fon tems à Tréves la robe de Jefus-Chrift, mais on ne fait pas précifément d'où cette robe eft venuë, m. 1599.

LOTHAIRE de Metternich; il entra vivement dans la ligue catholique, m. 1623.

PHILIPPE CHRISTOPHE de Sotern ; il fut pris par les efpagnols, & ce fut le pretexte pour lequel Louis XIII. déclara la guerre à l'Efpagne; rétabli dans fon fiege par les victoires de Condé de Turenne mort à 87. ans en 1652.

CHARLES GASPAR de Leyen, chaffé de fa ville par les armes de la France y rentra par la défaite du maréchal de Crequi, m. 1676.

JEAN HUGUES d'Orsbek, il vit Tréves prefque détruite par les français. La guerre lui fut toujours funefte, m. 1711.

CHARLES JOSEPH de Lorraine coadjuteur en 1710. eut encor beaucoup à fouffrir de la guerre, m. 1715.

FRANÇOIS LOUIS comte Palatin, évêque de Breslau, de Vorms, & grand maître de l'ordre teutonique, m. 1729.

FRANÇOIS GEORGE de Schœnborn.

ELECTEURS PALATINS
depuis la fin du 13me siécle.

LOUIS m. 1285. fon pere Oton fut le premier comte Palatin de fa maifon.

RODOLPHE fils de Louis & frere de l'empereur Louis de Baviére, m. en Angleterre en 1319.

ADOLPHE le fimple, m. en 1327.

RODOLPHE II. frere d'Adolphe le fimple & fils de Rodolphe I. beau-pere de l'empereur Charles IV. m. en 1353.

ROBERT le roux, m. 1390.

ROBERT le dur, m. 1398.

ROBERT l'empereur.

LOUIS le barbu & le pieux, m. en 1436.

LOUIS le vertueux, m. 1449.

FREDERIC le belliqueux tuteur de Philippe & électeur quoi que fon pupille vécut, m. 1476.

PHILIPPE fils de Louis le vertueux, m. 1508.

LOUIS fils de Philippe, m. 1544.

FREDERIC le fage frere de Louis, m. en 1556.

OTON

OTON HENRI petit fils de Philippe, m. 1559.

FREDERIC III. de la branche de Simmeren m. 1576.

LOUIS VI. fils de Fréderic, m. 1583.

FREDERIC IV. du nom, petit fils de Louis, m. 1610.

FREDERIC V. du nom, fils de Fréderic IV. gendre du roi d'Angleterre Jacques I. élu roi de Bohéme, & dépoſſedé de ſes états, m. 1632.

CHARLES LOUIS rétabli dans le palatinat, m. 1680.

CHARLES fils du précedent, m. 1685. ſans enfans.

PHILIPPE GUILLAUME de la branche de Neubourg, beau-pere de l'empereur Léopold, du roi d'Eſpagne, du roi de Portugal, &c. m. 1690.

JEAN GUILLAUME né 1658. fils de Charles Philippe. Son païs fut ruiné dans la guerre de 1689. & à la paix de Riswick les terres que la maiſon d'Orléans lui diſputait, furent adjugées à cet électeur par la ſentence arbitrale du pape, m. 1716.

CHARLES PHILIPPE dernier électeur de la branche de Neubourg, m. 1742.

CHRETIEN PHILIPPE THEODORE de Sultzbach.

ELECTEURS DE SAXE.

ALBERT II. arriére-petit-fils d'Albert l'Ours de la maison d'Anhalt succéde à ses ancêtres en 1260. & gouverne la Saxe trente sept ans. m. en 1297.

RODOLPHE I. fils de cet Albert m. 1356.

RODOLPHE II. fils de Rodolphe I. m. 1370.

VENCESLAS frere puisné de Rodolphe II. m. 1388.

RODOLPHE III. fils de Venceslas m. 1419.

ALBERT III. frere de Rodolphe III. dernier des électeurs de la maison d'Anhalt qui avait possédé la Saxe 227. ans. m. 1422.

FREDERIC I. de la maison de Misnie surnommé le belliqueux m. 1428.

FREDERIC l'affable. m. 1464.

ERNEST FREDERIC le relligieux. m. 1486.

FREDERIC le sage m. 1525. c'est lui qu'on dit avoir réfusé l'Empire.

JEAN surnommé le constant frere du sage m. 1532.

JEAN FREDERIC le magnanime. m. 1554. dépoſſedé de ſon électorat par Charlequint. Les branches de Gotha & de Weimar déſcendent de lui.

MAURICE couſin au cinquiéme dégré de Jean Fréderic revêtu de l'électorat par Charlequint. m. 1553

AUGUSTE *le pieux* frere de Maurice m. 1586.

CHRISTIAN fils d'Auguſte *le pieux* m. 1591.

FREDERIC GUILLAUME adminiſtrateur pendant dix ans m. 1602.

CHRISTIAN II. fils de Chriſtian I. m. 1611.

JEAN GEORGE frere de Chriſtian m. 1656.

JEAN GEORGE II. m. 1680.

JEAN GEORGE III. m. 1691.

JEAN GEORGE IV. m. 1694.

AUGUSTE roi de Pologne à qui les ſuccés de Charles XII. oterent le roïaume que les malheurs du même Charles XII. lui rendirent m. 1733.

FREDERIC AUGUSTE II. électeur & roi de Pologne.

ELECTEURS DE BRANDEBOURG.

Après plusieurs électeurs des maisons d'Ascanie, de Baviére & de Luxembourg.

FREDERIC de Hohenzollern burgrave de Nuremberg achete cent-mille florins d'or de l'empereur Sigismond le marquisat de Brandebourg rachetable par le même empereur. m. 1440.

JEAN I. fils de Fréderic abdique en faveur de son frere en 1464. Il n'est pas compté dans les mémoires de Brandebourg, ainsi on peut ne le pas regarder comme électeur.

FREDERIC *aux dents de fer* frere du précédent. m. 1471.

ALBERT *l'Achille* frere des precédents. On prétend qu'il abdiqua en 1476. & qu'il mourut en 1486.

JEAN surnommé le *Ciceron* fils d'Albert l'Achille, m. 1499.

JOACHIM I. Nestor fils de Jean m. 1535.

JOACHIM II. Hector fils de Joachim I. m. 1571.

JEAN GEORGE fils de Joachim II. m. 1598.

JOACHIM FREDERIC fils de Jean George, administrateur de Magdebourg m. 1608.

JEAN SIGISMOND fils de Joachim Fréderic; il partagea la succession de Cléves & de Juliers avec la maison de Neubourg. m. 1619.

GEORGE GUILLAUME dont le païs fut dévasté dans la guerre de trente ans. m. 1640.

FREDERIC GUILLAUME qui rétablit son païs m. 1688.

FREDERIC qui fit ériger en roïaume la partie de la province de Prusse dont il était duc, & qui relevait auparavant de la Pologne m. 1713.

FREDERIC GUILLAUME II. roi de Prusse, qui repeupla la Prusse entiérement dévastée, m. 1740.

FREDERIC III. roi de Prusse.

ELECTEURS

ELECTEURS DE BAVIERE.

MAXIMILIEN créé en 1623. & devenu alors le prémier des électeurs après le roi de Bohéme, m. 1651.

FERDINAND MARIE son fils, m. 1679.

MAXIMILIEN MARIE qui servit beaucoup à délivrer Vienne des turcs, se signala aux sièges de Bude & de Belgrade, mis au ban de l'Empire par l'empereur Joseph en 1706. rétabli à la paix de Bade, m. 1726.

CHARLES ALBERT son fils empereur, m. 1745.

CHARLES MAXIMILIEN JOSEPH fils de Charles Albert.

ELECTEURS DE HANOVRE.

ERNEST AUGUSTE duc de Brunswick de Hanovre &c. créé en 1692. par l'empereur Léopold à condition de fournir six mille hommes contre les turcs, & trois mille contre la France, m. 1698.

GEORGE LOUIS fils du precédent admis dans le collège électoral à Ratisbonne en 1708. avec le titre d'architresorier de l'Empire, roi d'Angleterre en 1714. m. 1727.

GEORGE son fils aussi roi d'Angleterre.

Lettre

A Colmar 8. *mars* 1754.

Lettre de l'AUTHEUR
A
S. A. S. Me. L. D. D. S. G.

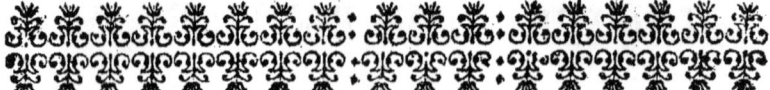

ADAME,

Otre augufte nom a orné le commencement de ces annales permettez qu'il en couronne la fin; ce petit abregé fut commencé dans votre palais avec le fecours de l'ancien manufcrit de mon effai fur l'hiftoire univerfelle qu'Elle poffède depuis longtemps, & quoique

R

ce manuscrit ne soit qu'un recueil encor très informe de matériaux, je ne laissai pas de m'en servir. J'avais déja fait imprimer tout le premier volume des annales de l'Empire lorsque j'appris que quelques cahiers de cet ancien manuscrit étaient tombés entre les mains d'un libraire de la Haye.

Ces cahiers sans ordre, sans suite, transcrits sans doute par une main ignorante, défigurés & falsifiés, ont été à mon grand regret réimprimés plusieurs fois à Paris & ailleurs.

Votre Altesse Sérénissime m'en a marqué son indignation dans ses lettres. Elle sait à quel point le véritable manuscrit qui est en sa possession, diffère des fragments qu'on a rendus publics. Je devais réprouver & condamner hautement un tel abus. Je m'acquitai de ce devoir il y a quatre mois dans la lettre à un Professeur d'histoire laquelle est au devant des annales. Et je réitère aujourd'hui sous vos auspices, Madame, cette juste protestation.

A l'égard de ce petit abregé des annales de l'Empire, entrepris par les ordres de Votre Altesse Sérénissime; ces ordres mêmes & l'envie de vous plaire m'auraient rendu la vérité encor plus chère & plus sacrée, si elle ne devait l'être uniquement par elle seule.

Cette

Cette vérité à laquelle sacrifia notre illustre *de Thou*, qui lui attira tant de chagrins, & qui rend sa mémoire si prétieuse, pourrait-elle me nuire dans un siécle beaucoup plus éclairé que le sien ?

Quel fanatique imbécille pourrait me reprocher d'avoir respecté les trois réligions autorisées dans l'Empire ? quel insensé voudrait que j'eusse fait le controversiste au lieu d'écrire en historien ? Je me suis borné aux faits. Ces faits sont avérés, sont autentiques. Mille plumes les ont écrits. Aucun homme juste ne peut s'en plaindre. Une grande reine disait à propos d'un historien : *En nous parlant des fautes de nos prédécesseurs il nous montre nos devoirs. Ceux qui nous entourent nous cachent la vérité ; les seuls historiens nous la disent.*

Il y a eu des empereurs injustes & cruels, des papes & des évêques indignes de l'être. Qui en doute? la consolation du genre humain est d'avoir des annales fidéles qui en exposant les crimes, excitent à la vertu. Qu'importe au sage empereur qui regne de nos jours, que Henri V. & Henri VI. aient été cruels ? qu'importe au pontife éclairé juste modéré qui occupe aujourd'hui le trône de Rome, qu'Aléxandre VI. ait laissé une mémoire odieuse ? les horreurs des siécles passés sont l'éloge du siécle présent. Malheur à ceux qui chargés de l'éducation des princes leur cachent les antiques vérités ! ils les accoutument dès leur enfance

a

à ne rien voir que de faux. Et ils préparent dans les berceaux des maîtres du monde le poison du mensonge dont ils doivent être abreuvés toute leur vie.

Vous, Madame, qui aimez la vérité & qui avez voulu que je la dise, recevez ce nouvel hommage que je rends à vous & à elle.

Je suis avec le plus profond respect & l'attachement le plus inviolable

MADAME,

DE VOTRE ALTESSE SERENISSIME

Le très-humble & très-obéisst. serviteur
V.

FIN.